Beck-Wirtschaftsberater

Das Marketingkonzept

dtv

Beck-Wirtschaftsberater

Das Marketingkonzept

Zielstrebig zum Markterfolg!

Von Prof. Dr. Jochen Becker

3., verbesserte und erweiterte Auflage

Deutscher Taschenbuch Verlag

Originalausgabe
Deutscher Taschenbuch Verlag GmbH & Co. KG,
Friedrichstraße 1a, 80801 München
© 2005. Redaktionelle Verantwortung: Verlag C.H.Beck oHG
Druck und Bindung: Druckerei C.H.Beck, Nördlingen
(Adresse der Druckerei: Wilhelmstraße 9, 80801 München)
Satz: Fotosatz Otto Gutfreund GmbH, Darmstadt
Umschlaggestaltung: Agentur 42 (Fuhr & Partner), Mainz
ISBN 3 423 50806 X (dtv)
ISBN 3 406 53198 9 (C.H.Beck)

Erfolg ist eine Folgeerscheinung
Flaubert

Vorwort zur 3. Auflage

Die praxisorientierte, kompakte Einführung in das Konzeptionelle Marketing hat sich bewährt – Grundaufbau und Grundinhalte konnten daher beibehalten werden.

In allen Teilen wurden jedoch Aktualisierungen, Verbesserungen und Ergänzungen vorgenommen. Hervorzuheben sind insbesondere weitere Komplettierungen zum Internet-Marketing (wie Online-Werbung, Electronic Commerce, sonstige internet-basierte Lösungen wie Dialog-Marketing). Sie wurden den betreffenden Sachbereichen, insbesondere den kommunikations- und distributionspolitischen Instrumenten, zugeordnet und sind über das weiter ausgebaute, differenzierte Stichwortverzeichnis zu finden. Darüber hinaus wurden eine ganze Reihe neuerer Themen stichwortartig aufgenommen wie Brand Parks, Bundling, Call Center, Corporate Governance, Corporate Identity, Couponing, Multi-Channel-Systeme oder Online-Marktforschung.

Im 6. Kapitel zu „Grundorientierungen und Perspektiven des Konzeptionellen Marketing" wurde die dritte Dimension „Wertorientierung" um Kernfragen der Markenführung (wie Markenpositionierung, Markenprofilierung, Markenarchitektur und Markenportfolio) wesentlich ergänzt und eine vierte, im Marketing bisher eher vernachlässigte Dimension „Personalorientierung" (mit Kernthemen wie Personalbeschaffung, Personalentwicklung und Personalführung) neu aufgenommen.

Ganz neu ist das 7. Kapitel zur „Implementierung des Konzeptionellen Marketing". Hier wurde für die konkrete Konzeptionsarbeit beispielhaft der differenzierte Aufbau (Design) einer umfassenden, ganzheitlichen Marketing-Konzeption dargestellt. Außerdem wurde ein ausführlicher Abschnitt zu Grundfragen des Einsatzes und der Auswahl von Marketing-Dienstleistern (Beratern, Agenturen, Instituten) hinzugefügt, in dem ihre typischen Arbeitsweisen und Einsatzmöglichkeiten bei der Erarbeitung wie auch der Umsetzung von Marketing-Konzeptionen beschrieben werden – eine Thematik, die im Rahmen der Marketinglehre bisher weitgehend ausgeklammert worden ist.

Mit diesen gezielten Ergänzungen und Erweiterungen ist der Nutzen des Buches noch einmal erhöht worden, und zwar sowohl für die Lehre als auch für die Praxis.

Zum Schluss bedanke ich mich sehr herzlich bei Herrn *Hermann Schenk* vom Lektorat des Verlages C. H. Beck für die gute Zusammenarbeit bei Vorbereitung und Abwicklung der Neuauflage.

Aachen, im Frühjahr 2005 *Jochen Becker*

Vorwort zur 1. Auflage

Unternehmen handeln heute unter erschwerten Markt- und Umfeldbedingungen: Markt und Umfeld sind durch hohe Dynamik einerseits und hohe Komplexität andererseits gekennzeichnet. Das Problem besteht dabei weniger darin, ausreichende Informationen über die Markt- und Umfeldbedingungen und ihre Veränderungen zu erlangen, sondern vielmehr darin, auf der Basis differenzierter Informationen und Projektionen die richtige konzeptionelle Grundlage für schlüssiges Markthandeln zu schaffen.

Noch viel zu sehr ist das Agieren am Markt durch Aktionismus gekennzeichnet, das heißt: Unternehmen richten ihr Handeln noch viel zu stark auf die Bewältigung des Augenblicks (= Taktik) aus, ohne die taktischen Maßnahmen auf der Basis eines schlüssigen Grundkonzepts (= Strategie) konsequent abzuleiten und umzusetzen.

Kurzatmiges Taktieren führt aber nicht nur zu Ineffizienz des Mitteleinsatzes, sondern auch zur Gefährdung von Wachstum und Ertrag des Unternehmens. Die meisten Unternehmen haben dieses Dilemma zwar längst erkannt, dennoch fehlt oft der Wille oder die Fähigkeit zu konsequentem konzeptionellen Handeln.

Konzeptionen sind Denk- und Handlungsmuster, die nicht nur erlauben, „die richtigen Dinge zu machen" (= Effektivität), sondern auch „die Dinge richtig zu machen" (= Effizienz). Konzeptionen haben in dieser Hinsicht eine Fahrplanfunktion – sie zeigen mit anderen Worten auf, wo ein Unternehmen steht, was es erreichen will und auf welchen Wegen und mit welchen Mitteln das konsequent erfolgen soll.

Das vorliegende Buch will hierfür Anleitungen geben, nämlich für die Erarbeitung ganzheitlicher Konzeptionen, um so für das Markt- und Unternehmenshandeln eine schlüssige Grundlage zu schaffen.

Dem Aufbau des Buches liegt der logische wie pragmatische konzeptionelle Prozess zugrunde: Zielableitung, Strategiebestimmung und Maßnahmenentscheidung. Dieser Konzeptionsprozess erfüllt sowohl wissenschaftliche Anforderungen als auch solche praxisbezogener Art.

Die Zielgruppe des Buches ist insofern weit gesteckt: von Schülern (die einen Einblick in unternehmerisches Markthandeln gewinnen wollen) über Studenten (die sich sowohl im Rahmen eines betriebswirtschaftlichen als auch eines nicht-wirtschaftlichen Fachstudiums Grundzüge des Konzeptionellen Marketing erarbeiten wollen) bis hin zu Praktikern im Marketing sowie in anderen Unternehmensbereichen (die ihre Marketingkenntnisse konzeptionell erweitern und aktualisieren bzw. Einblick in die Grundlagen konzeptionell gestützten Markthandelns überhaupt gewinnen wollen).

Der Praxisbezug wird nicht zuletzt durch viele Fall- bzw. Erfolgsbeispiele sowohl des Konsumgüter- als auch des Nicht-Konsumgüterbereiches (u. a. Investitionsgüter-, Handels-, Dienstleistungsmarketing) sichergestellt. Das Buch versteht sich insoweit als kompaktes Lehr- und Arbeitsbuch, das auch und gerade Anleitungen zum praktischen Markt- und Unternehmenshandeln geben will.

Bei meiner Mitarbeiterin, Frau *Birte Lüddecke*, bedanke ich mich sehr herzlich für die zügige Erstellung der Textverarbeitungsvorlage. Herrn *Hermann Schenk* vom Verlag C. H. Beck sage ich meinen besten Dank für die wiederum gute Zusammenarbeit.

Aachen, im Frühjahr 1999 *Jochen Becker*

Inhaltsverzeichnis

Vorwort VII
Abbildungsverzeichnis XIII
Fallbeispieleverzeichnis XIX
Abkürzungsverzeichnis XXI

1. Einführung: Wesen und Bedeutung des Konzeptionellen Marketing 1

2. Marketingziele (oder die Bestimmung der „Wunschorte") . 7
2.1 Unternehmensgrundsätze 8
2.2 Mission und Vision 12
2.3 Unternehmensziele 21
2.4 Marketingziele 28
2.5 Zielprogramm des Unternehmens 34

3. Marketingstrategien (oder die Festlegung der „Route") . . 39
3.1 Marktfeldstrategien 40
3.2 Marktstimulierungsstrategien 50
3.3 Marktparzellierungsstrategien 60
3.4 Marktarealstrategien 69
3.5 Strategieprogramm des Unternehmens 81

4. Marketingmix (oder die Wahl der „Beförderungsmittel") . . 91
4.1 Angebotspolitische Instrumente 93
    4.1.1 Produkt 93
    4.1.2 Programm 102
    4.1.3 Preis 108
4.2 Distributionspolitische Instrumente 124
    4.2.1 Absatzwege 125
    4.2.2 Absatzorganisation 134
    4.2.3 Absatzlogistik 140
4.3 Kommunikationspolitische Instrumente 146
    4.3.1 Werbung 146

    4.3.2 Verkaufsförderung 161
    4.3.3 Public Relations 169
4.4 Neuere Marketinginstrumente 176
4.5 Mixprogramm des Unternehmens 179

5. Marketing-Konzeption und Marketing-Management 189
5.1 Erarbeitung einer Marketing-Konzeption 190
5.2 Realisierung einer Marketing-Konzeption 198
5.3 Überprüfung einer Marketing-Konzeption 205

6. Grundorientierungen und Perspektiven des Konzeptionellen Marketing 217
6.1 Wissensorientierung 218
6.2 Kundenorientierung 220
6.3 Wert- und Markenorientierung 223
6.4 Personalorientierung 228

7. Anhang: Zur Implementierung des Konzeptionellen Marketing 235
7.1 Beispielhafter Aufbau (Design) einer Marketing-Konzeption 235
7.2 Einsatzmöglichkeiten von Marketing-Dienstleistern bei Erarbeitung und Umsetzung einer Marketing-Konzeption 240
    7.2.1 Unternehmensberater 241
    7.2.2 Werbe-Agenturen 243
    7.2.3 Design-Agenturen 245
    7.2.4 Dialog-Agenturen 247
    7.2.5 Event-Agenturen 248
    7.2.6 Marktforschungsinstitute 249
7.3 Auswahl und Entlohnung von Marketing-Dienstleistern . 251

Marken- und Unternehmensverzeichnis 257

Stichwortverzeichnis 261

Abbildungsverzeichnis

1. Die Konzeptionspyramide (Ebenen, Festlegung und Fragestellungen) 3
2. Konzeptionelle Ausgangssituationen und typische Handlungsbedarfe 4
3. Zielebenen des Unternehmens 7
4. Unternehmensgrundsätze (Grundprinzipien) von Kraft Foods 10
5. Auszug aus den Leitlinien zum Umweltschutz von Dr. Oetker 11
6. Anforderungen der Bundesbürger an ein „Ideales Unternehmen" 12
7. Beispiele langjähriger Auslobungen der Mission 13
8. Mission Statement von Ikea 14
9. Merkmale der Saab-Produktphilosophie 15
10. Zwölf Leitsätze zur Bosch-Qualität 17
11. Drei grundlegende Dimensionen zur Realisierung des 3-Liter-Autos 20
12. Statement eines Unternehmens zur Gewinnerzielung 22
13. Grundraster des DuPont-Kennzahlensystems 23
14. Zusammenhänge zwischen Umsatzrentabilität und Kapitalumschlag 24
15. Rentabilitätsanalyse zur Ableitung der strategischen Stoßrichtung 25
16. Beispielhafte Bereichszielsetzungen zur Erfüllung eines bestimmten Rentabilitätsziels (ROI) 27
17. Empirisch nachgewiesene Zusammenhänge zwischen Marktanteil und Rentabilität (ROI) 29
18. Beziehung zwischen Distributions- und Marktanteilsentwicklung bei fünf ausgewählten Marken (Panel-Daten) 30
19. Polaritätenprofile marktführender Sicherheitsdienstleister und des idealen Sicherheitsdienstleisters 33

20. Zielhierarchisches System (unter besonderer Berücksichtigung des Marketingziele-Subsystems) 35
21. Beispielhaftes System von Instrumentalzielen 36
22. Beispiel eines Marketing-Leitbildes 37
23. Strategieebenen des Unternehmens 39
24. Die vier grundlegenden marktfeld-strategischen Optionen des Unternehmens 40
25. Markt- und Abnehmerschichten und grundlegende marktstimulierungs-strategische Optionen 50
26. Rationale und emotionale Aufladung der Marke BMW (Beispielperiode) 52
27. Beispiele philosophie-geprägter Marken bzw. Markenkompetenzen 54
28. Imageprofile von Markenartikel und Handelsmarke aus Verbrauchersicht 58
29. Die grundlegenden marktparzellierungs-strategischen Optionen (dargestellt an Beispielen aus dem Körperpflege-Markt) 61
30. Basis-Kriterien für die Segmentierung von Märkten . . . 63
31. Allgemeines Beispiel für die Segmentierung eines Marktes auf Basis von drei demographischen Merkmalen 64
32. Nutzen-orientierte Positionierungen im Pkw-Markt . . . 65
33. Stufenweise Marktsegmentierung im Investitionsgütermarketing (sog. Schalen-Ansatz) 67
34. Marktareal-strategische Basis- und Detailoptionen (-stufen) 70
35. Selektives Gebieteausdehnungsmuster (mit Ringschließung und Verdichtung) 72
36. Inselförmige Gebieteerschließungsstrategie auf der Basis von vier Großstadt-Zentren 73
37. Wichtige Ziele und Motive des Auslandsengagements deutscher Unternehmen 76
38. Zwei Exportalternativen: indirekter und direkter Export . 77
39. Typische Grundstruktur eines internationalen Unternehmens 79
40. Das Strategieraster und seine richtungsstrategischen Ansatzpunkte 82

41. Strategieprofil des eigenen Unternehmens im Vergleich zu einem wichtigen Wettbewerber 83
42. Alternative strategische Antworten auf die Polarisierung von Märkten 86
43. Strategischer Ausgleich zwischen 1. und 4. strategischer Ebene (Marktfeld- und Marktarealstrategien) 87
44. Zusammenhang zwischen Return-on-Investment (ROI) und Wettbewerbsposition 88
45. Instrumentalbereiche des Marketing 92
46. A-Klasse von Mercedes als Versuchsträger für die Brennstoffzelle 95
47. Thermo-Kaffee-Automat und Café-Gourmet-Automat von Philips 96
48. Eigenständiges Design der Ixus-Kamera von Canon ... 97
49. Grundlegende Verpackungsfunktionen 99
50. Sprühflaschen mit Schaum- und Spüheffekt (Der General) bzw. Sprüheffekt (Mr. Proper) 100
51. Packungseinsparung bei Waschmittelkonzentraten (Persil) sowie luftreduzierten Packungen (Omo) 101
52. Typische Beispiele von Wortbildmarken und Wortmarken 102
53. Sieben Modellvarianten auf Basis der sog. Golf-Plattform und ihre konkurrenz-orientierten Zielrichtungen 105
54. Besonders spektakuläre Modelle auf Basis der sog. Golf-Plattform (Audi TT und VW Beetle) 106
55. Grundformen von Kundendienstleistungen 107
56. Typische Preis-Leistungs-Verhältnisse (PLV) in Märkten . 108
57. Zusammenhang zwischen Preis-Leistungs-Verhältnis und Rentabilität (ROI) 109
58. Differenziertes Programm eines Anbieters im Markt der Hochdruckreiniger (Preisangaben in DM) 110
59. Beispiele für unterschiedliche Preis-Leistungs-Verhältnisse bei elektrischen Küchenhilfen 112
60. Beispiele für spezielle Preis-Leistungs-Verhältnisse bei Nahrungsmitteln 113
61. Doppelt geknickte Preis-Absatz-Funktion und monopolistischer Preisspielraum 118

62. Rabatte auf der Wiederverkäufer- oder Handelsebene . . 121
63. Systemelemente des leistungsorientierten Rabattsystems von BMW 123
64. Systeme der Absatzwegegestaltung (Absatzkanäle) 126
65. Vor- und Nachteile des direkten und indirekten Absatzweges 127
66. Betriebsformen des Großhandels und von ihnen übernommene Funktionen 130
67. Ausgewählte Betriebsformen des Einzelhandels und ihre Charakteristika 131
68. Ausschnitt aus dem Laden-Layout von Lust for Life (Ursprungskonzept) 133
69. Kriterien für die Wahl zwischen Reisendem und Handelsvertreter 136
70. Kostenvergleich zwischen Reisendem und Handelsvertreter 137
71. Qualitativer Vergleich zwischen Reisendem und Handelsvertreter 137
72. Schulungs- und Trainingsprogramme bei Rank Xerox . . 139
73. Bestimmung der Zahl der notwendigen Verkäufer (= Größe der Verkaufs(außen)organisation) 141
74. Verschiedene Transportmittel bzw. -träger und ihre spezifischen Eignungen 143
75. Systembausteine und Lieferzeiten des Logistik-Konzepts eines Konsumgüterherstellers 144
76. Auswirkungen des Service-Niveaus auf den Gewinn . . . 145
77. Stufen des Werbeplanungs-Prozesses 148
78. Allgemeines Modell der Wirkung von Werbung (AIDA-Schema) 150
79. Typisches Beispiel rationaler Werbung 153
80. Typisches Beispiel emotionaler Werbung 154
81. Grundaufbau von Werbeaussagen (Beispiel Anzeige) . . . 155
82. Übersicht über Massenwerbemedien und korrespondierende Werbemittel 156
83. Berechnungsgrundlagen des sog. Tausenderpreises 158
84. Modellbeispiel für die Ermittlung des Tausenderpreises auf Basis der qualitativen Reichweite 158

85. Loyalitätsleiter auf dem Wege zum Stammkunden 160
86. Arten und Ansatzpunkte der Verkaufsförderung 162
87. Typische Maßnahmen der Verkaufsförderung 164
88. Beispiele für die Präsenz von Markenartikeln in Werbebeilagen des Handels (Preisangaben in DM) . . . 165
89. Zweitplatzierung von Tabakwaren mit einem Präsenter an der Kasse 166
90. Verkostungsstand von Uncle Ben's 167
91. Konzeptionelle Stoßrichtungen des ECR-Konzepts . . . 170
92. Stufen einer konzeptionellen PR-Politik 173
93. Gestufter Marketingmix-Prozess auf der Basis von Submixbildungen 181
94. Beispielhafte ziel-strategische Bezüge des Marketingmix 184
95. Vergleich der Marketingmixgestaltung bei Massenmarkt- und Marktsegmentierungsstrategie 185
96. Spannweite des Standardisierungspotenzials des Marketinginstrumentariums (Basis: fünf empirische Untersuchungen) 186
97. Konzeptionelle Marketingmanagement-Prozessstufen . . 190
98. Planung von Marketing-Konzeptionen auf der Basis umfassender Umwelt- und Unternehmensanalysen . . . 191
99. Konzeptionelle Einsatz- und Anwendungsmöglichkeiten der Marktforschung 193
100. Zentrale Umwelt- und Unternehmensfaktoren und ziel-strategische Ansatzpunkte 195
101. Gewinnpotenziale eines Kunden im Zeitablauf 196
102. „Umkehrung" der Marketing-Organisation nach dem Marketingkonzept 200
103. Beispiel einer Organisationsstruktur bei vollintegriertem Marketing 201
104. Beispiel einer Matrix-Organisation 204
105. Operatives und strategisches Marketing-Controlling und ihr konzeptioneller Zusammenhang 207
106. Vergleichende Betrachtung von operativem und strategischem Marketing-Controlling 208
107. Die vier Basisperspektiven der Balanced Scorecard . . . 209

108. Einsatzmöglichkeiten des E-Commerce im
Distributionssystem 214
109. Vergleich zwischen aktionistischem und konzeptionellem
Unternehmenshandeln 217
110. Entwicklungshierarchie (Evolution) der Entscheidungsunterstützung 219
111. Vergleich zwischen undifferenziertem Massenmarketing
und kundenindividuellem Marketing 222
112. Grundmodell der Werttreiber (klassischer und moderner
Ansatz) 225
113. Das Identitätsprisma am Beispiel der Marke Lacoste . . 227
114. Unterschiede zwischen Betrieblichem Personalwesen
und Human Resource Management (HRM) 231
115. Mögliche Inhalte der Personalentwicklung (PW) 232

Fallbeispieleverzeichnis

1. Unternehmensgrundsätze (Unternehmensprinzipien) von Kraft Foods ... 9
2. Umweltorientierte Leitlinien von Dr. Oetker ... 10
3. Mission Statement von Ikea ... 14
4. Mission Statement von Saab ... 15
5. Qualitätsphilosophie von Bosch ... 16
6. Visionen auf Basis unterschiedlicher Innovationsgrade ... 19
7. Das 3-Liter-Auto als Durchbruchinnovation für ein neues Automobil ... 20
8. Änderungen in der Stoßrichtung der Rentabilitätsrealisierung ... 26
9. Zusammenhänge zwischen Distribution und Marktanteil ... 29
10. Polaritätenprofile im Markt für Sicherheitsdienstleistungen ... 32
11. Erhöhung der Verwendung von Haarshampoo ... 41
12. Gewinnung von Kunden der Konkurrenz im Schokoladen-Markt ... 42
13. Erschließung von Nicht-Verwendern im Deo-Markt ... 42
14. Schaffung neuer Verwendungszwecke für Sportschuhe ... 43
15. Gewinnung neuer Verwender bei Elektrowerkzeugen ... 43
16. Typische echte Innovationen und ihre Besonderheiten ... 44
17. Typische quasi-neue Produkte und ihre Eigenarten ... 44
18. Typische Me-too-Produkte und ihre Charakteristika ... 45
19. Strategieerweiterung durch horizontale Diversifikation ... 46
20. Strategieerweiterung durch vertikale Diversifikation ... 47
21. Strategieerweiterung durch laterale Diversifikation ... 47
22. Konzentration auf Kerngeschäfte und Aufkaufstrategie ... 48
23. Life Style-orientierte Markenprofilierung von BMW ... 51
24. Markenartikel- bzw. markenartikelähnliche Konzepte in Nicht-Konsumgütermärkten ... 55
25. Handelsmarken-Konzepte in verschiedenen Marktbereichen ... 57

26. Produktionskonzepte für Handelsmarken ... 59
27. Massenmarktstrategie mit totaler Marktabdeckung ... 62
28. Massenmarktstrategie mit partialer Marktabdeckung ... 62
29. Nutzenorientierungen im Pkw-Markt ... 65
30. Nischen-Konzepte in unterschiedlichen Märkten ... 67
31. Kundenindividualisiertes Marketing in verschiedenen Märkten ... 68
32. Konzentrische Gebieteausdehnungspolitik ... 70
33. Selektive Gebieteerschließung im Biermarkt ... 71
34. Inselförmige Gebieteerschließung bei neuartigen Angeboten ... 74
35. Multinationales Stadium von Unternehmen ... 77
36. Internationales Stadium von Unternehmen ... 78
37. Weltmarkt-Stadium von Unternehmen ... 80
38. Ansätze zur Verbesserung technisch-funktionaler Leistungen ... 94
39. Design-Konzeptionen verschiedener Hersteller ... 95
40. Gewachsene Programme und ihre Ausgangspunkte ... 103
41. Plattform-Konzept der Volkswagen-Gruppe ... 105
42. Preis-Leistungs-Verhältnisse in verschiedenen Märkten ... 111
43. Leistungsorientiertes Rabattsystem von BMW ... 122
44. Direkter Absatzweg im Konsumgütermarketing ... 128
45. Lust for Life als neues Trend-Kaufhaus-Konzept ... 132
46. Schulungs-/Trainingsprogramm von Rank Xerox ... 140
47. Auslieferungszeiten in Konsumgütermärkten ... 144
48. Rationale Werbung ... 151
49. Emotionale Werbung ... 152
50. Aktionswerbung in Werbemitteln des Handels ... 164
51. Zweitplatzierungen im Handel ... 166
52. Verkostungsaktionen im Handel ... 166
53. Kooperative Formen der Zusammenarbeit (Kundenbindungsprogramm) ... 167
54. Krisen-PR während der Erdölkrise (Esso) ... 173
55. Vorträge des Managements als PR-Maßnahme ... 174

Abkürzungsverzeichnis

Abb.	Abbildung
AG	Aktiengesellschaft
BRD	Bundesrepublik Deutschland
bzw.	beziehungsweise
ca.	zirka, ungefähr
CRM	Customer Relationship Management
d. h.	das heißt
DM	D-Mark
E-Commerce	Electronic Commerce
ECR	Efficent Consumer Response
€	Euro
EVP	Endverbraucherpreis
evtl.	eventuell
ex-ante	vorher
ex-post	nachher
Fa.	Firma
F&E	Forschung und Entwicklung
ggf.	gegebenenfalls
i. d. R.	in der Regel
i. e. S.	im engeren Sinne
inkl.	inklusive
i. S. v.	im Sinne von
i. w. S.	im weiteren Sinne
Kap.	Kapitel
KIS	Kundenorientierte Informationssysteme
l	Liter
MarkenG	Marken-Gesetz
max.	maximal
PC	Personal Computer
PIMS	Profit Impact of Marketing Strategies
Pkw	Personenkraftwagen
PLV	Preis-Leistungs-Verhältnis
POS	Point of Sale

Abkürzungsverzeichnis

PR	Public Relations
rd.	rund
ROI	Return on Investment
s.	siehe
s. a.	siehe auch
sog.	so genannte (r, s)
u. a.	unter anderem
USP	Unique Selling Proposition
u. U.	unter Umständen
usw.	und so weiter
via	über, mit
vgl.	vergleiche
WWW	World Wide Web
z. B.	zum Beispiel
z. T.	zum Teil

1. Einführung: Wesen und Bedeutung des Konzeptionellen Marketing

Marketing ist heute ein geläufiger Begriff, dennoch wird immer noch sehr Vielfältiges, z. T. auch Widersprüchliches mit diesem Begriff verbunden.

Marketing ist nicht etwas, das man gelegentlich macht oder einsetzt, sondern etwas, das Nachhaltigkeit voraussetzt, und zwar konzeptionell ausgerichtete. Insoweit soll hierzu zunächst Verständnis geweckt, Zusammenhänge aufgezeigt und Problembewusstsein für Konzeptionelles Marketing geschaffen werden.

Markt- und Kundenorientierung als Führungsphilosophie

Entwicklung und Notwendigkeit des Marketingkonzepts muss vor dem Hintergrund der strukturellen Veränderung der Märkte gesehen werden, nämlich der Wandlung von sog. Verkäufer-Märkten (= Angebot kleiner als Nachfrage) zu sog. Käufer-Märkten (= Angebot größer als Nachfrage). Während ursprünglich die Abnehmer um das zu knappe Angebot buhlen mussten, ist das heutige Markthandeln – erzwungenermaßen aufgrund der Käufer-Markt-Situation – durch das Bemühen der Unternehmen um den Kunden gekennzeichnet.

> Nur das Unternehmen, das sich permanent um den Kunden bemüht und ihm eine Lösung seiner Probleme zu einem angemessenen Preis-Leistungs-Verhältnis bietet, kann sich am Markt erfolgreich durchsetzen und behaupten.

Markt- bzw. Kundenorientierung ist so gesehen eine ganz **zentrale Voraussetzung** für einen dauerhaften Unternehmenserfolg bzw. eine lang anhaltende Unternehmensexistenz. Marketing kommt insoweit eine ganz entscheidende Funktion bei der Führung des Unternehmens zu (Marketing = Führungsphilosophie).

1. Einführung: Wesen und Bedeutung des Konzeptionellen Marketing

Diese Tatsache bzw. Notwendigkeit ist das Ergebnis der Engpass-Situation der Märkte. Grundsätzlich können zwar alle Unternehmensbereiche (wie Beschaffung, Produktion, Finanzierung) kurzfristig einen Engpass bilden und damit eine jeweils spezifische Funktionsfokussierung des unternehmerischen Handelns erzwingen. Die Märkte stellen jedoch in marktwirtschaftlichen Systemen, die durch Käufer-Markt-Strukturen gekennzeichnet sind, einen permanenten Engpass dar. Das aber bedeutet, dass die Führung des Unternehmens konsequent auf die Bedingungen und Anforderungen der Märkte und der Kunden ausgerichtet werden muss.

> Marketing als Führungsphilosophie kann insofern umschrieben werden als die bewusste Führung des gesamten Unternehmens vom Absatzmarkt her, d. h., die Kunden und ihre Nutzen- bzw. Problemlösungsansprüche sowie ihre konsequente Erfüllung stehen im Mittelpunkt des unternehmerischen Handelns, um so unter Käufer-Markt-Bedingungen Erfolg und Existenz des Unternehmens dauerhaft zu sichern.

Marketing als markt- bzw. kundenorientierte Unternehmensführung lässt sich nur konsequent umsetzen, wenn dem unternehmerischen Handeln eine schlüssige, ganzheitliche und unternehmens-adäquate Marketing-Konzeption zugrunde gelegt wird.

Marketing-Konzeption als Führungsgrundlage

Die Markt- und Umfeldkonstellationen des Unternehmens sind viel zu komplex und zu dynamisch und die instrumentalen Möglichkeiten des Marketing zu vielfältig, als dass ein nicht planvoll gesteuertes Marketinghandeln noch möglich bzw. sinnvoll wäre. Unternehmen brauchen in dieser Hinsicht also umfassende, integrative Handlungsanweisungen für markt- bzw. kundengerichtetes Agieren. Dafür geeignete Marketing-Konzeptionen setzen gut abgestimmte Entscheidungen auf **drei konzeptionellen Ebenen** voraus, nämlich auf der Ziel-, der Strategie- und der Mix- bzw. Maßnahmenebene. Eine Abbildung verdeutlicht diese Zusammenhänge (Abb. 1).

1. Einführung: Wesen und Bedeutung des Konzeptionellen Marketing

Abb. 1: Die Konzeptionspyramide (Ebenen, Festlegungen und Fragestellungen)

Marketing als umfassender Denk- und Handlungsansatz konkretisiert sich demnach in ganzheitlichen, differenzierten Marketing-Konzeptionen. Die Marketingziele legen angestrebte Positionen oder „Wunschorte" fest (Frage: Wo wollen wir hin?), die Marketingstrategien fixieren die grundsätzliche Vorgehensweise oder „Route" (Frage: Wie kommen wir dahin?) und der Marketingmix bestimmt die einzusetzenden Instrumente oder „Beförderungsmittel" (Frage: Was müssen wir dafür einsetzen?). Damit wird deutlich, dass Wahl und Einsatz der richtigen operativen Marketinginstrumente („Beförderungsmittel") die Festlegung von Zielen („Wunschorten") und Strategien („Route") zwingend voraussetzt; denn nur dann kann der Instrumenteneinsatz zielführend und strategie-adäquat gestaltet und damit ungeplantes, ineffizientes Markthandeln (Aktionismus) vermieden werden.

1. Einführung: Wesen und Bedeutung des Konzeptionellen Marketing

> Eine Marketing-Konzeption kann in dieser Hinsicht aufgefasst werden als ein schlüssiger, ganzheitlicher Handlungsplan (Fahrplan), der sich an angestrebten Zielen („Wunschorten") orientiert, für ihre Realisierung geeignete Strategien („Route") festlegt und auf ihrer Grundlage die adäquaten Marketinginstrumente („Beförderungsmittel") bestimmt.

Angesichts der geschilderten schwierigen Markt- und Umfeldkonstellationen hat grundsätzlich jedes Unternehmen marketingkonzeptionellen Handlungsbedarf. Er stellt sich allerdings – je nach markt- und unternehmensindividueller Situation – verschieden dar. Eine Übersicht versucht, unterschiedliche Ausgangssituationen und Handlungsanlässe zu charakterisieren (Abb. 2).

Unternehmen besitzt noch keine schlüssige Marketing-Konzeption	Marketing-Konzeption des Unternehmens weist Mängel auf
Typische Handlungsbedarfe:	**Typische Handlungsbedarfe:**
• Wachstum und/oder Ertrag sind rückläufig	• Unternehmen hat Marketing-Konzeption, ist aber nicht mehr aktuell
• Wettbewerber im Markt verschaffen sich zunehmend Vorteile (Wettbewerbsvorteile)	• Marketing-Konzeption ist nur bruchstückhaft vorhanden
• Absatzmittler (Handel) verstärken eigene (marken-)konzeptionelle Vorgehensweisen	• Marketing-Konzeption ist vorrangig taktisch angelegt (zielstrategische Fundierung fehlt)
• Marketing-Konzeption ist nur im Kopf des Unternehmers (Managers) vorhanden	• Marketing-Konzeption berücksichtigt nicht die bereichsübergreifenden Belange (kein Schnittstellen-Management)
• Managementwechsel hat zur „Mitnahme" des Konzepts geführt	• Marketing-Konzeption vernachlässigt grundlegende Markt- bzw. Wettbewerbsveränderungen

Abb. 2: Konzeptionelle Ausgangssituationen und typische Handlungsbedarfe

1. Einführung: Wesen und Bedeutung des Konzeptionellen Marketing

Das Konzeptionelle Marketing ist demnach grundsätzlich für alle Unternehmen auf allen Märkten sinnvoll, wenn nicht notwendig. Die konzeptionellen Aufgaben und Schwerpunkte hängen dabei allerdings von der jeweiligen markt- und unternehmensindividuellen Ausgangssituation ab.

> **Fazit:** Konzeptionelles Marketing beginnt mit der kritischen Überprüfung der Ausgangssituation des Unternehmens und der Erfassung der situationsspezifischen Problemstellung sowie des konzeptionellen Handlungsbedarfes (= „konzeptionelle Hausaufgaben"). Daran anschließend sind die richtigen konzeptionellen Schritte einzuleiten, indem man dem idealen konzeptionellen Entscheidungsprozess folgt: Bestimmung der Ziele, Festlegung der Strategien, Wahl der Maßnahmen (Maßnahmenmix).

2. Marketingziele (oder die Bestimmung der „Wunschorte")

Unternehmerisches Handeln ist nur dann konsequent, wenn es festgelegte Ziele verfolgt. Sie geben unternehmerischem Handeln Sinn und Orientierung, machen es steuer- und kontrollierbar.

> Unternehmensziele („Wunschorte") stellen ganz allgemein Orientierungs- bzw. Richtgrößen für unternehmerisches Handeln dar. Sie sind konkrete Aussagen über angestrebte Zustände bzw. Ergebnisse, die aufgrund von unternehmerischen Maßnahmen erreicht werden sollen.

Marketingziele stellen dabei ganz zentrale Ziele dar – nicht zuletzt angesichts schwieriger gewordener Käufer-Märkte. Aber sie sind nicht die Oberziele des Unternehmens, sie müssen vielmehr aus diesen schlüssig abgeleitet werden. Insofern stellt sich das Zielprogramm eines Unternehmens als **zielhierarchisches System** dar. Folgende Zielebenen müssen grundsätzlich der Zielbildung im Unternehmen zugrunde gelegt werden, wenn das Ergebnis ein vollständiges Zielsystem sein soll (Abb. 3).

> 1. Unternehmensgrundsätze
> 2. Mission und Vision
> 3. Unternehmensziele
> 4. Marketingziele

Abb. 3: Zielebenen des Unternehmens

Lange hat man geglaubt, dass in marktwirtschaftlichen Systemen allein die Unternehmensziele (insbesondere Gewinn- bzw. Rentabilitätsziele) die eigentlichen Oberziele des Unternehmens darstellen. Diese Vorstellung ist allmählich der Einsicht gewichen, dass Unternehmen – ehe sie überhaupt klassische ökonomische Ziele anstreben bzw. realisieren können – die „Sinnfrage" stellen und beantworten müssen. In dieser Hinsicht wird auch von den sog. Meta-Zielen des Unternehmens gesprochen.

Am Anfang geht es also um die „Unternehmensphilosophie" bzw. Grundfragen der Ableitung von Unternehmensgrundsätzen.

2.1 Unternehmensgrundsätze

Jedes arbeitsteilig organisierte Unternehmen braucht eine „Unternehmensphilosophie" als grundlegende Klammer und Orientierungspol seines Tuns. Besser gesagt: alle Mitarbeiter (Aufgabenträger) eines Unternehmens können nur dann „sinnvoll" geleitet werden, wenn ihnen Selbstverständnis und Grundsätze des Unternehmens bekannt sind und von ihnen als handlungsrelevant anerkannt werden (= Grundgesetz des Unternehmens bzw. seines Handelns).

Die Fragen, die ein Unternehmen für die Grundorientierung seines Handelns bzw. das seiner Mitarbeiter klären und festlegen muss, reichen dabei von
- **Positionen** (Engagement) in Bezug auf Gesellschafts-, Wirtschafts- und Wettbewerbsordnung
- über **Verhaltensweisen** gegenüber unternehmensexternen Anspruchs- bzw. Interessengruppen (Stakeholder) wie Kunden, Lieferanten, Konkurrenten, Öffentlichkeit
- bis hin zu **Grundsätzen (Regeln)** in Bezug auf unternehmensinterne Anspruchsgruppen wie Eigentümer (Shareholder), Management und Mitarbeiter.

In dieser Hinsicht legt also ein Unternehmen, das „philosophiegeleitet" handeln will, generelle Wertvorstellungen (Basic Beliefs) fest, wie
- **Werte (Maßstäbe),**
- **Stile (Verhaltensweisen),**
- **Regeln (Leitsätze).**

Solche Festlegungen bilden – neben Kommunikation und Erscheinungsbild eines Unternehmens – die Grundlage für eine klare Unternehmensidentität (Corporate Identity).

2.1 Unternehmensgrundsätze

Der Zwang zu einem philosophiegeleiteten Handeln ist Ausdruck eines neuen gesellschaftlichen Verständnisses der Aufgaben von Unternehmen: Neben dem legitimen Verfolgen gewinnorientierter Ziele kommen den Unternehmen auch Aufgaben eines sozialverantwortlichen, ethisch fundierten Handelns zu (vgl. auch neuen Corporate Governance Kodex für gute Unternehmensführung).

Immer mehr Unternehmen versuchen gerade auch diesen „neuen" Ansprüchen gerecht zu werden, nicht zuletzt unter dem Eindruck, dass ökonomischer Erfolg die gesellschaftliche Akzeptanz (Bindung) voraussetzt. Übrigens zeigen amerikanische Untersuchungen, dass vor allem diejenigen Unternehmen ökonomisch erfolgreich sind, die vergleichsweise alt sind (z. B. 50 Jahre und mehr). Und alt werden danach insbesondere Unternehmen, die einen vernünftigen Ausgleich zwischen spezifischen Eigentümer-Interessen (Shareholder Interests) und breiten gesellschaftlichen Interessen (Stakeholder Interests) zu realisieren suchen. Kennzeichen ökonomisch erfolgreicher Unternehmen ist demnach eine eher langfristig orientierte, auf Interessenausgleich fokussierte Unternehmenspolitik statt einer kurzfristig ausgerichteten Shareholder-Value-Politik.

Was die Formulierung von Unternehmensgrundsätzen (Grundprinzipien) und ihre Vermittlung nach innen wie nach außen betrifft, so handelt es sich hierbei um eine komplexe Aufgabe. Solche Grundsätze bzw. Prinzipien werden deshalb vielfach in Kurzschrift zu formulieren gesucht, wie einige Beispiele zeigen.

Fallbeispiel 1: Unternehmensgrundsätze (Unternehmensprinzipien) von *Kraft Foods*
Der Anspruch von *Kraft Foods* (zur *General Food*-Gruppe gehörend) ist hoch gesteckt. Die Firma will „zum erfolgreichsten Nahrungsmittelunternehmen für Markenprodukte in Europa" werden. Sie glaubt, dass dieses Ziel nur erreicht werden kann, wenn „wir unseren Grundprinzipien gewissenhaft folgen" (Abb. 4).

Gesellschaftlich verantwortliches Handeln (Responsible Care) wird inzwischen auch auf der Ebene von Wirtschaftverbänden gefördert (so z. B. eine Initiative der Chemischen Industrie). Zielsetzung des Verbandes der Chemischen Industrie und ihrer Mitgliedsfirmen ist danach die beständige Verbesserung auf den Gebieten Ge-

2. Marketingziele

> - **Kundenorientiert:** Unsere Kunden jeden Tag zu begeistern, hat bei uns höchste Priorität und bildet das Ziel unserer Tätigkeit.
>
> - **Erfolgreiche Marken:** Der Erfolg unseres Unternehmens ist vom fortwährenden Ausbau unserer Marken-Franchisen abhängig.
>
> - **Die besten Mitarbeiter:** Wir wollen die besten Mitarbeiter einstellen, motivieren, weiterbilden und fördern, um hervorragende Geschäftsergebnisse zu erzielen.
>
> - **Wachstumsorientiert:** Ein kontinuierliches, rentables Wachstum bildet die wirtschaftliche Grundlage für unseren Erfolg.
>
> - **Spitzenqualität:** Wir verbessern laufend alle unsere Verfahren, um Produkte und Dienstleistungen von Spitzenqualität anzubieten und damit die Bedürfnisse unserer Kunden zu befriedigen.
>
> - **Höchste Effizienz:** Wir sind bestrebt, unsere Produktivität in allen Bereichen zu steigern, um unseren Kunden immer bessere Leistungen zu erbringen.
>
> - **Soziales Engagement:** Wir wollen an allen unseren Standorten engagierte Mitbürger sein. Als solche setzen wir uns dafür ein, im Einklang mit unserer Umwelt zu wirken.

Abb. 4: Unternehmensgrundsätze (Grundprinzipien) von *Kraft Foods*
Quelle: *Kraft Foods*-Anzeige

sundheit, Sicherheit und Umweltschutz. Es ist ein Beitrag zur Idee des zukunftsverträglichen Wachstums (Sustainable Development) und der Gleichwertigkeit von ökonomischen, ökologischen und sozialen Zielen.

Fallbeispiel 2: Umweltorientierte Leitlinien von *Dr. Oetker*

Auch in anderen Wirtschaftsbereichen (Branchen) gewinnt die Einsicht in umwelt-orientiertes Handeln zunehmend an Bedeutung. Viele Unternehmen formulieren hierzu Leitlinien (Leitsätze) für die Realisierung eines umwelt- bzw. ökologie-geleiteten Unternehmenshandelns, wie etwa ein Beispiel aus dem Nahrungsmittelbereich zeigt (Abb. 5).

2.1 Unternehmensgrundsätze

> **Grundsätze:** *Dr. Oetker* handelt umweltorientiert und beachtet den Schutz der natürlichen Lebensgrundlagen in Verantwortung gegenüber der Gesellschaft und künftigen Generationen.
>
> Es ist das Ziel von *Dr. Oetker*, unternehmerisches Handeln und ökologische Anforderungen in Einklang zu bringen. Umfassender Umweltschutz, hohe Qualität der Produkte und optimale Wirtschaftlichkeit sind deshalb Unternehmensziele, die gleichzeitig und gleichrangig verfolgt werden.
>
> **Umweltleitlinien:** *Dr. Oetker* entwickelt, produziert und vertreibt Produkte unter Berücksichtigung der relevanten Umweltgesetze und -verordnungen, wobei die Einhaltung der gesetzlichen Bestimmungen als Mindestanforderung verstanden wird.
>
> *Dr. Oetker* entwickelt, produziert und vertreibt Produkte unter weitgehender Schonung der natürlichen Ressourcen und beachtet gleichzeitig den gesamten Lebenskreislauf der Produkte. Ergeben neue Erkenntnisse, dass Produkte, Rohstoffe oder Verpackungsmaterialien den Anforderungen des Umweltschutzes nicht mehr entsprechen, werden diese überarbeitet, ersetzt oder vom Markt genommen. Bei der ökologischen Verbesserung von Verpackungsmaterialien dürfen Produktqualität und Produktsicherheit nicht gefährdet werden ...

Abb. 5: Auszug aus den Leitlinien zum Umweltschutz von *Dr. Oetker*
Quelle: Markenartikel

Untersuchungen zeigen, dass Unternehmen inzwischen nicht nur glauben, dass Umweltschutz und Umweltschutzziele ihrem Ansehen (Image) in der Öffentlichkeit helfen, sondern dass die Verfolgung von Umweltschutzzielen auch der Realisierung von Umsatz-, Marktanteils- und Gewinnzielen dient.

Wie wichtig inzwischen das unternehmerische Handeln auf der Basis gesellschafts- und umweltorientierter Leitlinien und Leitsätze geworden ist, zeigt auch eine Untersuchung darüber, wovon die Bundesbürger ein positives Bild eines Unternehmens („Ideales Unternehmen") abhängig machen (Abb. 6).

Sichere Arbeitsplätze	70%
Gute Bezahlung	57%
Gutes Betriebsklima	49%
Engagement für die Umwelt	48%
Preisgünstige Produkte	37%
Qualitativ hochwertige Produkte	34%
Umweltverträgliche Produkte	33%
Ehrliche Informationspolitik	28%
Forschungsinvestitionen	24%
Weiterbildungsangebote	23%

Abb. 6: Anforderungen der Bundesbürger an ein „Ideales Unternehmen"
Quelle: Sample Institut

Die Darlegungen zur gesellschaftlichen Verantwortung der Unternehmen einerseits und ihrer adäquaten Berücksichtigung in ihrem Handeln andererseits machen deutlich, dass Unternehmen sinnvoller- bzw. zwingenderweise entsprechende Philosophieentscheidungen treffen und sie in handlungsleitenden Unternehmensgrundsätzen niederlegen müssen, ehe ökonomische Ziele vorgegeben und verfolgt werden können.

Neben den bisher diskutierten Unternehmensleitsätzen sind jedoch noch andere Über-Ziele (Meta-Ziele) festzulegen, bevor sich ein Unternehmen der eigentlichen Formulierung von Marketing- und Unternehmenszielen zuwenden kann.

2.2 Mission und Vision

Unternehmen können nur den gesamt- wie einzelwirtschaftlichen Aufgaben gerecht werden, wenn sie eine bestimmte Unternehmenstätigkeit bzw. einen konkreten Unternehmenszweck (Mission) verfolgen. Die Konkretisierung des Unternehmenszwecks muss in diesem Sinne verbindlich klären: „Was ist unser Geschäft und was sollte es sein?" Die Mission legt insoweit die klare Absicht des unternehmerischen Anliegens und Tuns fest. Sie gibt dem unterneh-

2.2 Mission und Vision

merischen Handeln damit sowohl einen bestimmten Handlungsrahmen als auch eine bestimmte Handlungsrichtung vor.

Eckpunkt der Mission eines Unternehmens muss – angesichts hoch kompetitiver Käufer-Märkte – die ausgeprägte und konsequente **Markt- und Kundenorientierung** sein. Der Markt bzw. die dahinter stehenden Kunden stellen die eigentliche Front des Unternehmens dar, an der sich Erfolg und Schicksal der Unternehmen entscheiden (der Markt als permanenter Engpassfaktor!). Nur das Unternehmen, das sich streng kunden-, und das heißt streng problemlösungsorientiert, verhält, hat die Chance, die prinzipiell zu kleine Nachfrage in Käufer-Märkten in möglichst hohem Maße auf das eigene Unternehmen und sein Angebot zu lenken.

In dieser Hinsicht sind Spitzenunternehmen vor allem durch ein „besessenes" Qualitäts-, Zuverlässigkeits- und Servicestreben gekennzeichnet. Eine konsequente Kundenorientierung findet nicht selten auch Ausdruck in einer spezifischen Kommunikationsphilosophie, die den Kunden das besondere Anliegen (die Mission) des Unternehmens vermitteln soll (Abb. 7).

- *Avis:* „We try harder"
  (= besser sein als die Mitbewerber),
- *Mercedes:* „Ihr guter Stern auf allen Straßen"
  (= Verlässlichkeit durch Qualität),
- *Nivea:* „Ideen fürs Leben"
  (= die kleinen Problemlösungen für das tägliche Leben).

Abb. 7: Beispiele langjähriger Auslobungen der Mission

Der Unternehmenszweck (Mission) konkretisiert dabei vor allem
- **die Leistungen (Problemlösungen),**
- **die Zielgruppen (Kunden) und**
- **die Grundkonzepte (Technik und Vermarktung)**

für das unternehmerische Handeln, und zwar auf allen Ebenen des Unternehmens. Das heißt, nur eine hinreichende Konkretisierung

2. Marketingziele

kann alle Mitarbeiter in ihrem Tun entsprechend konzeptionell leiten.

Hier ist vor allem auch eine entsprechende Aufklärungs- und Erziehungsarbeit nach innen (d. h. **internes Marketing**) notwendig, um etwa bis an das Produktionsband und die dort Tätigen das marktorientierte Anliegen und seine spezifische Sehweise heranzutragen.

Den Unterschied zwischen traditioneller Hersteller- bzw. Produktionsorientierung einerseits und moderner Markt- und Kundenorientierung andererseits machen zwei typische Kurzformeln der Unternehmensmission deutlich:

- **„Wir wollen elektronische Bauteile herstellen"**
  (= Produktionsorientierung),
- **„Wir wollen spezifische Steuerungsprobleme bei elektrischen Haushaltsgeräten lösen"**
  (= Kundenorientierung).

Auch bei der Formulierung des Unternehmenszwecks (Mission) bedienen sich Unternehmen bestimmter „Kurzschriften", die das Anliegen des Unternehmens sowohl nach innen wie nach außen möglichst prägnant transportieren sollen, wie ein Beispiel verdeutlicht.

Fallbeispiel 3: Mission Statement von *Ikea*
Die erfolgreichen Geschäftsideen sind vom Ansatz her meist sehr einfach. Sie knüpfen daran an, wie eine spezifische Problemlösung möglichst konsequent realisiert und am Markt erfolgreich durchgesetzt werden kann. Oft basiert ein Erfolgskonzept auf einigen wenigen tragenden Säulen, wie z. B. die Mission von *Ikea* verdeutlicht (Abb. 8).

Unsere Aufgabe ist es, vielen Menschen einen besseren Alltag zu bieten. Wir tun dies, indem wir ein breites Angebot an form- und funktionsgerechten Einrichtungsgegenständen anbieten; zu Preisen, die sich möglichst viele leisten können.

Abb. 8: Mission Statement von *Ikea*
Quelle: *Ikea*-Personalanzeige

Für Herstellerunternehmen, insbesondere wenn sie eine bestimmte Marktnische oder ein spezielles Marktsegment besetzen wollen, sind vielfach produktspezifische Problemlösungsansätze für die Bestimmung der Mission typisch. Die Automobilindustrie bietet hierfür Beispiele.

Fallbeispiel 4: Mission Statement von *Saab*

Als kleiner schwedischer Anbieter im Pkw-Markt (inzwischen zu *General Motors* gehörend) hat *Saab* immer einen speziellen Platz im Markt auszufüllen gesucht.

Diesem speziellen Platz entspricht eine besondere Positionierung im Markt, die *Saab*-Automobile für eine gehobene Zielgruppe mit individuellen Ansprüchen interessant und vorziehungswürdig macht.

Auch der neue *Saab* 9^5 (gehobene Mittelklasse) fußt auf spezifischen Merkmalen der *Saab*-Produktphilosophie (Abb. 9).

Die Art und Weise, wie wir bei *Saab* Autos entwickeln und bauen, gründet in einer Reihe wesentlicher Prinzipien:

- Der Mut, eigene Wege zu gehen.
- Die Fähigkeit, außergewöhnliche Ideen zu entwickeln.
- Die Konzentration auf das Wesentliche.
- Die Stärke, selbstbewusst zu handeln und Konventionen zu überwinden.
- Die Bereitschaft, Ansehen aufs Spiel zu setzen, um Glaubwürdigkeit zu erlangen.
- Das intuitive Gespür für die richtige Lösung.
- Die weise Erkenntnis, dass niemand in allen Bereichen die Nummer 1 sein kann.
- Die Weigerung, bei den charakteristischen *Saab*-Qualitäten Kompromisse einzugehen.
- Das Streben, sich kontinuierlich weiterzuentwickeln.
- Der Wille zum Erfolg.

Abb. 9: Merkmale der *Saab*-Produktphilosophie
Quelle: *Saab*-Prospekt

Der Unternehmenszweck bzw. die Mission eines Unternehmens finden nicht selten auch in einer ausgeprägten Qualitätsphilosophie

2. Marketingziele

ihren Ausdruck, die das spezifische Anliegen eines Unternehmens nach innen wie nach außen hin transparent machen soll.

Fallbeispiel 5: Qualitätsphilosophie von *Bosch*

Gerade wenn eine spezifische Qualitätsphilosophie auch praktiziert und gelebt werden soll, ist eine hinreichende Konkretisierung notwendig. Dabei müssen insbesondere die Teilaspekte (-prozesse) eines umfassenden Qualitätsverständnisses deutlich gemacht werden. Das gilt insbesondere für die Lenkung der Mitarbeiter in der gesamten *Bosch*-Organisation.

Nur so kann jeder Führungskraft und jedem Mitarbeiter vermittelt werden, wo und wie er seinen eigenen Beitrag zur Realisierung und Einhaltung der *Bosch*-Qualitätsphilosophie leisten kann (Abb. 10).

---

1. **Wir wollen zufriedene Kunden.**
   Deshalb ist hohe Qualität unserer Erzeugnisse und unserer Dienstleistungen eines der obersten Unternehmensziele.
   Dies gilt auch für Leistungen, die unter unserem Namen im Handel und im Kundendienst erbracht werden.

2. **Den Maßstab für unsere Qualität setzt der Kunde.**
   Das Urteil der Kunden über unsere Erzeugnisse und Dienstleistungen ist ausschlaggebend.

3. **Als Qualitätsziel gilt immer „Null Fehler" oder „100 % richtig".**

4. **Unsere Kunden beurteilen nicht nur die Qualität unserer Erzeugnisse, sondern auch unserer Dienstleistungen.**
   Lieferungen müssen pünktlich erfolgen.

5. **Anfragen, Angebote, Muster, Reklamationen usw. sind gründlich und zügig zu bearbeiten.**
   Zugesagte Termine müssen unbedingt eingehalten werden.

6. **Jeder Mitarbeiter des Unternehmens trägt an seinem Platz zur Verwirklichung unserer Qualitätsziele bei.**
   Es ist deshalb Aufgabe eines jeden Mitarbeiters, vom Auszubildenden bis zum Geschäftsführer, einwandfreie Arbeit zu leisten. Wer ein Qualitätsrisiko erkennt und dies im Rahmen seiner Befugnisse nicht abstellen kann, ist verpflichtet, seinen Vorgesetzten unverzüglich zu unterrichten.

> 7. **Jede Arbeit sollte schon von Anfang an richtig ausgeführt werden.**
>   Das verbessert nicht nur die Qualität, sondern senkt auch unsere Kosten. Qualität erhöht die Wirtschaftlichkeit.
> 8. **Nicht nur die Fehler selbst, sondern die Ursachen von Fehlern müssen beseitigt werden.**
>   Fehlervermeidung hat Vorrang vor Fehlerbeseitigung.
> 9. **Die Qualität unserer Erzeugnisse hängt auch von der Qualität der Zukaufteile ab.**
>   Fordern Sie deshalb von unseren Zulieferern höchste Qualität und unterstützen Sie diese bei der Verfolgung der gemeinsamen Qualitätsziele.
> 10. **Trotz größter Sorgfalt können dennoch gelegentlich Fehler auftreten.**
>   Deshalb wurden zahlreiche erprobte Verfahren eingeführt, um Fehler rechtzeitig entdecken zu können. Diese Methoden müssen mit größter Konsequenz angewendet werden.
> 11. **Das Erreichen unserer Qualitätsziele ist eine wichtige Führungsaufgabe.**
>   Bei der Leistungsbeurteilung der Mitarbeiter erhält die Qualität der Arbeit besonderes Gewicht.
> 12. **Unsere Qualitätsrichtlinien sind bindend.**
>   Zusätzliche Forderungen unserer Kunden müssen beachtet werden.

Abb. 10: Zwölf Leitsätze zur *Bosch*-Qualität
Quelle: *Bosch*-Fibel

Die Mission hat – das haben die Darlegungen gezeigt – eine sinngebende Funktion für das Unternehmen (= Unternehmenszweck, unternehmerisches Anliegen). Sie gibt, je nach Art, Branche und Selbstverständnis des Unternehmens, Antworten auf folgende Fragen:
- **Was sind wir?**
- **Warum existieren wir?**
- **Wofür stehen wir?**
- **Woran glauben wir?**

2. Marketingziele

Die Mission des Unternehmens legt damit die „große Linie" und den „roten Faden" der unternehmerischen Betätigung fest. Im Laufe der Zeit unterliegt sie nicht selten einem bestimmten unternehmensintern ausgelösten Wandel oder auch einer unternehmensextern erzwungenen Anpassung. Diese Veränderungen müssen jedoch kontrolliert erfolgen, wenn ein bewährtes Grundkonzept nicht aufgeweicht werden bzw. Schaden nehmen soll.

Kontrollierte Veränderung des Unternehmenszwecks (der Mission) bedeutet zugleich, dass ein Unternehmen frühzeitig und aktiv notwendige Veränderungen bzw. Weiterentwicklungen initiieren muss. Käufer-Märkte und der dadurch ausgelöste Wettbewerbsdruck lassen es in der Regel ratsam erscheinen, pro-aktiv die Evolution des eigenen Unternehmenszwecks einzuleiten.

In dieser Hinsicht sind wir gewohnt, von der Vision eines Unternehmens zu sprechen. Sie kann als eine ehrgeizige Weiterentwicklung des Unternehmenszwecks bzw. der Mission aufgefasst werden. Eine Vision formuliert einen solchen ehrgeizigen Anspruch nicht zuletzt für die Mobilisierung von Leistungsreserven im Unternehmen bzw. bei seinen Führungskräften und Mitarbeitern.

Eine Vision ist dabei durch folgende Basisfragen und ihre adäquate Beantwortung gekennzeichnet:
- **Wo müssen wir hin?**
- **Wie müssen wir uns weiterentwickeln?**
- **Wie können wir Existenz und Wachstum sichern?**
- **Wovon träumen wir?**

Ehrgeizige Visionen streben nach „machbaren Utopien"; sie versuchen, „Quantensprünge" in Bezug auf bisherige Problemlösungen zu realisieren. Sie sind in aller Regel auf (völlig) neue Lösungsansätze gerichtet, mit anderen Worten auf Leistungen mit innovativem Charakter. Sie versuchen, neue Regeln bzw. Standards in einem Markt zu schaffen. Typisch für solche neuen Lösungen bzw. Standards ist der Pionieranspruch des Unternehmens: als erstes einen neuen Lösungsstandard zu finden und im Markt durchzusetzen (First-to-Market).

Der Innovationsgrad solcher Visionen bzw. ihrer Konkretisierung kann dabei unterschiedlich ausgeprägt sein. Die unternehmerische Erfahrung lehrt allerdings eines: Zu wenig ehrgeizige Vi-

2.2 Mission und Vision

sionen mobilisieren nicht, schaffen nicht die erwünschte Aufbruchstimmung; zu extrem formulierte Visionen dagegen können sogar lähmen, weil ihre Realisierung zu aussichtslos erscheint. Der visionäre Innnovationsgrad muss sich deshalb auch an den unternehmens- und marktindividuellen Bedingungen und Voraussetzungen orientieren.

Was Produkt-Visionen und ihre Stoßrichtungen betrifft, so kann etwa zwischen

- **Verbesserungsinnovationen,**
- **Ablösungsinnovationen und**
- **Durchbruchinnovationen**

unterschieden werden. Verschiedene Beispiele sollen das verdeutlichen.

Fallbeispiel 6: Visionen auf Basis unterschiedlicher Innovationsgrade
Die visionäre Formulierung bzw. konkrete Realisierung von Verbesserungsinnovationen ist vergleichsweise einfach. Bestehende Produkte bzw. ihre Problemlösungsleistungen werden auf den funktionalen Prüfstand gestellt, und es wird nach wesentlichen kundengerechten Leistungsverbesserungen gefragt. Kennzeichen solcher Ansätze ist, dass für eine bestehende Anwendung eine bestehende Technik weiterzuentwickeln versucht wird (Beispiel: grundlegende Verbesserungen von elektrischen Haushaltsgeräten im Hinblick auf Energie- und/oder Wassereinsparung, vgl. etwa *Miele*-Waschmaschinen).

Ehrgeiziger – deshalb auch vielfach zeitaufwändiger und nicht selten mit Rückschlägen verbunden – sind solche visionären Leistungsverbesserungen, die auf Ablöseinnovationen hinauslaufen. Kennzeichen ist hierbei, dass für eine bestehende Anwendung eine neue Technik gesucht wird (Beispiel: Entwicklung der elektronischen Benzineinspritzung zur Ablösung der klassischen Vergasertechnik, vgl. etwa *Bosch*-Motronic).

Besonders ehrgeizig sind Visionen, die Durchbruchinnovationen zu beschreiben und zu realisieren suchen. Hierbei gibt es in der Regel keine vergleichbaren Vorläuferprodukte bzw. -lösungen. Kennzeichen ist hier, dass für völlig neue Anwendungen (Problemlösungen) neue Technologien gesucht, entwickelt und realisiert werden sollen (Beispiel: Fahrstabilitätssysteme für Pkw, die auf Basis neuer elektronischer Technologien – im Rahmen physikalischer Grenzen – Fahrfehler korrigieren, vgl. etwa *Bosch* – Elektronisches Stabilitätsprogramm [ESP]).

2. Marketingziele

Während die bisher beschriebenen Visionen und ihre Realisierungsansätze sich mehr auf bestimmte Teilleistungen bzw. Teillösungen im Rahmen konkreter Produkte „beschränken", gibt es Durchbruchinnovationen, die auf Visionsvorgaben für ganze Systeme beruhen.

Fallbeispiel 7: Das 3-Liter-Auto als Durchbruchinnovation für ein neues Automobil

Aus Gründen der gesellschaftlichen Verantwortung für eine Produktkategorie bzw. von Unternehmen einer ganzen Branche besteht schon länger die Vision des 3-Liter-Autos. Insbesondere unter ökologischen Aspekten wird der sparsamere Ressourcenverbrauch (hier: der Kraftstoffverbrauch) als ehrgeiziges, zukunftsgerichtetes Ziel vorgegeben.

Viele Pkw-Hersteller verfolgen seit längerem und mit unterschiedlichen Anstrengungen (und jeweils spezifischen Ansätzen) die Realisierung des 3-Liter-Autos.

Zielmarke bzw. Zieljahr war allgemein das Jahr 2000. Aufgrund großer zielgerichteter, umfassend angelegter technologischer Bemühungen ist es der *Volkswagen*-Gruppe bereits ein Jahr früher gelungen, mit einer speziellen Variante des *VW-Lupo* das 3-Liter-Auto zu realisieren (Normverbrauch 2,99 l / 100 km). Während Konkurrenten von *Volkswagen* z. T. eindimensionale visionäre Lösungsansätze (z. B. Antrieb) verfolgt haben, ist *Volkswagen* selbst der Durchbruch als erstem Großserienanbieter auf der Basis einer mehrdimensional orientierten Vision und ihrer Konkretisierung gelungen (Abb. 11).

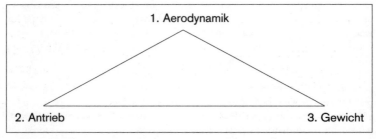

Abb. 11: Drei grundlegende Dimensionen zur Realisierung des 3-Liter-Autos

Das heißt, der Durchbruch ist *Volkswagen* beim *VW-Lupo* gelungen aufgrund einer – gegenüber dem normalen *Lupo* – optimierten Aerodynamik der

Karosserie, vor allem aber durch einen neuen Antrieb (3-Zylinder Direkteinspritzer-Dieselmotor mit Turboaufladung) und eine ca. 20 %ige Gewichtseinsparung durch partielle Verwendung von Aluminium und Magnesium bei der Karosserie und dem Fahrwerk (anstelle von herkömmlichem Stahl).
Die realisierte Vision des 3-Liter-Autos leitete sowohl bei *Volkswagen* als auch in der Branche eine neue Ära ein (= neue Regeln, neue Standards, neue Vision: 1-Liter-Auto).

Mission und Vision – das näher darzustellen, war die Absicht – bilden einen wichtigen Ziel-Überbau (= Meta-Ziele). Dieser zielorientierte Überbau muss erst geschaffen werden, ehe sich sinnvoll Unternehmens- und Marketingziele bestimmen und verfolgen lassen.

2.3 Unternehmensziele

In marktwirtschaftlichen Systemen stellen – wie bereits angesprochen – Gewinn- bzw. Rentabilitätserzielung grundlegende Unternehmensziele dar. Das phasenweise ins Zwielicht geratene Gewinnstreben der Unternehmen wird inzwischen nicht nur als legitim, sondern auch als notwendig erachtet.

In dieser Hinsicht wird der Gewinn nicht nur als notwendige Bedingung für die Erfüllung gesellschaftlicher Aufgaben durch die Unternehmen angesehen, sondern auch für Bestand und Fortschritt der Gesellschaft selbst. Wenn man dieser marktwirtschaftlich orientierten Auffassung folgt, so bedeutet das die Notwendigkeit der Verfolgung monetärer Ziele im Unternehmen, deren „oberste Spitze" der Gewinn darstellt. Das offene Bekenntnis zu Gewinn und damit zu **Unternehmenswert** (Shareholder Value) ist heute für viele Unternehmen selbstverständlich.

Typisch hierfür ist etwa das seinerzeitige Statement eines großen Chemieunternehmens (Abb. 12).

Kennzeichen des für marktwirtschaftliche Systeme typischen wie legitimen Gewinnstrebens ist, dass es in der Realität nicht dem theoretisch unterstellten Unternehmensmodell folgend auf den maximalen Gewinn gerichtet ist, sondern – nicht zuletzt aufgrund unvoll-

2. Marketingziele

> *Hoechst* braucht Gewinn: Gewinn ist Maßstab und Lohn für erfolgreiches Wirtschaften. Ein guter Gewinn ist ein Zeichen für ein gesundes Unternehmen mit Zukunft. *Hoechst* will seinen Aktionären eine angemessene Verzinsung für ihr Kapital bieten. Nur ein gesundes Unternehmen kann sichere Arbeitsplätze bilden und mit seinen Steuern zu den Gemeinschaftsaufgaben von Staat und Gesellschaft beitragen.

Abb. 12: Statement eines Unternehmens zur Gewinnerzielung
Quelle: Ausschnitt aus Unternehmensleitbild der früheren Fa. *Hoechst*

kommener Kenntnis der Kosten- und Erlösverläufe – auf den angemessenen bzw. befriedigenden Gewinn zielt.

Orientierungsgrundlage für die Bestimmung des angemessenen Gewinns bzw. der angemessenen Rentabilität (= Verzinsung des investierten Kapitals) bilden dabei folgende Größen:
- **der Gewinn des Vorjahres,**
- **der durchschnittliche Gewinn (z. B. der letzten fünf Jahre),**
- **die in der Branche durchschnittlich erzielten Gewinne (Renditen),**
- **der Gewinn wichtiger (Leit-)Konkurrenten,**
- **der in der konjunkturellen Lage angemessene Gewinn,**
- **der für die Unternehmenssicherung „notwendige" Gewinn,**
- **die bei sicheren Anlagen (z. B. staatliche Anleihen) erzielbare Kapitalverzinsung,**
- **die vom Unternehmen zu übernehmenden Risiken (bzw. die daraus abgeleitete Risikoprämie).**

Für die Festlegung bzw. Steuerung der für marktwirtschaftliche Systeme typischen Kapitalrentabilität kann das bekannte *DuPont*-Kennzahlen-System herangezogen werden.

Die unternehmensindividuelle Kapitalrentabilität (= Gewinn in % des investierten Kapitals bzw. der sog. Return-on-Investment (ROI)) lässt sich danach aufgrund zweier grundlegender Basis- bzw. Steuergrößen realisieren: dem Kapitalumschlag einerseits und der Umsatzrentabilität (Gewinn in % des Umsatzes) andererseits. Eine Übersicht verdeutlicht die Zusammenhänge (Abb. 13).

Die Darstellung zeigt zugleich die Steuerungselemente im Einzel-

2.3 Unternehmensziele

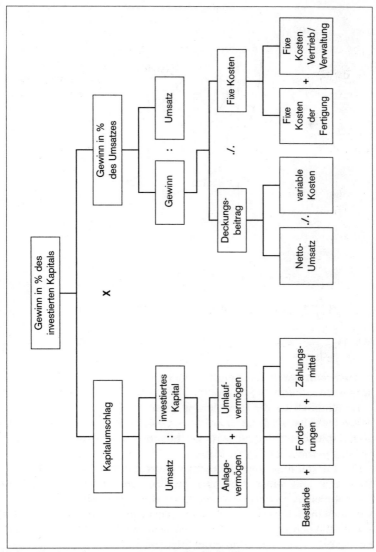

Abb. 13: Grundraster des *DuPont*-Kennzahlensystems
Quelle: nach Perridon/Steiner

2. Marketingziele

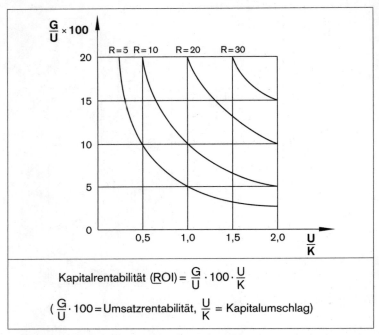

Abb. 14: Zusammenhänge zwischen Umsatzrentabilität und Kapitalumschlag
Quelle: nach Hahn

nen auf, mit deren Hilfe ein festgelegtes Rentabilitätsziel verwirklicht werden kann.

Im Hinblick auf die Realisierung einer konkret angestrebten Kapitalrentabilität sind die Beziehungen zwischen Umsatzrentabilität und Kapitalumschlag zu berücksichtigen, wie eine grafische Darstellung verdeutlicht (Abb. 14).

Die Darstellung zeigt, dass z. B. eine Kapitalrentabilität (R) von 10 % u.a. mit einer Umsatzrentabilität von 10 % und einem Kapitalumschlag von 1 oder auch mit einer Umsatzrentabilität von 5 % und einem Kapitalumschlag von 2 realisiert werden kann.

Die Einsichten in die betriebswirtschaftliche Mechanik der Ertragskomponenten kann prinzipiell in drei verschiedenen zielstrategischen Verhaltensweisen ihren Niederschlag finden:

2.3 Unternehmensziele

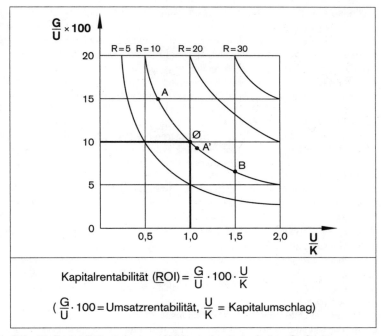

Abb. 15: Rentabilitätsanalyse zur Ableitung der strategischen Stoßrichtung

- **Ertragserzielung primär über eine hohe Umsatzrentabilität** (typisch für präferenz-strategische bzw. Markenartikel-Konzepte),
- **Ertragserzielung primär über einen hohen Kapitalumschlag** (typisch für preis-mengen-strategische bzw. Discount-Konzepte),
- **Ertragserzielung über eine durchschnittliche Umsatzrentabilität und einen durchschnittlichen Kapitalumschlag** (typisch für zielstrategische „Misch-Konzepte").

Die Art der Rentabilitätserzielung kann dabei im Laufe des Unternehmenslebenszyklus durchaus Änderungen unterworfen sein. Sie resultieren nicht selten aus gravierenden Veränderungen der Markt- und Wettbewerbsstruktur. Unternehmen müssen dann ggf. die Stoßrichtung der Gewinn- bzw. Rentabiltätsrealisierung ändern.

2. Marketingziele

Fallbeispiel 8: Änderungen in der Stoßrichtung der Rentabilitätsrealisierung
In einem konkreten Markt zeigen Untersuchungen, dass im Branchendurchschnitt (∅) eine Kapitalrendite von 10 % auf Basis einer Umsatzrendite von 10 % und einem Kapitalumschlag von 1 realisiert wird (Abb. 15).

Das eigene Unternehmen (A) erzielt eine 10 %ige Kapitalrentabilität aufgrund eines Präferenz- oder Markenartikelkonzepts mit einer überdurchschnittlichen Umsatzrentabilität (15 %) bei einem allerdings etwas niedrigeren Kapitalumschlag als der Durchschnitt (nämlich rd. 0,7). Der wichtige Konkurrent B dagegen betreibt eine Preis-Mengen- oder Discountstrategie, was zu einer entsprechend niedrigeren Umsatzrendite (nämlich nur rd. 7 %) geführt hat. Trotzdem realisiert auch der Konkurrent B eine Kapitalrentabilität von 10 %, und zwar durch einen überdurchschnittlichen Kapitalumschlag (von immerhin 1,5).

Der Konkurrent B beeinflusst durch sein preisaktives Vorgehen inzwischen immer stärker den Gesamtmarkt, d. h., allmählich tritt ein allgemeiner Preisverfall ein. Das eigene Unternehmen wird deshalb auf Dauer nicht seine überdurchschnittliche Umsatzrendite von 15 % halten können, weil es künftig bestimmte Preissenkungen vornehmen muss. Aufgrund von Analysen wird künftig nur noch eine Umsatzrendite von etwa 9 % erwartet (= Position A'). Wenn aber das Unternehmen nach wie vor eine Kapitalrendite von 10 % realisieren will, so bedeutet das, dass der Kapitalumschlag entsprechend erhöht werden muss (auf rd. 1,1).

Das eigene Unternehmen nähert sich insoweit von A zu A' rentabilitäts-orientiert dem wichtigen Konkurrenten B mit entsprechenden Konsequenzen für die strategischen und operativen Marketingmaßnahmen.

Ein konkretes Rentabilitätsziel (ROI) eines Unternehmens muss immer über die Erfüllung entsprechend ausgerichteter Funktionsbereichsziele realisiert werden, wie ein Modellbeispiel zeigt (Abb. 16).

Auf den betrachteten leistungswirtschaftlichen Ebenen (Funktionsbereichen) sind insoweit zwei grundlegende Ansatzpunkte der Oberziel- bzw. Rentabilitätssteuerung (ROI) gegeben:
- **Umsatzerhöhung einerseits und**
- **Kostensenkung andererseits.**

Ziel-strategische Konzepte sind in den heute stark umkämpften Märkten in aller Regel aber nur dann erfolgreich, wenn sie an beiden Ansatzpunkten anknüpfen.

2.3 Unternehmensziele

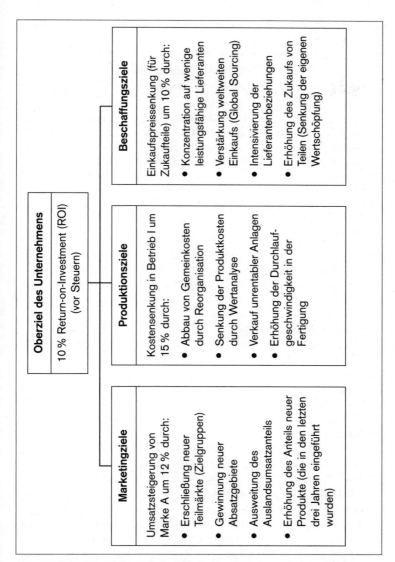

Abb. 16: Beispielhafte Bereichszielsetzungen zur Erfüllung eines bestimmten Rentabilitätsziels (ROI)

2.4 Marketingziele

Die Darlegungen zu den Unternehmenszielen und ihren Realisierungsmöglichkeiten haben gezeigt, dass Marketingziele einen ganz zentralen Beitrag zu Oberzielerfüllung leisten können bzw. müssen. Nicht zuletzt die Erfahrungen einseitiger Kostensenkungsprogramme in den Unternehmen – wie sie nicht selten aufgrund falsch verstandener Managementkonzepte wie Business Restructuring, Lean Production bzw. Lean Management u. a. zu realisieren versucht werden – haben wieder verstärkt die Notwendigkeit markt- und kundenorientierter Ertragsverbesserungsprogramme (via Absatzmengen- und/oder Absatzpreiserhöhungen) und dafür geeigneter strategischer und operativer Marketingkonzepte deutlich gemacht.

Die Vielzahl ziel-strategischer Möglichkeiten und Ansätze im Marketingbereich wird insgesamt erkennbar, wenn man sich die unterschiedlichen Ziele und Zielrichtungen vergegenwärtigt. Dabei können grundsätzlich zwei Grundkategorien von Marketingzielen unterschieden werden:
- **Marktökonomische Ziele und**
- **Marktpsychologische Ziele.**

Als zentrale marktökonomische Ziele sind dabei folgende anzusehen:
- **Absatz,**
- **Umsatz,**
- **Preis(position),**
- **Marktanteil,**
- **Distribution.**

Diese marktökonomischen Ziele stellen – wie bereits zu Beginn dieses Teils hervorgehoben – keine autonomen Ziele dar, sondern sind grundlegende Ziele, die der Erfüllung festgelegter Oberziele (Gewinn bzw. Rentabilität) dienen. Sie sind insofern aus diesen stufenmäßig abzuleiten. Es wird also danach gefragt, welchen Beitrag z. B. eine bestimmte Erhöhung des Marktanteils zur Erfüllung eines festgelegten Rentabilitätsziels leisten kann. Untersuchungen des PIMS-Programms (Profit Impact of Market Strategies) haben in dieser Hinsicht einen vergleichsweise engen Zusammenhang zwischen

2.4 Marketingziele

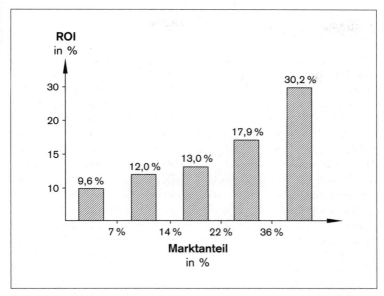

Abb. 17: Empirisch nachgewiesene Zusammenhänge zwischen Marktanteil und Rentabilität (ROI)
Quelle: PIMS-Programm

Rentabilitäts-(ROI-) und Marktanteilsentwicklung nachgewiesen (Abb.17).

Auch innerhalb der aufgeführten marktökonomischen Ziele bestehen bestimmte Zusammenhänge. So können z. B. gezielte Verbesserungen der Distribution zu entsprechenden Marktanteilsverbesserungen führen (und diese dann zu den erwähnten Verbesserungen der Rentabilität (ROI) gemäß PIMS-Programm).

Fallbeispie 9: Zusammenhänge zwischen Distribution und Marktanteil
Mögliche Beziehungen zwischen Distribution einerseits und Marktanteil andererseits lassen sich am besten an ausgewählten Beispielen demonstrieren (Abb. 18). Sie stammen aus dem Konsumgüterbereich, und zwar aus einem Teilmarkt des Getränkemarktes.

Das Beispiel aus dem Getränkemarkt zeigt, dass z. B. die Marke A im Zuge einer Verbesserung der Distribution (von 49/81 auf 57/88) im Beobach-

2. Marketingziele

	Perioden					
	J/F	M/A	M/J	J/A	S/O	N/D**
Distr. num./gew.*) in %						
Marke A	49/81	49/77	56/85	53/84	53/84	57/88
Marke B	86/98	83/97	83/97	85/97	89/99	88/98
Marke C	20/44	21/44	19/46	17/49	18/47	17/46
Marke D	11/46	11/44	11/46	11/50	12/46	13/52
Marke E	5/24	5/28	5/20	5/19	8/32	8/36
Marktanteil in %						
Marke A	26	29	25	29	28	30
Marke B	49	46	50	43	45	44
Marke C	12	12	12	13	13	10
Marke D	5	5	4	9	6	6
Marke E	2	2	1	1	2	2

*) Distribution numerisch/gewichtet
**) Januar/Februar, März/April, Mai/Juni, Juli/August, September/Oktober, November/Dezember

$$\text{Numerische Distribution} = \frac{\text{Zahl der (die Marke X) führenden Warengruppe) führenden Geschäfte}}{\text{Zahl der (die ensprechende Warengruppe) führenden Geschäfte}} \times 100$$

$$\text{Gewichtete Distribution} = \frac{\text{Umsatz der (die Marke X) führenden Geschäfte}}{\text{Umsatz der (die ensprechende Warengruppe) führenden Geschäfte}} \times 100$$

Abb. 18: Beziehung zwischen Distributions- und Marktanteilsentwicklung bei fünf ausgewählten Marken (Panel-Daten)

tungszeitraum auch den Marktanteil entsprechend ausbauen konnte (von 26 auf 30 %). Die Marke B demgegenüber hat die sehr hohe Distribution zwar halten können (86/98 bzw. 88/98), trotzdem ist der Marktanteil rückläufig (von 49 auf 44 %). Ursache dafür ist bei dieser Marke im Gegensatz zu Marke A ein nicht aufzuhaltender Image- und Konzeptverfall. Marktanteilsveränderungen haben so gesehen – und zwar in jeder Richtung – häufig mehrere Ursachen bzw. basieren auf der Realisierung mehrerer marketing-strategischer bzw. -operativer Ansätze.

Für die Ableitung schlüssiger Marketingziele gilt es, solche Zusammenhänge aufzudecken (u. a. über geeignete Case Studies des eigenen wie auch konkurrierender Unternehmen; im jeweiligen Markt verfügbare Paneldaten (einschließlich entsprechender Sonderanalysen) können hierfür herangezogen werden).

Die Realisierung marktökonomischer Ziele hängt andererseits in hohem Maße von marktpsychologischen Zielen und ihren Erfüllungsgraden ab. Als besonders wichtige marktpsychologische Ziele sind etwa folgende anzusehen:
- **Bekanntheitsgrad,**
- **Image,**
- **Kompetenz,**
- **Kundenzufriedenheit,**
- **Kundenbindung.**

Die Verfolgung solcher marktpsychologischer Ziele ist deshalb entscheidend, weil die Käufe der Kunden entsprechende Kenntnisse, Einsichten, Vorstellungen und Erfahrungen voraussetzen. Die marktpsychologischen Ziele kann man in dieser Hinsicht auch als vor-ökonomische Ziele bezeichnen. Das heißt nichts anderes, als dass – ehe Kunden durch ihre Käufe unsere ökonomischen Ziele wie Absatz, Umsatz, Marktanteil überhaupt realisieren helfen – wir in ihren Köpfen psychologische Vorgänge wie Wahrnehmen, Lernen, verändertes Handeln auslösen müssen.

Damit ist klar, dass die Erfüllung von marktökonomischen Zielen (und damit die Oberzielerfüllung wie Rentabilität/Unternehmenswert) in hohem Maße von der strategischen und operativen Markenführung abhängt, nämlich dem Auf- und Ausbau von:

2. Marketingziele

- **Markenbekanntheit,**
- **Markenimage/-profil und**
- **Markentreue.**

Ableitung und Steuerung solcher markt- bzw. markenpsychologischer Ziele setzen entsprechende Informationsgrundlagen voraus. Insbesondere Grundlagen- bzw. Image-/Kompetenzuntersuchungen im Rahmen der Marktforschung (und zwar der sog. Primärforschung, speziell Befragung) können solche Informationen bereitstellen. Images bzw. Kompetenzen können dabei etwa auf Basis sog. Mehrfachskalen (auch unter dem Begriff Polaritätenprofil geläufig) gemessen werden. Ein Beispiel aus dem Markt der Sicherheitsdienstleister soll das verdeutlichen.

Fallbeispiel 10: Polaritätenprofile im Markt für Sicherheitsdienstleistungen
Der Markt der Dienstleistungen wächst generell. Gleichwohl herrscht auch auf diesen wachsenden Märkten ein hoher Wettbewerb. Das führt dazu, dass die Anbieter von Sicherheitsleistungen immer wieder danach trachten, sich im Markt spezifische Wettbewerbsvorteile zu erarbeiten.
Grundlage für solche ziel-strategischen Entscheidungen können dabei sog. Polaritätenprofile bilden, und zwar aufgrund ihrer Aussagen zu Image-(Kompetenz-)Stärken und -Schwächen für das eigene Unternehmen, für wichtige Konkurrenten sowie zum „Bild" des idealen Unternehmens (Abb. 19).
Das Polaritätenprofil weist z. B. für das Unternehmen A eine vergleichsweise starke Nähe zum idealen Unternehmen (Profil) aus. Das heißt, das Unternehmen A entspricht bereits in hohem Maße den Image- bzw. Kompetenzanforderungen der Kunden, insbesondere im Vergleich mit wichtigen Konkurrenten wie dem Unternehmen C, dessen Image- und Kompetenzwerte nur unzureichend der Idealvorstellung der Kunden nahe kommen.
Das Beispiel zeigt aber auch, dass das Unternehmen A noch image- bzw. kompetenz-strategischen Nachholbedarf hat, etwa hinsichtlich der Ausbildung der Mitarbeiter vor Ort.

Was die Image- bzw. Kompetenzsteuerung durch das Unternehmen mit strategischen und operativen Maßnahmen betrifft, so stellt das sog. ideale Unternehmen (Profil) zwar eine wichtige Orientierungsgrundlage dar. Gleichwohl gelingt es aber niemals, eine volle Übereinstimmung zwischen eigenem und idealem Profil herzustellen. Sie ist aber auch gar nicht anzustreben, denn ein Unternehmen

2.4 Marketingziele

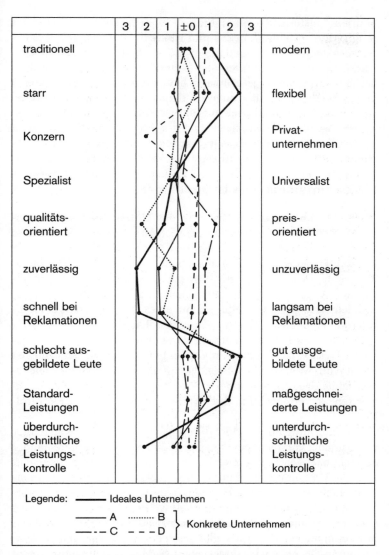

Abb. 19: Polaritätenprofile marktführender Sicherheitsdienstleister und des idealen Sicherheitsdienstleisters

und sein Leistungsprogramm braucht für seine spezifische Profilierung Besonderheiten („Ecken und Kanten"), um sich von Wettbewerbern auch entsprechend unterscheiden bzw. abgrenzen zu können. Eine wichtige, zugleich aber sehr schwierige Aufgabe besteht deshalb darin, diejenige(n) Image- bzw. Einstellungsdimension(en) zu identifizieren, auf der oder auf denen image- bzw. kompetenzspezifische Eigenständigkeit auf- bzw. ausgebaut werden soll.

Die Frage der Marketingziele und ihre Festlegung bzw. Steuerung erweist sich so gesehen als sehr komplex. Sie ist aber für eine erfolgreiche Unternehmenssteuerung (und -kontrolle) unverzichtbar.

2.5 Zielprogramm des Unternehmens

Die Ausführungen zur Zielfrage des Unternehmens („Bestimmung der Wunschorte") haben deutlich zu machen versucht, dass Unternehmen auf mehreren Ebenen Zielentscheidungen treffen müssen. Dabei ist die **Hierarchie der Ziele** zu beachten: Die Meta-Ziele stehen vor den Unternehmenszielen und diese wiederum bilden den Ausgangspunkt für die Ableitung der eigentlichen Marketingziele. Das gesamte Zielprogramm eines Unternehmens steht insofern in einem Mittel-Zweck-Zusammenhang.

Die Steuerungsfunktion der Ziele ist umso besser, je vollständiger ein Zielsystem ist. Für eine konsequente Unternehmensführung ist es sinnvoll, wenn nicht notwendig, auf allen behandelten Zielebenen schlüssige, mit den anderen Zielebenen abgestimmte Ziele abzuleiten, zu verfolgen und ihre Erfüllung entsprechend zu kontrollieren.

Für die Erarbeitung und Realisierung von Marketing-Konzeptionen ist dabei vor allem eine möglichst differenzierte, untereinander abgestimmte Marketing-Zielplanung notwendig. Eine Übersicht zeigt die Verzahnung der Marketing-Zielplanung mit der Unternehmens-Zielplanung (Abb. 20).

Besonders wichtig für die marketing-konzeptionelle Steuerung des Unternehmens ist die Konkretisierung der Instrumentalziele im Marketingbereich. Mit ihrer Planung werden grundlegende marktökonomische Ziele wie Absatz, Umsatz, Marktanteil zu realisieren gesucht. Ihre Erfüllung ist wiederum eine wesentliche Vorausset-

2.5 Zielprogramm des Unternehmens

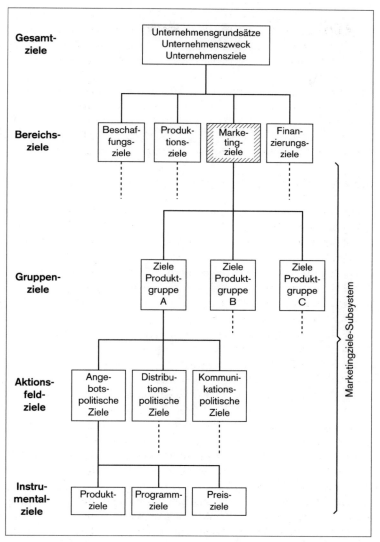

Abb. 20: Zielhierarchisches System (unter besonderer Berücksichtigung des Marketingziele-Subsystems)

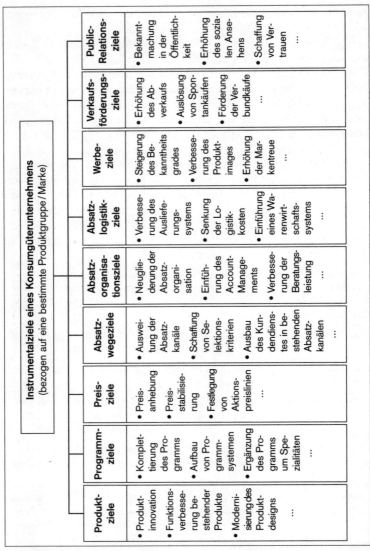

Abb. 21: Beispielhaftes System von Instrumentalzielen (ohne Quantifizierung)

2.5 Zielprogramm des Unternehmens

zung für die Realisierung festgelegter Oberziele des Unternehmens wie Gewinn bzw. Rentabilität.

Wie filigran die Marketing-Zielplanung – speziell auf der Instrumentalebene – sein muss, skizziert eine Übersicht (Abb. 21).

Für Steuerungs- und Kontrollzwecke bedürfen die Marketingziele – soweit möglich – einer hinreichenden **quantitativen Präzisierung**. Sonst bleiben sie eine unbestimmte Absichtserklärung ohne strenge Kontrollmöglichkeit. Gerade sie ist aber für die Führung der Marketingbereiche, -abteilungen und -stellen notwendig – sollen sie doch jeweils ihren adäquaten, vereinbarten Zielbeitrag leisten.

Die Ableitung eines vollständigen hierarchischen Zielsystems unter besonderer Berücksichtigung des Marketingziele-Subsystems erweist sich damit als anstrebenswert. Gleichwohl sind Unternehmen – insbesondere am Beginn eines systematischen konzeptionellen Vorgehens – vielfach noch nicht in der Lage, das zu leisten. Am Anfang stehen deshalb nicht selten praxisorientierte Teillösungen in Form von Marketing-Leitbildern (Abb. 22).

Grundlegende Marketing-Zielgrößen	Marketing-Leitbild eines Unternehmens (für eine konkrete Produktgruppe und ein konkretes Jahr)
Marktanteil	Es wird ein Marktanteil von 25 % wertmäßig und 18 % mengenmäßig angestrebt.
Distribution	Die Distribution soll sich numerisch/gewichtet auf 60/90 einpendeln.
Preis(position)	Die Produktgruppe B soll im Konsummarkenbereich innerhalb des Preisbandes von € 10,– und 12,– (EVP) angesiedelt werden.
Bekanntheitsgrad	Für die Produktgruppe (Marke) B soll ein ungestützter Bekanntheitsgrad von 50 % erreicht werden.
Image	Das Produkt-/Markenprofil soll auf folgenden „Säulen" aufgebaut werden: natürliche Rohstoffe, neue Wirkstoffkombination TS, Unternehmen X ist Spezialist.

Abb. 22: Beispiel eines Marketing-Leitbildes

2. Marketingziele

Als besonders wichtig für die marketing-konzeptionelle Steuerung sind sowohl marktökonomische (wie Marktanteil, Distribution und Preisposition) als auch marktpsychologische Ziele (wie Image und Bekanntheitsgrad) anzusehen. Gerade bei diesen Zielen bedarf es einer entsprechenden Präzisierung, wenn sie streng handlungsleitend eingesetzt werden sollen.

Für die Zielpräzisierung kommen grundsätzlich die Fixierung des Zielinhalts (z. B. wertmäßiger Marktanteil), des Zielausmaßes (z. B. 25 %) und der Zielperiode (z. B. Jahr 2000) in Betracht. Bei marktpsychologischen Zielen ist das z. T. möglich (z. B. bei der Festlegung von Bekanntheitsgradzielen), z. T. aber auch nicht so realisierbar (z. B. bei der Bestimmung von Imagezielen). Dann muss versucht werden, diese Ziele auf andere Weise hinreichend zu konkretisieren (wie im Leitbild beispielhaft angegeben, ggf. aber auch mithilfe eines Polaritätenprofils (vgl. Abb. 19), und zwar unter Angabe der Distanzverringerung zum idealen Produkt auf konkreten Einstellungsebenen).

> **Fazit:** Ziele bilden notwendige Steuerungsgrundlagen für eine konsequente, zweckorientierte Unternehmensführung. Für eine durchgängige ziel-geleitete Steuerung und Kontrolle ist prinzipiell ein vollständiges, hierarchisch differenziertes Zielprogramm notwendig. Ein schlüssiges marketing-konzeptionelles Handeln setzt vor allem auch ein entsprechendes Marketingziele-Subsystem voraus. Die Steuerungs- und Kontroll-Leistung eines Zielprogramms ist dabei um so besser, je vollständiger, konkreter und präziser die Zielfestlegungen sind.

Hinweis: Wer die Thematik „Ziele und ihre Bestimmung" vertiefen möchte, wird verwiesen auf *Becker, J.,* Marketing-Konzeption. Grundlagen des ziel-strategischen und operativen Marketing-Managements, 7. überarbeitete und ergänzte Auflage, München 2002. Dort finden sich auch ausführliche Literaturhinweise zu Spezialfragen.

3. Marketingstrategien
(oder die Festlegung der „Route")

Ziele („Wunschorte") stellen eine wichtige Grundlage zweckorientierter Unternehmensführung dar. Festgelegte Ziele können jedoch nicht einfach in operatives Handeln umgesetzt werden – im Marketing also unmittelbar zum Einsatz der Marketinginstrumente führen –, sondern der ziel-orientierte Instrumentaleinsatz bedarf der strategischen Lenkung. Nur strategie-geleitet lässt sich ein konsequenter Marketingmix festlegen und realisieren.

> Strategien legen den notwendigen Handlungsrahmen bzw. die „Route" fest, um auf diese Weise sicherzustellen, dass alle operativen (taktischen) Instrumente auch konsequent und stimmig eingesetzt werden.

Strategien stellen insoweit einen **Entscheidungsbereich eigener Art** dar. Sie bilden Handlungsanweisungen mit Richtlinien-Charakter, die sowohl Handlungsrichtungen als auch Handlungsfolgen vorgeben. Ihre Lenkungsleistung ist dabei umso besser, je vollständiger das Strategiekonzept festgelegt wird. Deshalb ist es notwendig, strategie-geleitetes Handeln auf mehreren Strategieebenen festzulegen. Folgende abnehmer-orientierte Strategieebenen, die zugleich typische Wettbewerbsmuster enthalten, können unterschieden werden (Abb. 23).

> 1. Marktfeldstrategien
> 2. Marktstimulierungsstrategien
> 3. Marktparzellierungsstrategien
> 4. Marktarealstrategien

Abb. 23: Strategieebenen des Unternehmens

3. Marketingstrategien

Ursprünglich hat man geglaubt, dass für die Steuerung des Marketinginstrumenten-Einsatzes eindimensionale Strategiefestlegungen ausreichen (z. B. lediglich die marktfeld-strategische, d. h. auf die Produkt-Markt-Kombination(en) konzentrierte). Inzwischen hat sich die Einsicht durchgesetzt, dass der operative Instrumenteneinsatz nur schlüssig zu steuern ist, wenn ihm auch andere wichtige Strategiefestlegungen – also mehrdimensionale – zugrunde liegen (z. B. die marktstimulierungs-strategische, d. h. die Entscheidung für eine Präferenz- oder eine Preis-Mengen-Strategie).

Am Anfang eines umfassenden, ganzheitlichen strategischen Konzepts stehen gleichwohl die marktfeld-strategischen Entscheidungen und ihre Richtungsdispositionen.

3.1 Marktfeldstrategien

Den marktfeld-strategischen Entscheidungen kommt insofern eine wichtige Funktion zu, als sie die grundsätzliche Ausrichtung des Leistungsprogramms eines Unternehmens bzw. seine wachstums-orientierten Stoßrichtungen festlegen. Die generell möglichen Strategierichtungen können durch vier Produkt-Markt-Kombinationen (Marktfelder) beschrieben werden (Abb. 24).

Märkte Produkte	gegenwärtig	neu
gegenwärtig	Marktdurchdringung	Marktentwicklung
neu	Produktentwicklung	Diversifikation

Abb. 24: Die vier grundlegenden marktfeld-strategischen Optionen des Unternehmens

Die Festlegung einer oder mehrerer dieser Produkt-Markt-Kombinationen (Marktfelder) zielt auf eine Bestimmung der konkreten Wachstumsrichtung(en) des Unternehmens. Alle anderen strategischen Entscheidungen setzen insoweit diese Basisentscheidung voraus.

Mit jeder der aufgezeigten strategischen Optionen bestimmt das

3.1 Marktfeldstrategien

Unternehmen eine spezifische Art der Ausschöpfung von Produkt- und Marktpotenzialen:
- **Marktdurchdringung** (= Durchsetzung eines gegenwärtigen Produktes in einem gegenwärtigen Markt),
- **Marktentwicklung** (= Schaffung eines neuen Marktes für ein gegenwärtiges Produkt),
- **Produktentwicklung** (= Entwicklung eines neuen Produktes für einen gegenwärtigen Markt),
- **Diversifikation** (= Schaffen eines neuen Produktes für einen neuen Markt).

Die konkreten Ansatzpunkte der verschiedenen strategischen Optionen sollen im Folgenden näher aufgezeigt werden.

Die Marktdurchdringung stellt die „natürlichste" Strategierichtung des Unternehmens dar. Auch das Unternehmen, das sich nicht ausgesprochen strategie-orientiert verhält, wählt normalerweise auf jeden Fall diese Wachstumsrichtung (= Minimum-Strategie).

Die möglichst optimale Ausschöpfung eines gegenwärtigen Marktes mit bestehenden Produkten kann dabei wie folgt vorgenommen werden:
- **Erhöhung der Verwendung bei Kunden,**
- **Gewinnung von Kunden der Konkurrenz,**
- **Erschließung von Nicht-Verwendern.**

Vorgehensweisen bzw. Möglichkeiten sollen jeweils anhand von Beispielen verdeutlicht werden.

Fallbeispiel 11: Erhöhung der Verwendung von Haarshampoo

Wenn die Zielrichtung darin besteht, die Verwendungsrate eines Produktes zu erhöhen, so müssen prinzipiell Argumente geliefert werden, welche die Verwender veranlassen, tatsächlich den Verbrauch zu intensivieren.

Durch Optimierung von Haarshampoos in Richtung milde Pflege (u. a. durch haar- bzw. kopfhautfreundliche Waschsubstanzen) war es möglich, einer breiten Zielgruppe die Angst vor der täglichen Haarwäsche zu nehmen. „Jeden-Tag-Shampoos" haben damit die Haarshampoo-Verwendung insgesamt ausweiten können.

Eine wichtige Funktion kam dabei auch der entsprechenden werblichen Auslobung dieser Shampoos zu (vgl. u. a. *El'Vital* Shampoo).

3. Marketingstrategien

Fallbeispiel 12: Gewinnung von Kunden der Konkurrenz im Schokoladen-Markt
Ein wichtiger Ansatz der Marktdurchdringung kann darin bestehen, Kunden der Konkurrenz abzuwerben. Hierfür sind Konzepte zu wählen, die es möglich machen, dass Verwender, die bisher Konkurrenzprodukte vorgezogen haben, nun die eigenen Produkte kaufen und verwenden.
Das strategische Prinzip liegt – marktdurchdringungs-strategisch gesehen – also darin, mit einem gegenwärtigen Produkt „Konkurrenzkunden" zu gewinnen. Der Ansatz für eine solche Veränderung des Abnehmerverhaltens besteht auch hier in entsprechenden Produkt-Argumenten bzw. Marken-Auslobungen.
So hat es z. B. die Firma *Ferrero* bei ihrem ursprünglich reinen Riegelprodukt *Duplo* verstanden, durch eine doppelte Argumentation („Für die einen ist es einfach *Duplo*, für die anderen ist es die wahrscheinlich längste Praline der Welt") auch Pralinenesser anderer Marken(-angebote) zu gewinnen.

Fallbeispiel 13: Erschließung von Nicht-Verwendern im Deo-Markt
Nicht-Verwender sind vielfach keine kategorischen Ablehner hinsichtlich der Verwendung eines bestimmten Produktes oder Produktkategorie. Bei ihnen bestehen häufig nur bestimmte Hürden, die sie an der Verwendung hindern.
Wenn es gelingt, diese Hürden abzubauen, so können bisherige Nicht-Verwender durchaus gewonnen werden, nicht selten dauerhaft. Der Ansatz des „Hürdenabbaus" hängt dabei naturgemäß von der Art der wahrgenommenen bzw. empfundenen Probleme ab. Teilweise können sie argumentativ abgebaut werden, z. B. durch geeignete Argumente, die bisher nicht genutzt worden sind. Ggf. sind aber auch bestimmte Produktmodifikationen bei bestehenden Produkten notwendig.
So werden beispielsweise von Nicht-Verwendern – z. T. auch von Verwendern – Probleme bei der Hautverträglichkeit von Deo-Produkten gesehen. Durch Änderung der Rezepturen konnten diese Probleme weitgehend gelöst und so vor allem Verwendungshürden bei Nicht-Verwendern abgebaut werden. Der Verwenderkreis von Deo-Produkten konnte so erweitert werden (vgl. u. a. diesen Ansatz bei den Deos von *Nivea*, der später auch von Konkurrenten bzw. Konkurrenzmarken übernommen wurde).

Die Marktentwicklungsstrategie stellt die zweite marktfeld-strategische Option dar. Sie ist dadurch gekennzeichnet, dass hier für ein bestehendes Produkt ein neuer Markt zu schaffen gesucht wird.
Die Schaffung neuer Märkte für ein bestehendes Produkt kann prinzipiell in zweifacher Weise realisiert werden:

3.1 Marktfeldstrategien

- **Schaffung neuer Verwendungszwecke (New Uses),**
- **Gewinnung neuer Verwender (New Users).**

Das Prinzip der Marktentwicklung besteht insofern in einer systematischen Markterweiterung (Market Stretching), wie Beispiele zeigen sollen.

Fallbeispiel 14: Schaffung neuer Verwendungszwecke für Sportschuhe
Sport- bzw. Turn- und Laufschuhe sind ursprünglich allein der Verwendung im Sport vorbehalten gewesen. Im Laufe der Zeit hat es aber bestimmte Tendenzen bei den Nutzern solcher Schuhe gegeben, diese auch außerhalb der sportlichen Betätigung zu tragen.

Diese Tendenzen haben sich die Hersteller von Sportschuhen wie *Adidas* und *Nike* zunutze gemacht, indem sie die erweiterte Verwendung ihrer Sportschuhe selbst propagiert haben bzw. durch entsprechende Modifizierung klassischer Sport- und Laufschuhe einschließlich der Berücksichtigung modischer Elemente diese neuen Verwendungszwecke aktiv gefördert haben.

Inzwischen sind die ursprünglichen Sport- und Laufschuhe zu weit verbreiteten Freizeitschuhen geworden, die z. T. auch Eingang in die Berufskleidung (bzw. das dafür genutzte Schuhwerk) gefunden haben.

Fallbeispiel 15: Gewinnung neuer Verwender bei Elektrowerkzeugen
Die Entwicklung von Elektrowerkzeugen (wie elektrisch betriebene Bohr-, Schleif- und Sägewerkzeuge) zielte ursprünglich auf den professionellen Markt, d. h., ihr Einsatz war für die Unterstützung handwerklicher und industrieller Tätigkeiten vorgesehen.

Im Zuge der Entstehung des Hobby-Marktes (Do-it-yourself-Welle) entstand grundsätzlich auch ein Bedürfnis für die elektrische Unterstützung bei typischen Heimwerkerarbeiten.

Es war daher nahe liegend und konsequent, neben dem Profi-Markt auch den Hobby-Markt mit diesen Elektro-Werkzeugen zu bedienen (vgl. z. B. *Bosch*). Der Hobby-Markt macht inzwischen mehr als die Hälfte des Gesamtmarktes aus.

Gelungen ist das nicht zuletzt durch Vereinfachung bestehender Geräte sowie durch Schaffung neuer, heimwerker-freundlicher Preis-Leistungs-Verhältnisse.

Als dritte marktfeld-strategische Option kommt die Produktentwicklung in Betracht. Sie besteht darin, neue Produkte für gegenwärtige Märkte zu entwickeln. Aufgrund des zunehmenden Wettbewerbs kommt dieser Strategie eine immer wichtigere Funktion zu; sie ist in vielen Märkten zu einer Überlebensstrategie schlechthin geworden.

Was die Produktentwicklung betrifft – das wird in der Diskussion vielfach übersehen bzw. verwischt –, so sind unterschiedliche Intensitätsgrade bzw. Arten von Neuprodukten („Innovationen") zu unterscheiden:

- **Echte Innovationen** (= originäre Produkte, die es in dieser Art bisher noch nicht gab),
- **Quasi-neue Produkte** (= neuartige Produkte, die aber an bestehenden anknüpfen und sie zu verbessern suchen),
- **Me-too-Produkte** (= „Ich-auch Produkte", die mehr oder weniger reine Nachahmungen vorhandener Produkte darstellen).

Art und Charakter dieser Typen von neuen Produkten sollen an Beispielen aufgezeigt werden.

Fallbeispiel 16: Typische echte Innovationen und ihre Besonderheiten

Innovationen – im Sinne echter Innovationen – sind dadurch gekennzeichnet, dass sie eine völlig neue Problemlösung darstellen, und zwar aufgrund ihrer Funktion und/oder Technik. Als klassische Beispiele können hier etwa Sofortbild-Kamera, Taschenrechner oder auch Quarzuhr genannt werden. Insbesondere der Bereich der Kommunikationstechnologie bietet ein weites Feld echter Innovationen wie Faxgerät, Mobiltelefon usw.

Charakteristisch für solche Innovationen ist in aller Regel eine ausgeprägte Grundlagenforschung, die einen hohen Ressourceneinsatz erfordert. Sie bietet die Chance für die Schaffung echter Wettbewerbsvorteile und die Ausschöpfung entsprechender Gewinnpotenziale, zumindest in den Einführungs- und Wachstumsphasen des Marktes.

Andererseits sind die Marktwiderstände – zumindest in der Einführungsphase – groß und ihr Abbau erfordert entsprechende Marktinvestitionen bzw. die Risiken eines Misserfolges sind vergleichsweise hoch.

Fallbeispiel 17: Typische quasi-neue Produkte und ihre Eigenarten

In vielen Märkten – zumal wenn echte Innovationsreserven weitgehend erschöpft sind –, werden die Produktentwicklungs-Anstrengungen häufig auf quasi-neue Produkte gerichtet. Das heißt, es wird bewusst an bestehenden Produkten bzw. Problemlösungen anzuknüpfen versucht, um auf ihrer Basis Verbesserungen vorzunehmen, die zu ggf. sehr wesentlichen Problemlösungsverbesserungen führen können, wie z. B. Diätmargarine, Ölschaumbäder, Fahrräder mit Federung, Cabrios mit elektrischer Verdeckbetätigung.

Ausgangspunkt solcher Entwicklungen sind vielfach Unzufriedenheiten der Kunden mit bisherigen Lösungen bzw. gestiegene Anforderungen der Kunden. Kennzeichen solcher verbesserten Produkte sind meist Zusatznutzen-Leistungen (Added Value). Sie sind das Ergebnis angewandter Forschung und Entwicklung und bedingen einen mittleren Ressourcenaufwand. Die Chance, mit ihnen Wettbewerbsvorteile und damit auch Gewinnpotenziale zu schaffen, ist dafür gewöhnlich auch nicht so groß wie bei echten Innovationen.

Bei quasi-neuen Produkten sind jedoch im Allgemeinen weniger Marktwiderstände zu befürchten, und auch das Flop-Risiko ist deutlich geringer.

Fallbeispiel 18: Typische Me-too-Produkte und ihre Charakteristika

Aufgrund des hohen Entwicklungs- und Reifegrades von bestehenden Produkten in gegenwärtigen Märkten ist es vielfach schwer, überhaupt noch Ansätze für Verbesserungen der Produkte bzw. ihrer Leistungen zu finden.

In vielen Märkten ist inzwischen der technisch-funktionale Standard sehr hoch. Trotzdem gibt es in jedem Markt Unternehmen und Produkte, die jeweils noch zurückliegen. Als marktfeld-strategischer Hebel wird von solchen Unternehmen dann nicht selten die Nachahmung neuer Standards angesehen.

Diesen Me-too- oder Nachahmungsprodukten fehlt im Prinzip jeglicher Innovationsgrad; eine mögliche Differenzierung gegenüber bereits bestehenden Produkten beschränkt sich dann etwa auf die eigene Marke, abweichendes Produktdesign oder eine andersartige Verpackung. Als Beispiele können etwa genannt werden: das x-te Waschmittelkonzentrat, der x-te Haartrockner mit Frisierdüse, der x-te stufenlos regulierbare Staubsauger.

Bei der Entwicklung solcher Nachahmungsprodukte konzentriert man sich dabei auf die reine Anwendungstechnik, d. h., ein technologischer Fortschritt besteht nicht mehr. Wettbewerbsvorteile sind mit dieser Art von Produkten nicht oder nur schwer aufzubauen (ggf. über eine starke, profilierte Marke). Das Gewinnpotenzial von derartigen Nachahmungsprodukten ist im Allgemeinen sehr begrenzt, zumal wenn solche Nachahmungsprodukte bereits in die Phase des Preisverfalls von Märkten (Reife- bzw. Sättigungsphase) fallen.

Spezielle Marktwiderstände sind bei Nachahmungsprodukten meist nicht zu erwarten; das besondere Risiko besteht jedoch darin, dass sie ggf. auf bereits schrumpfende Märkte treffen (und sie nur noch „preisaggressiv" vermarktet werden können).

3. Marketingstrategien

Eine besondere marktfeld-strategische Option besteht in der sog. Diversifikation. Sie wird immer dann gewählt, wenn alle anderen Optionen (Marktdurchdringung, Marktentwicklung und Produktentwicklung) nicht (mehr) ausreichen, Existenz und Wachstum des Unternehmens zu sichern.

Die marktfeld-strategische Charakteristik der Diversifikation besteht darin, dass bei ihr sowohl auf neue Produkte als auch auf neue Märkte gesetzt wird (und zwar meist nur auf jeweils für das Unternehmen neue!). Die Diversifikation wird auch als die Strategie des „zweiten Standbeines" umschrieben. Verschiedene Arten der Diversifikation sind dabei zu unterscheiden:

- **Horizontale Diversifikation,**
- **Vertikale Diversifikation,**
- **Laterale Diversifikation.**

Die horizontale Diversifikation ist dadurch gekennzeichnet, dass eine Erweiterung des bisherigen Produkt- bzw. Leistungsprogramms um verwandte Angebote vorgenommen wird. Der Verwandtschaftsgrad ist durch gleiche Verfahren (Produktionstechniken) und/oder gleiche Abnehmer (Kunden) gegeben. Es wird auch von Business Migration gesprochen, wenn ein Unternehmen mit gezielten Angebotserweiterungen um seine Kunden „herumwandert".

Fallbeispiel 19: Strategieerweiterung durch horizontale Diversifikation

Die horizontale Diversifikation ist dann eine naheliegende Strategie, wenn die bisherigen Produkte bzw. die bisher bearbeiteten Märkte für eine Existenz- und Wachstumssicherung des Unternehmens nicht mehr ausreichen. Das Prinzip der horizontalen Ausweitung des Programms verspricht dabei relativ gute Synergie-Möglichkeiten (2+2=5-Effekt). Das heißt, bei der horizontalen Diversifikation können z. B. gleiche Verfahren etwa in Produktion und Vertrieb oder auch die gleiche Marke genutzt werden.

Beispiele für solche horizontalen Diversifikationen finden sich in vielen Branchen, u. a. in der Lebensmittelindustrie (z. B. bei *Bestfoods* die Ausweitung des klassischen Produktprogramms wie Würzen, Soßen, Suppen um Kartoffel-Convenienceprodukte wie Püree, Reibekuchen, Klöße, Knödel usw.) oder im Mineralölbereich (z. B. die Ausweitung des traditionellen Leistungsprogramms von Tankstellen wie Kraftstoffe und Wagenwäsche um Kraftfahrzeugteile und -dienstleistungen bis hin zu allgemeinen Einkaufshops [kleine Supermärkte] etwa bei *Aral* oder *Esso*).

3.1 Marktfeldstrategien

Eine solche horizontal diversifizierte Ausweitung des Programms (Sortiments) zielt in aller Regel nicht nur auf Umsatzwachstum, sondern auch auf Ertragsverbesserung. Typische Realisierungsform der horizontalen Diversifikation ist der jeweils eigene Aufbau.

Fallbeispiel 20: Strategieerweiterung durch vertikale Diversifikation

Die vertikale Diversifikation ist dadurch gekennzeichnet, dass hier dem bisherigen Produkt- und Leistungsprogramm – bezogen auf die Wertschöpfungskette – entweder neue Programme bzw. Aktivitäten vor- oder nachgeschaltet werden (= Vorstufen- oder Nachstufen-Diversifikation). Der strategische Ansatz besteht also darin, den eigenen Anteil an der gesamten Wertschöpfungskette zu erhöhen, um sich so Markt-, Prozess- und/oder Kostenvorteile zu verschaffen.

Beispiele für eine solche vertikale Diversifikation finden sich ebenfalls in zahlreichen Bereichen bzw. Märkten.

Aus Gründen der Verbesserung der Wertschöpfung ist die Nachstufen-Diversifikation generell stärker verbreitet (z. B. betreibt der Schuhhersteller *Salamander* eine eigene *Salamander*-Schuhfachhandelskette, oder *Bayer* beschränkt sich nicht nur darauf, Lackrohstoffe zu produzieren, sondern stellt auch selbst Lacke [unter der Marke *Herberts*] her).

Vorstufen-Diversifikation besteht demgegenüber darin, Vorstufenaktivitäten zu integrieren (z. B. *Hipp* als Anbieter von Babynahrung baut eigenes Gemüse unter strengen ökologischen Prinzipien selbst an oder *General Motors* produziert – immer noch – in hohem Maße selbst Zulieferteile für Kraftfahrzeuge).

Bei dieser Art von Diversifikation (Vor- bzw. Nachstufen-Diversifikation) können Unternehmen durchaus Synergieeffekte realisieren bzw. eigene Qualitätsstandards sicherstellen. Der Nachteil besteht andererseits darin, dass ein Unternehmen mit diesen Diversifikationsrichtungen jeweils im gleichen Branchenkanal verbleibt und so die Strategie des „zweiten Standbeins" nur bedingt erfüllt wird.

Was die jeweiligen Realisierungsformen betrifft, so werden sowohl eigene Aufbau- als auch Aufkaufkonzepte gewählt.

Fallbeispiel 21: Strategieerweiterung durch laterale Diversifikation

Die laterale Diversifikation erfüllt prinzipiell am ehesten die strategische Absicht des „zweiten Standbeines". Charakteristisch für diese Art von Diversifikation ist, dass Unternehmen hier in für sie völlig neue Produkt- und Marktfelder vorstoßen. Das heißt, bei lateraler Diversifikation bestehen zu den bisherigen Aktivitäten des Unternehmens keinerlei sachliche Zusammenhänge mehr.

3. Marketingstrategien

Beispiele für laterale Diversifikation finden sich in vielen Wirtschaftsbereichen. So hat z. B. *Philipp Morris* als bedeutender Zigarettenhersteller frühzeitig sein (gefährdetes) Geschäft um andere Standbeine zu ergänzen versucht, die möglichst weit weg vom Stammgeschäft sind, u. a. Nahrungsmittelgeschäft *(General Food)*, oder *Volkswagen* hat seinerzeit zur strategischen Absicherung den Büromaschinen- und Computerhersteller *Triumph-Adler* aufgekauft, um als Ausgleich zum schwierigen Automobilgeschäft ein neues, zukunftsträchtiges Geschäftsfeld auf- bzw. auszubauen (inzwischen wieder aufgegeben).

Die möglichen Synergieeffekte sind bei dieser Art von Diversifikation eher gering, zumindest was gemeinsam nutzbares Know-how, Verfahren oder Marken- bzw. Vermarktungsfragen betrifft. Der strategische Effekt ist primär in der Risiko- und auch Chancen-Verteilung der Geschäfte zu sehen.

Da bei dieser Art von Diversifikation Unternehmen prinzipiell in völlig neue Betätigungsfelder vorstoßen, ist für ihre Realisierung die Aufkaufstrategie (Mergers & Acquisitions) typisch.

Was die zuletzt behandelte laterale Diversifikation betrifft, so erfüllt sie – zumindest marktfeld-strategisch betrachtet – zwar am ehesten die Funktion eines zusätzlichen Standbeines. In der Praxis hat sich ihre Realisierung aber vielfach als sehr schwierig erwiesen. Erfahrungswerte (wie auch Untersuchungen) zeigen, dass mehr als zwei Drittel aller Diversifikationskonzepte scheitern oder zumindest umsatz- und ertragsorientiert nicht das leisten, was man sich von ihnen versprochen hat. Das gilt jedenfalls in besonderem Maße für die laterale Diversifikation.

Wurde die Diversifikation ursprünglich als strategisches Erfolgskonzept angesehen und deshalb von vielen Unternehmen auch zu realisieren versucht, so ist diese Sicht inzwischen einer nüchterneren Betrachtung gewichen. Zahlreiche Unternehmen verfolgen wieder eine starke Konzentration auf Kerngeschäfte. Sie glauben, dadurch besser ihre eigentlichen Stärken ausspielen zu können. Begleitet werden solche strategischen Konzentrationsprozesse vielfach durch Aufkäufe (Mergers & Acquisitions) im Kerngeschäft.

Fallbeispiel 22: Konzentration auf Kerngeschäfte und Aufkaufstrategie
Die strategische Tendenz vieler Unternehmen bestand bzw. besteht – z. T. nicht hinreichend konzeptionell geleitet – darin, das ursprüngliche Betätigungsfeld des Unternehmens um neue Betätigungsfelder diversifizierend zu

3.1 Marktfeldstrategien

ergänzen. Ergebnis solcher Aus- und Anbauprozesse sind nicht selten stark heterogene Produkt- und Leistungsprogramme.

Unternehmen finden sich dann oft in einem bestimmten Entwicklungsstadium wieder, das dadurch gekennzeichnet ist, dass bestimmte Aktivitäten dem Unternehmen „fremd" geblieben sind, sich Märkte (und damit die Ertragskraft) diversifizierter Aktivitäten verschlechtert haben und/oder die anvisierten Synergieeffekte nicht realisiert werden konnten.

Die frühere Firma *Hoechst* bietet hierfür ein Beispiel. Die Unternehmensgruppe hatte zuletzt sehr heterogene Geschäftsbereiche in sich vereinigt (wie etwa chemische Roh- und Zwischenprodukte, Kunststoffe, Fasern, Farben, Düngemittel, Pharmazeutika bis hin zu Konsumgütern wie Körperpflege und Kosmetika).

Zunächst hat sich das Unternehmen aus dieser strategischen Verzettelung befreit und sich auf Arzneimittel, Tierernährung/-gesundheit und Pflanzenschutz konzentriert. Viele der nicht mehr in das strategische Portfolio passenden Aktivitäten wurden verkauft.

Später haben sich *Hoechst* und *Rhône-Poulenc* zur *Aventis*-Gruppe zusammengeschlossen und ihre Geschäftsfelder weiter fokussiert, um damit zu einem der größten Pharma-Konzerne in der Welt aufzusteigen (inzwischen Zusammenschluss mit *Sanofi-Synthélabo* zu *Sanofi-Aventis*).

Auch andere Unternehmen und ihre Konzentrationsprozesse verdeutlichen die neue strategische Grundrichtung (neues „strategisches Credo"): Konzentration auf Kerngeschäfte und zugleich Überführung dieser in eine neue Größenordnung, um im globalen Wettbewerb eine führende Rolle spielen und auf dieser Basis Umsatz und Ertrag nachhaltig sichern zu können.

Die Darlegungen zu den Marktfeldstrategien und ihren einzelnen Optionen (Marktdurchdringung, Marktentwicklung, Produktentwicklung, Diversifikation) haben insgesamt gezeigt, dass Unternehmen sehr unterschiedliche strategische Stoßrichtungen wählen können. Hierfür gibt es **keine Patentrezepte**, sondern jedes Unternehmen muss – je nach Markt- und Umfeldbedingungen, Unternehmensstadium sowie Markt- und Unternehmenszielen (einschließlich Metazielen wie Mission und Vision) – seinen eigenen, aber möglichst konsequenten, konzeptionell abgesicherten Weg gehen.

3.2 Marktstimulierungsstrategien

Bei der hier zu behandelnden zweiten Strategieebene geht es um die grundsätzliche Bestimmung der Art und Weise der Marktbeeinflussung. Diese „Routenentscheidung" ist für die ziel-strategische Steuerung des Unternehmens von ganz besonderer Bedeutung.

Das wird einsichtig, wenn man sich verdeutlicht, dass etablierte Märkte in der Regel mehrschichtig strukturiert sind, d. h. mehrere abgrenzbare Niveauschichten aufweisen, die durch unterschiedliche Preis-Leistungs-Verhältnisse gekennzeichnet sind (Abb. 25).

Je nachdem, welche Marktschicht ein Unternehmen konsequent besetzen und bearbeiten will, kann bzw. muss es eine der beiden strategischen Optionen wählen:

- **Präferenz-Strategie** (= Markenartikel-Strategie, die auf das Bieten von Leistungsvorteilen für obere und mittlere Märkte ausgerichtet ist),
- **Preis-Mengen-Strategie** (= Discount-Strategie, die auf das Bieten von Preisvorteilen für untere Märkte abstellt).

Beide Strategien bedienen sich damit jeweils einer ganz spezi-

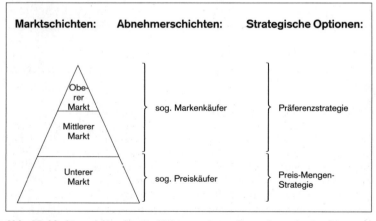

Abb. 25: Markt- und Abnehmerschichten und grundlegende marktstimulierungsstrategische Optionen

fischen Mechanik zur ziel-strategischen Beeinflussung bzw. Steuerung von Märkten: Die Präferenzstrategie setzt klar auf den Qualitätswettbewerb und die Preis-Mengen-Strategie dagegen ausgeprägt auf den Preiswettbewerb. Zuerst sollen Wirkungsweise und Voraussetzungen der Präferenz-Strategie näher dargestellt werden.

Das strategische Prinzip der Präferenz-Strategie (Markenartikel-Strategie) besteht darin, für das eigene Produkt bzw. Leistungsprogramm **Vorzugsstellungen** (Präferenzen) aufzubauen, die es ermöglichen, dass Markenkäufer für das eigene Angebot gezielt gewonnen und gebunden werden können. Sog. Markenkäufer, die mit einer Präferenzstrategie mobilisiert werden können, disponieren ihre Käufe primär unter Qualitätsgesichtspunkten („hohe Qualität"), der Preis spielt erst in zweiter Linie eine Rolle (im Gegensatz zu den sog. Preis-Käufern, die sich primär durch einen „aggressiven Preis" mobilisieren lassen).

Präferenzen (Vorzugsstellungen), die bei Markenkäufern Kaufimpulse auslösen, werden über Marken und ihre kunden-spezifische Profilierung (via Bekanntheitsgrad, Image, Kompetenz, Sympathie) aufgebaut. Grundlage einer klaren, kunden-fokussierten Profilierung bildet eine möglichst eigenständige Positionierung im Markt. Sie wird z. B. durch spezielle Nutzenmerkmale einer Marke geprägt, und zwar objektiver (produkthafter) und/oder subjektiver (psychologischer) Art.

Aufgrund des intensiven Markenwettbewerbs einerseits und der starken technisch-funktionalen Angleichung von Produkten andererseits kommt zunehmend der subjektiven oder psychologischen Profilierung von Marken eine besondere Rolle zu.

Fallbeispie 23: Life Style-orientierte Markenprofilierung von *BMW*
Für Markenkäufer stellt nicht so sehr die Technik oder die technische Funktion die eigentliche Realität dar, sondern das, was sie mit ihr bzw. dem darauf beruhenden Produkt verbinden. Das heißt, für Markenkäufer und ihre Kaufdispositionen ist das Realität, wie sie eine Marke sehen und empfinden bzw. mit welchen Facetten sie im Einzelnen „aufgeladen" ist.
Gerade Marken technischer Güter, wie z. B. Automobile, weisen in dieser Hinsicht jenseits aller rationalen Technik oft eine hohe emotionale Qualität auf. Das kann am Beispiel von *BMW* verdeutlicht werden (Abb. 26).

3. Marketingstrategien

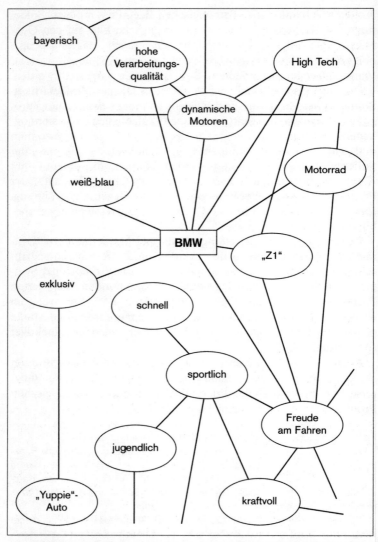

Abb. 26: Rationale und emotionale Aufladung der Marke *BMW* (Beispielperiode)
Quelle: *BMW*/Esch

Solche differenzierten Informationen werden in Form „innerer Bilder" gespeichert und können bei der Zielgruppe starke Markenbindungen begründen.

Typisch für eine konsequente, klar zielgruppen-orientierte Markenprofilierung sind inzwischen philosophie-geprägte Ansätze geworden. Es hat sich jedenfalls gezeigt, dass die eigenständige Profilierung (Positionierung) von umfassenden Programmen besonders dann gelingt, wenn ihnen eine einheitliche, durchgängige Marken-Philosophie zugrunde gelegt wird (Abb. 27).

Solche Philosophien schaffen die Möglichkeit, eigenständige Marken- und Marktpositionen (sog. Firmenmärkte) aufzubauen.

Damit sind zugleich Fragen des Markentyps angesprochen, denn die Profilierung von Marken ist nicht nur das Ergebnis der Markenphilosophie, sondern auch des gewählten Markentyps. Drei Markentypen stehen grundsätzlich zur Wahl:

- **Einzelmarke** (= Produkt- oder Mono-Markenkonzept, z. B. *Mon Chéri* [spezielle Praline] der Firma *Ferrero*),
- **Familienmarke** (= Produktgruppen- oder Range-Markenkonzept, z. B. *Nivea* [ganze Körperpflege-/Kosmetiklinie] der Firma *Beiersdorf*),
- **Dachmarke** (= Unternehmens- oder Company-Markenkonzept, z. B. *Dr. Oetker* [umfassendes Nahrungsmittelprogramm] der Firma *Dr. Oetker*).

Der Vorteil der Einzelmarke besteht insbesondere darin, dass sie eine ganz klare Profilierung eines einzigen Produkts (Produktkategorie) erlaubt. Ein wesentlicher Nachteil dieses Markentyps ist dagegen darin zu sehen, dass ein Produkt (eine Produktkategorie) ganz allein den z. T. erheblichen Markenprofilierungs-Aufwand (u. a. Werbung) tragen muss.

Die Dachmarke weist demgegenüber den ökonomischen Vorteil auf, dass hier alle Marken- und Kommunikationsaufwendungen von einem ganzen Produktprogramm getragen werden und so das einzelne Produkt vergleichsweise gering belastet wird. Gravierender Nachteil ist allerdings, dass bei einer programm-orientierten Markenprofilierung viel Rücksicht auf die Belange einzelner Produktkategorien genommen werden muss, was eine klares („spitzes") Markenprofil im Allgemeinen nicht zulässt.

3. Marketingstrategien

1. Lebensstil-orientierte Systeme, z. B.:

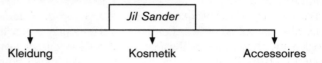

2. Ernährungsphilosophie-orientierte Systeme, z. B.:

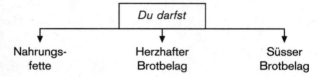

3. Technologie-orientierte Systeme, z. B.:

4. Umwelt-orientierte Systeme, z. B.:

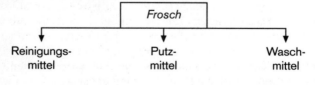

Abb. 27: Beispiele philosophie-geprägter Marken bzw. Markenkompetenzen

Die Familienmarke stellt in dieser Hinsicht einen Kompromisstyp dar, der den ökonomischen Vorteil, die Markenaufwendungen auf eine größere Zahl verwandter Produkte zu verteilen, nutzt und trotzdem noch erlaubt – vor allem, wenn es philosophie-geprägt geschieht –, ein genügend klares Markenbild aufzubauen (vgl. hierzu speziell das *Nivea*-Beispiel [„Pflegephilosophie"] oder auch das *Suchard Milka*-Beispiel [„Lila Kuh"- bzw. „Alpenmilch-Philosophie"]).

Präferenzstrategien bzw. entsprechende Markenstrategien sind im Übrigen nicht nur in Konsumgütermärkten möglich bzw. erfolgreich, sondern durchaus auch in anderen Märkten und Branchen.

Fallbeispiel 24: Markenartikel- bzw. markenartikelähnliche Konzepte in Nicht-Konsumgütermärkten

Auch außerhalb des klassischen Konsumgüterbereichs (speziell Verbrauchsgüter des täglichen Bedarfs wie Nahrungsmittel, Getränke, Körperpflege) hat man erfolgreich die Präferenz- oder Markenartikelstrategie einsetzen können, so z. B. bei längerlebigen Gebrauchsgütern wie elektrischen Haushaltsgeräten, Möbeln, Bekleidung.

Aber auch im Industriegüter- bzw. Business-to-Business-Sektor finden sich erfolgreiche „Markenartikel-Konzepte" wie *IBM*, *Bosch*, *Siemens*.

Markenartikel-ähnliche Konzepte werden im Übrigen auch im Bereich der Vorprodukte und Komponenten zu realisieren gesucht (vgl. z. B. ursprüngliche Fasermarke *Trevira* von *Hoechst* oder Chipmarke *Pentium* von *Intel* [„*Intel* inside"]).

Markenartikel-orientierte Konzepte werden jedoch zunehmend auch im Dienstleistungsbereich zu verwirklichen bzw. zu verstärken gesucht (u. a. bei Banken und Versicherungen sowie auch im Dienstleistungsbereich im engeren Sinne wie Reinigungs- [z. B. *Pedus*] oder Sicherheitsdienstleistungen [z. B. *Kötter*]).

Erfolgreiche markenartikel-ähnliche Konzepte gibt es nicht zuletzt im landwirtschaftlichen Bereich, obwohl hier schwer beherrschbare Anbaubedingungen (u. a. Wettereinflüsse) gegeben sind (vgl. z. B. *Chiquita*-Bananen oder *Outspan*-Orangen).

Die Beispiele zeigen, dass das Markenartikel-Konzept (Präferenz-Strategie) grundsätzlich ein breites Anwendungsfeld besitzt. Grundlegende Voraussetzungen bilden eine möglichst gleich bleibende Produkt- oder Leistungsqualität bzw. eine überzeugende Problemlösungsqualität, die im Markt Standards setzt (Wichtig: Flankierung durch ein Total Quality Management = Schaffung eines hohen Qualitätsbewusstseins in allen Unternehmens-/Funktionsbereichen).

Eine zur Präferenzstrategie (Markenartikel-Konzept) kontrastierende Strategie stellt die Preis-Mengen-Strategie (Discount-Konzept) dar. Typisches Einsatzfeld dieser Strategie bzw. dieses Konzepts sind untere Marktschichten, die untere Niveauschichten bzw. untere Preis-Leistungs-Verhältnisse repräsentieren.

Vielfach sind „neue" Märkte mit „neuen" Produkten dadurch entstanden, dass sie mit Markenartikel- oder markenartikel-ähnlichen Konzepten bearbeitet bzw. realisiert worden sind. Haben sich diese neuen (Marken-)Produkte erst einmal etabliert, so entsteht auf der Nachfrage-Seite vielfach der Wunsch nach der billigeren Alternative. Dieser Bedarf wird von der Angebots-Seite dann gewöhnlich mit entsprechend günstigeren, also niedrigeren Preis-Leistungs-Verhältnissen zu befriedigen gesucht.

Erst später entsteht meist zusätzlich noch das Bedürfnis nach der Super-Qualität, dem mit **Premium-Marken-Strategien** (also sehr gehobenen Preis-Leistungs-Verhältnissen) entsprochen wird. Auf diese Weise bildet sich – wie zu Beginn dieses Abschnitts hervorgehoben – die typische Drei-Schichten-Struktur von Märkten aus.

Die Preis-Mengen-Strategie zielt, wie gesagt, auf die untere Marktschicht. Im Laufe der Zeit ist diese Preis- und Marktschicht in vielen Märkten (stark) gewachsen, sodass es lohnende strategische Möglichkeiten für ein konsequentes Ausschöpfen dieser unteren Märkte gibt (s. z.B. Angebot von Generika im Pharmamarkt).

Preis-mengen-strategische Konzepte konzentrieren sich auf das Bieten des **Preisvorteils**. Die angebotenen Produkte bzw. Leistungen stellen deshalb primär oder vielfach sogar ausschließlich grundnutzen-orientierte Angebote dar. Sie werden von den sog. Preis-Käufern aufgrund ihres niedrigen Preises vorgezogen.

Die unteren Markt- und Preisschichten werden inzwischen sowohl mit Angeboten der Hersteller (= Herstellermarken) als auch mit Angeboten der Handelsbetriebe (= Handelsmarken) bedient. In der Vergangenheit bestand dabei eine bestimmte Arbeitsteilung zwischen Herstellern (Industrie) und Handel in der Weise, dass

- die **Herstellermarken** ihre Domäne in den mittleren und oberen Marktschichten und
- die **Handelsmarken** ihre Domäne in den unteren Marktschichten sahen.

Inzwischen hat sich diese klassische Arbeitsteilung stärker aufgelöst, d. h., Hersteller versuchen, mit eigenen Marken bis in untere Marktschichten vorzustoßen, und Handelsbetriebe bemühen sich umgekehrt, Marken auch in mittleren Schichten zu etablieren. Alle Anbieter trachten danach, solche „grenzüberschreitenden" Konzepte mit Mehrmarken-Konzepten (A-, B-, C-Marken) zu realisieren, um auf diese Weise den Marken jeweils ganz spezifische Markt- bzw. Preisschichten-Plätze (obere, mittlere, untere) zuzuweisen.

Aufgrund dieser grenzüberschreitenden Marken- und Marketingpolitik von Hersteller- und Handelsseite sind die Angebote in den einzelnen Märkten sehr umfangreich geworden, und der Wettbewerb zwischen den vielen Marken und Anbietern hat insgesamt stark zugenommen.

Trotzdem besteht immer noch eine bestimmte klassische Rollenverteilung zwischen Herstellermarken (Markenartikeln) und Handelsmarken, zumindest weisen sie noch relativ ausgeprägte Imageprofil-Unterschiede auf (Abb. 28).

Wie vielfältig Handelsmarken-Konzepte im Markt sind, zeigen verschiedene Beispiele.

Fallbeispiel 25: Handelsmarken-Konzepte in verschiedenen Marktbereichen
Handelsmarken-Konzepte haben sich stärker vor allem im Lebensmittelbereich durchgesetzt. Wie stark differenziert solche Konzepte insgesamt angelegt sind, zeigt u. a. das Beispiel der *Tengelmann*-Gruppe. So werden im unteren Markt etwa die Marke *A&P*, in mittleren Märkten dagegen die gehobenen (höhere Preis-Leistungs-Verhältnisse repräsentierenden) Marken wie *Master Product* oder – sogar zielgruppen-orientiert – *Naturkind* (für Bioprodukte aus ökologischem Landbau) angeboten.

Die Drogeriemarkt-Kette *Schlecker* bietet verschiedene Eigenmarken für bestimmte Teile des Drogerie- bzw. Körperpflege- und Kosmetiksortiments an (u. a. *AS*, früher auch *Yschabelle*, *Chacaresse*).

Differenziert stellt sich auch die Eigenmarken-Politik von *Quelle* (Versandhandel) dar. So werden verschiedene Marken für verschiedene Teilsortimen-

3. Marketingstrategien

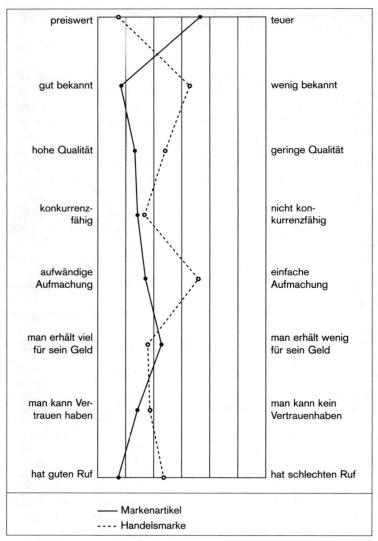

Abb. 28: Imageprofile von Markenartikel und Handelsmarke aus Verbrauchersicht
Quelle: Markant/Nielsen

3.2 Marktstimulierungsstrategien

te angeboten (u. a. *Universum* für Unterhaltungselektronik, *Privileg* für Elektro-Haushaltsgeräte und *Revue* für Film-/Fotoartikel).

In aller Regel stellt der Handel seine Eigenmarken nicht selbst her, sondern lässt sie in Lohnfertigung produzieren. Insoweit entsteht für Hersteller die Grundfrage, ob man neben eigenen Marken auch Handelsmarken fertigen soll. Teilweise werden von den Herstellern dafür sogar eigene Unternehmen gegründet, um Hersteller- und Handelsmarkengeschäft besser trennen zu können.

Fallbeispiel 26: Produktionskonzepte für Handelsmarken
Die Produktionskonzepte für Handelsmarken stellen sich inzwischen relativ differenziert dar. So beliefert etwa die *Freiberger*-Lebensmittel-Gruppe – und zwar europaweit – beinahe alle großen Handelsgruppen mit Pizza-Handelswaren. Daneben produziert und bietet man unter den Marken *Erno* oder *Alberto* eigene Pizza-Programme an. Der gehobene Markt wird u. a. mit der Lizenzmarke Feinkost-*Käfer* abzudecken gesucht.

Die *Saturn* Tiernahrungsmittel-Werke – zur *Stockmeyer*-Gruppe gehörend – beliefern viele große europäische Handelsgruppen mit Petfood-Handelsmarken. Daneben wird aber auch ein eigenes Herstellermarken-Programm unter der Marke *Saturn* vermarktet.

Dem Handel werden dabei in der Regel nicht nur die Produkte selbst, sondern auch entsprechende Marketing-Services angeboten (u. a. Zurverfügungstellung von geschützten Marken, Übernahme von Produkt-Management-Funktionen wie Markenlogo-, Packungsgestaltung usw.).

Die konzeptionelle Abdeckung des unteren Marktes (untere Preis-Leistungs-Verhältnisse) stellt sich so gesehen vielschichtig dar. Auch die Konzepte, die sich auf diese Marktschicht konzentrieren, bedürfen einer konsequenten Führung und Steuerung, wenn sie erfolgreich sein sollen.

Preis-fokussiertes Verbraucherverhalten („Geiz-ist-geil") hat die **Bedingungen** für Marktstimulierungsstrategien verschärft. Preismengen-strategische Konzepte unterliegen starkem Preisdruck und damit dem Zwang zur permanenten Kostenreduktion. Auch präferenz-strategische Konzepte leiden unter Preisverfall und müssen deshalb neben einer konsequenten Markenführung die Verbesserung der Kostenposition einschließen (= Doppel-Strategie).

3.3 Marktparzellierungsstrategien

Die dritte marketing-strategische Entscheidung konzentriert sich auf die Art und Weise der Differenzierung bzw. der Abdeckung von Märkten, in denen ein Unternehmen tätig werden will. Es legt damit zugleich die Zielgruppe(n) fest, die es im Markt zu bedienen beabsichtigt.

Je nach Entwicklungsstadium eines Marktes und seiner Struktur bieten sich prinzipiell zwei Grundmuster der Marktbearbeitung an:
- **Massenmarktstrategie,**
- **Marktsegmentierungsstrategie.**

Mit diesen beiden strategischen Optionen wird über den Grad der Differenzierung bei der Marktbearbeitung entschieden. Neben der Differenzierungsentscheidung ist eine zweite wichtige Entscheidung zur Marktbearbeitung zu treffen, nämlich in Bezug auf zwei Abdeckungsgrade:
- **totale Marktabdeckung (= vollständige),**
- **partiale Marktabdeckung (= teilweise).**

Die strategischen Optionen auf der marktparzellierungs-strategischen Ebene stellen sich damit insgesamt wie folgt dar (Abb. 29).

Das Beispiel verdeutlicht, dass Unternehmen jeweils den Differenzierungsgrad der Marktbearbeitung wählen können, der ihren konzeptionellen Vorstellungen entspricht (diese werden naturgemäß von den strategischen Konzepten der Konkurrenz beeinflusst). Auf Art und konzeptionellen Ansatz dieser verschiedenen Alternativen soll nun näher eingegangen werden.

Die Massenstrategie stellt eine klassische Marketingstrategie dar, wie sie von vielen Unternehmen – nach wie vor – in vielen Märkten erfolgreich realisiert wird. Sie zielt auf eine undifferenzierte Bearbeitung von Massenmärkten ab. Das ihr zugrunde liegende Prinzip ist das der **Vereinheitlichung** (Unifizierung), d. h., nicht die möglichen Unterschiede in den Bedürfnissen bzw. Verhaltensweisen der Abnehmer stehen im Vordergrund, sondern umgekehrt das, was sie gemeinsam verbindet. Strategie- und das sich anschließende operative Marketingprogramm werden so ausgerichtet, dass die größtmögliche Zahl der Abnehmer (= Grundmarkt) angesprochen bzw. erreicht wird.

3.3 Marktparzellierungsstrategien

Massenmarktstrategie

- mit **totaler** Marktabdeckung

z. B. *Nivea* Universal-Creme

- mit **partialer** Marktabdeckung

z. B. *Atrix*-Handcreme

Marktsegmentierungsstrategie

- mit **totaler** Marktabdeckung

z. B. mehrere *Lauder*-Pflegeserien: *Esteé Lauder*, *Clinique*, *Aramis*, *Prescriptives*, *Origins*

- mit **partialer** Marktabdeckung

z. B. *Vichy*-Pflegeserie

Abb. 29: Die grundlegenden marktparzellierungs-strategischen Optionen (dargestellt an Beispielen aus dem Körperpflege-Markt)

3. Marketingstrategien

Fallbeispiel 27: Massenmarktstrategie mit totaler Marktabdeckung
Ein massenmarkt-orientiertes, unifiziertes Strategie-Konzept ist dann allumfassend angelegt, wenn es den gesamten Grundmarkt und sein Potenzial auszuschöpfen sucht.
Hierfür gibt es klassische Beispiele, z. B. im Automobilmarkt (etwa *T-Modell* von *Ford* oder auch *Käfer* von *Volkswagen*, fortgesetzt mit dem *Golf*).
Typische Beispiele finden sich auch in klassischen Konsumgütermärkten wie Nahrungsmittel-, Getränke- oder Körperpflegemarkt.
Ein Beispiel dafür, wie solche Unifizierungskonzepte auch ihren Niederschlag in der werblichen Auslobung finden, ist etwa der *Mars*-Schokoladenriegel (seinerzeit „*Mars* macht mobil bei Arbeit, Sport und Spiel"). Das heißt, bei den Verwendungsanlässen bezüglich dieses Riegels wird prinzipiell keine Gelegenheit bzw. keine Abnehmergruppe ausgelassen (= totale Marktabdeckung).

Massenmarkt-Konzepte können sich aber auch auf Ausschnitte eines Massenmarktes konzentrieren (= partiale Marktabdeckung).

Fallbeispiel 28: Massenmarktstrategie mit partialer Marktabdeckung
Massenmarkt-Konzepte mit lediglich partialer oder teilweiser Marktabdeckung sind ebenfalls weit verbreitet. Sie sind zwar massenhaft („flächig") angelegt, beschränken sich aber auf bestimmte Globalausschnitte eines Grundmarktes.
Durch ihre Beschränkung bzw. ihre Konzentration auf bestimmte Grundleistungen bzw. Bedarfsausschnitte nehmen solche Angebote bzw. Problemlösungen einen bestimmten Spezialitäten-Charakter an.
So ist z. B. die Handcreme *Atrix* zwar auf einen Massenmarkt des Körperpflegebereichs ausgerichtet, konzentriert sich aber auf einen bestimmten Problemlösungsausschnitt, nämlich Pflege von Händen.
Oder der Anbieter *Piaggo* deckt mit seinen *Vespa*-Rollern durchaus einen Massenmarkt ab (nämlich motorisierte Zweiräder), beschränkt sich aber auf ein spezifisches Angebot verkleideter Fahrzeuge mit einer bestimmten, charakteristischen Fahrwerkstechnik.
Die Beispiele zeigen, dass Massenmarkt-Konzepte auch dann (oder gerade auch dann) besonders erfolgreich sein können, wenn sie nur einen bestimmten Teil eines Grundmarktes abdecken.

Von der Massenmarktstrategie – mit ihren beiden Marktabdeckungsvarianten total und partial – abzugrenzen ist die Marktsegmentierungsstrategie. Während die Massenmarktstrategie flächig ausgerichtet ist und insofern auch als „Schrotflinten-Konzept" charakterisiert werden kann, zielt die Segmentierungsstrategie auf eine Feingliederung von Märkten. Sie kann in dieser Hinsicht auch als „Scharfschützen-Konzept" gekennzeichnet werden.

Grundprinzip der Segmentierungsstrategie ist es, hinter massenhaften Grundmärkten spezielle Strukturierungen von Abnehmern oder Abnehmergruppen und ihre besonderen Bedürfnisse bzw. Problemlösungsansprüche zu erkennen. Strategisches Ziel ist es dann, solche speziellen Abnehmergruppen (Zielgruppen) mit besonders auf sie **abgestimmten Marketingprogrammen** zu bedienen. Alle entwickelten Märkte – im Konsumgüter- wie im Nicht-Konsumgüterbereich – weisen inzwischen solche Feinstrukturen unterschiedlicher Abnehmer- oder Zielgruppen auf.

Solche Segmente oder Zielgruppen sind dadurch charakterisiert, dass sie intern (also innerhalb eines Segments) homogen, extern (verglichen also mit anderen Segmenten bzw. Zielgruppen) aber heterogen sind. Entscheidend für das Erkennen klar abgegrenzter Marktsegmente wie auch für ihre adäquate zielgruppengerechte Bearbeitung sind insgesamt möglichst trennungsscharfe Abgrenzungskriterien. Verschiedene Kategorien von Abgrenzungskriterien (Segmentierungskriterien) stehen dabei grundsätzlich zur Verfügung (Abb. 30).

- **Demographische Kriterien** (wie Alter, Geschlecht, Einkommen oder Wohnort),

- **Psychologische Kriterien** (wie Motive, Einstellungen, Interessen oder Werte),

- **Kaufverhaltensbezogene Kriterien** (wie Verwendungsintensität, Markentreue, Einkaufsstätten-Präferenz oder Mediennutzung).

Abb. 30: Basis-Kriterien für die Segmentierung von Märkten

Ursprünglich hat man Segmentierungsstrategien in erster Linie auf der Basis demographischer Kriterien aufzubauen versucht. Sie haben den Vorteil vergleichsweiser einfacher Erhebung, ihr Nachteil besteht jedoch darin, dass sie segmentspezifisches Verhalten

3. Marketingstrategien

oder auch segmentspezifische Nutzenvorstellungen nur unvollkommen erfassen können. Ein demographisch angelegter Segmentierungsansatz beschränkt sich im Prinzip auf „äußere" statistische Merkmale (Abb. 31).

Man hat aufgrund der begrenzten Möglichkeiten, auf diese Weise wirklich echte Verhaltenssegmente zu identifizieren, deshalb zunehmend auch andere Segmentierungsansätze gewählt. Ein weit verbreiteter Ansatz ist der sog. nutzen-orientierte Segmentierungsansatz. Er stellt darauf ab, dass für die Identifizierung spezieller Zielgruppen und ihre adäquate Marktbearbeitung Kriterien geeignet sind, die ihre Nutzenanforderungen beschreiben bzw. charakterisieren. Hierfür werden gewöhnlich zweidimensionale Nutzen- bzw. Segmentierungsmodelle herangezogen. Ein Beispiel soll das näher verdeutlichen.

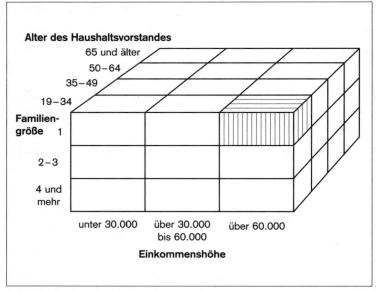

Abb. 31: Allgemeines Beispiel für die Segmentierung eines Marktes auf Basis von drei demographischen Merkmalen

3.3 Marktparzellierungsstrategien

Fallbeispiel 29: Nutzenorientierungen im Pkw-Markt

Der Pkw-Markt erscheint zunächst als reiner Massenmarkt. Er weist tatsächlich viele Firmen in bestimmten Teilmärkten des Massenmarktes auf, denen jeweils Produkte bzw. Problemlösungen zugrunde liegen, die für Massenansprüche geeignet sind.

Gleichwohl verbergen sich hinter dem uniformen Pkw-Massenmarkt spezielle Strukturen bzw. spezifische Ansprüche der Kunden, denen man zunehmend gerecht(er) zu werden versucht.

In einem nutzen-orientierten Positionierungsmodell kann der Pkw-Markt grundsätzlich wie folgt abgebildet werden (Abb. 32).

Das Positionierungsmodell zeigt insgesamt vier voneinander unterscheidbare Nutzenfelder, hinter denen bestimmte Ansprüche bzw. bestimmte Angebote stehen.

Die verschiedenen nutzen-orientierten „Pkw-Klassen" bieten jeweils spezifische Angebote, die gezielte Ansprüche (Nutzen) erfüllen. Längere Zeit hat man dabei ein Segment nicht bzw. nicht adäquat bedient, nämlich dasjenige, das die sportliche Freude mit Wirtschaftlichkeit verbindet.

Nachdem man jahrelang im Prinzip *Mazda* mit seinem *Roadster (MX-5)* das Segment allein überlassen hat, haben sich u. a. auch deutsche Pkw-Her-

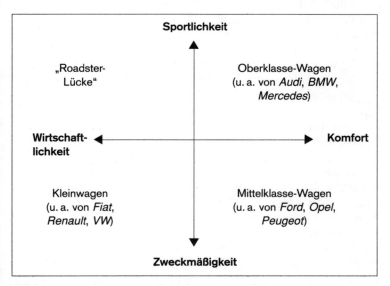

Abb. 32: Nutzen-orientierte Positionierungen im Pkw-Markt

steller entschlossen, dieses offene Segment mit abzudecken (u. a. *BMW – Z4, Mercedes – SLK, Audi – TT*).

Neben der skizzierten Nutzen-Segmentierung gibt es noch andere verhaltensorientierte Ansätze, ohne dass diese methodisch anspruchsvollen Konzepte hier näher dargestellt werden können. Es soll deshalb nur kurz auf sie hingewiesen werden, nämlich auf:

- **Life Style-Konzept** (= Konzept, das mehrere psychologische Merkmale zu verknüpfen sucht, um bearbeitungsfähige Segmente zu identifizieren, die durch einen spezifischen Lebensstil gekennzeichnet sind, z. B. traditionelle, gehobene oder moderne Lebensstile) und
- **Milieu-Ansatz** (= Ansatz, der auf Milieustudien beruht, um spezielle Milieus herauszuarbeiten, die durch charakteristische Verhaltensweisen bzw. Ansprüche charakterisiert sind, wie z. B. traditionelles Arbeitermilieu, konservatives gehobenes Milieu, aufstiegsorientiertes Milieu).

Darüber hinaus gibt es spezifische Segmentierungskonzepte für Investitionsgütermärkte. Typisch für sie ist – zumindest für die anspruchsvolleren unter ihnen –, dass dabei mehrstufige Ansätze gewählt werden, um in einem Stufenprozess interessante, marktbearbeitungswürdige Segmente „herauszudestillieren". Eine Darstellung skizziert das prinzipielle Vorgehen (Abb. 33).

Insgesamt kann gesagt werden, dass segment-orientierte Strategie-Konzepte an Bedeutung gewonnen haben. Sie ermöglichen vielfach, zusätzliche Marktpotenziale auszuschöpfen (allerdings nehmen Trennschärfe wie auch Beständigkeit von Segmenten tendenziell ab).

Der Differenzierungsgrad in der Marktbearbeitung geht inzwischen aber noch weiter. Typische Weiterentwicklungen in Richtung kleiner und kleinster Marktsegmente (vgl. auch Kap. 6.2) sind:

- **Nischen-Marketing und**
- **Kundenindividuelles Marketing.**

Das Nischen-Marketing stellt eine konzentrierte Strategie auf bestehende Marktlücken (Marktnischen) dar. Hierbei handelt es sich um spezielle Teilmärkte, die vielfach für große Unternehmen nicht interessant erscheinen (zunehmend findet hier jedoch ein Um-

3.3 Marktparzellierungsstrategien

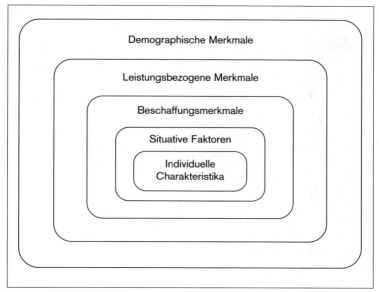

Abb. 33: Stufenweise Marktsegmentierung im Investitionsgütermarketing (sog. Schalen-Ansatz)
Quelle: nach Bonoma/Shapiro

denken statt, vgl. z. B. Pkw-Markt). Oft werden Nischen aber auch den kleineren Anbietern („Spezialisten") überlassen.

Fallbeispiel 30: Nischen-Konzepte in unterschiedlichen Märkten
Erfolgsbeispiele für Nischen-Konzepte finden sich sowohl in Konsumgüter- als auch in Investitionsgüter-Märkten. Besonders typische sollen kurz herausgearbeitet werden.
Im Konsumgütermarkt können hier u. a. sog. Randsorten-Brauereien genannt werden. Ihr konzeptionelles Prinzip besteht darin, sich auf spezielle Sorten zu konzentrieren, die andere, primär massenmarkt-orientierte (Groß-) Brauereien vernachlässigen bzw. die sie nicht oder nur unvollkommen herstellen können, weil ihre Anlagen nicht dafür entsprechend ausgelegt sind. Inzwischen gibt es z. B. einige bekannte, im Markt erfolgreiche Weizenbier-Spezialisten, die über ihren ursprünglichen Heimatmarkt Bayern hinaus ihr Weizenbier-Programm überregional (z. T. national) vermarkten (z. B. *Schneider-* oder *Erdinger*-Brauerei).

3. Marketingstrategien

In Investitionsgütermärkten können z. B. die *Hauni*-Werke genannt werden, die sich auf Zigarettenmaschinen konzentrieren, oder auch die Firma *Kronseder*, die sich auf Abfüllmaschinen für Getränke spezialisiert hat. Beide Unternehmen gleichen übrigens die Enge der Nische durch ausgeprägte Internationalisierung ihres Geschäftes aus.

Das Kundenindividuelle Marketing besteht darin, die Segmentierung des Marktes extrem weiterzuführen, nämlich bis zum Kundensegment 1 („1:1-Marketing"). Das heißt, im äußersten Falle wird jeder einzelne Kunde als ein eigenes, bearbeitungsfähiges und bearbeitungswürdiges Segment angesehen.

Das strategische Prinzip zielt hier darauf ab, Massenprodukte, die massenhaft hergestellt werden, einer Massenindividualisierung (Mass Customization) zugänglich zu machen. Es basiert auf der computergesteuerten produktionstechnischen Möglichkeit („segmentierte Fabrik"), in größerem Umfange individualisierte Produkte (Leistungen) herzustellen, die den Ansprüchen einzelner Kunden entsprechen.

Fallbeispiel 31: Kundenindividualisiertes Marketing in verschiedenen Märkten

Auch kundenindividuelle Strategie-Konzepte finden sich in unterschiedlichen Märkten. Sie unterliegen dort jeweils spezifischen Produktions- wie Marktbedingungen; diese müssen beachtet werden, wenn Mass Customization erfolgreich sein soll.

Im Markt der Ski-Schuhe (u. a. *San Marco*) gibt es die Möglichkeit, dass der Käufer sich im Sportgeschäft den Ski-Schuh durch Einfüllen und Aushärten von Silikon einmalig individuell an seine Fußform anpassen lässt.

Auch Motorradhelme lassen sich so an die individuelle Kopfform des Helmträgers anpassen.

Im Computer-Markt kann die Individualisierung durch Nutzung des Baukasten-Systems realisiert werden. Innerhalb von Tagen wird etwa ein individuell konfigurierter PC ohne Aufpreis geliefert (z. B. *Dell*).

Auf der Grundlage des Baukasten-Prinzips beruht auch die Individualisierung von Pkws. Die Besonderheit liegt hier ggf. darin, dass der Kunde Ausstattungsmerkmale (z. B. ein ganz spezielles Leder in einer ganz speziellen Farbe) frei wählen kann, dafür entsprechende Wartezeiten in Kauf nehmen muss und auch dafür speziell kalkulierte Preise akzeptieren muss (z. B. *BMW-Individual*).

Was die marktparzellierungs-strategischen Möglichkeiten betrifft, so haben Unternehmen grundsätzlich mehrere Möglichkeiten, die sie produkt-, unternehmens- und marktindividuell ausschöpfen können (bzw. müssen). Nicht wenige Unternehmen versuchen, mehrere der strategischen Optionen zu kombinieren (z. B. *BMW*: Segmentierungs-Marketing mit der *3er*-Reihe, Nischen-Marketing mit dem *Z4* und Kundenindividuelles Marketing mit kundenindividueller Ausstattung [*BMW-Individual*]). Auf jeden Fall bedarf ein solches Vorgehen einer **professionellen Konzipierung** und Führung (einschließlich eines funktionierenden, bereichsübergreifenden Schnittstellen-Managements, insbesondere zwischen Beschaffung, Fertigung, Logistik und Marketing/Vertrieb).

3.4 Marktarealstrategien

Die strategischen Entscheidungen auf der vierten und letzten strategischen Ebene konzentrieren sich auf die planmäßige Bestimmung des Markt- oder Absatzraumes für ein Unternehmen. Hierbei handelt es sich deshalb um weitgehende strategische Festlegungen, weil mit der areal-strategischen Disposition grundlegende Bedingungen für die operativen Maßnahmen, und zwar nicht nur des Marketing, geschaffen werden.

Je nach Art der geo-strategischen Ausbreitung eines Unternehmens müssen ggf. ganz spezifische Voraussetzungen u. a. hinsichtlich Produkt, Vertriebsweg, Marke und/oder Kommunikation erfüllt werden. Geo- oder areal-strategische Entscheidungen haben so gesehen stark **bindenden Charakter** für viele operative Marketingmaßnahmen. Sie müssen deshalb stufen-orientiert geplant und entsprechend abgestimmt erfolgen (Abb. 34).

Nationale Gebietestrategien mit ihren einzelnen Stufen beschränken sich bewusst auf den inländischen Heimatmarkt. Grundlage einer bewussten Gebieteplanung ist das Absatz- bzw. Kundenpotenzial, das sowohl unter unternehmensindividuellen Gesichtspunkten (u. a. Fähigkeiten, Know-how, Ressourcen) als auch unter marktspezifischen Aspekten (u. a. Besonderheiten des Marktes, der Kunden, der Wettbewerber, des Handels) analysiert und geprüft werden muss.

3. Marketingstrategien

Nationale Strategien mit
- lokaler Markterschließung,
- regionaler Markterschließung,
- überregionaler Markterschließung,
- nationaler Markterschließung.

Übernationale Strategien mit
- multinationaler Markterschließung,
- internationaler Markterschließung,
- Weltmarkterschließung.

Abb. 34: Marktareal-strategische Basis- und Detailoptionen (-stufen)

Ein geplantes geo-strategisches Vorgehen ist die Voraussetzung für ein abgestimmtes operatives Marketingprogramm (Marketinginstrumenten-Einsatz). Für eine aktive, gebiete-erweiternde Absatzpolitik können grundsätzlich verschiedene Vorgehensmuster gewählt werden:
- **Konzentrische Gebieteausdehnung,**
- **Selektive Gebieteausdehnung,**
- **Inselförmige Gebieteausdehnung.**

Typisch für die konzentrische Gebieteausdehnung ist, dass sie quasi ringförmig erfolgt, und zwar in dem Sinne, dass man dem bestehenden Absatzgebiet vorauseilende Aktivitäten bzw. entsprechende Abstrahlungen (u. a. nicht vermeidbare Werbeüberstreuungen über das bisherige Absatzgebiet hinaus) ganz gezielt nutzt, um das Marktareal systematisch auszudehnen. Auf der Basis derart genutzter distributiver und/oder kommunikativer Faktoren kann ein Absatzgebiet im Sinne einer Ringbildung systematisch aufgestockt und verdichtet werden. Eine solche konzentrische Gebieteausdehnung führt nicht selten zu sehr stabilen Absatzmärkten („Absatzburgen"), von denen aus eine gezielte gebietliche Weiterentwicklung möglich ist.

Fallbeispiel 32: Konzentrische Gebieteausdehnungspolitik
Die konzentrische Gebieteausdehnung ist vor allem für frühe Stadien der Markt- und Unternehmensentwicklung charakteristisch. Sie ist gekennzeichnet durch einen Gebietsausbau um den Schornstein des eigenen Unternehmens bzw. seiner Produktionsstätte herum.

3.4 Marktarealstrategien

So haben z. B. nicht wenige Brauereien früh begonnen, ihr Absatzgebiet auf diese Weise systematisch zu erweitern. Das konzentrische Vorgehen ist vor allem dann typisch, wenn spezielle Produkte („Spezialitäten") vermarktet werden. Für solche Spezialitäten bestehen nicht selten Widerstände im Markt, d. h., neue Abnehmer (Handel wie Endverbraucher) können nur in geplanten Stufenprozessen, in denen allmählich Kenntnis und Akzeptanz der neuen Produkte aufgebaut werden, gewonnen werden.

Solche Ausbreitungsmuster finden sich außer im Biermarkt (insbesondere für Bierspezialitäten wie Alt- oder Weizenbier) auch im Markt für Backwaren (etwa für Aachener Printen). Mit einer systematischen konzentrischen Gebieteausdehnung ist es z. B. dem ursprünglich lokalen/regionalen Printenhersteller *Lambertz* innerhalb von fünf bis zehn Jahren gelungen, die eigenen Printenspezialitäten überregional/national im Markt durchzusetzen.

Die selektive Gebieteausdehnung ist vor allem für spätere Stadien der Markt- und Unternehmensentwicklung charakteristisch. Bei einer vorausgehenden konzentrischen Gebieteausdehnung bleiben nicht selten sog. weiße Kreise, d. h., im Zuge der Gebieteexpansion können neue Absatzringe nicht voll flächig gewonnen werden, sondern es verbleiben Absatzlücken. Sie sind in der Regel das Ergebnis spezifischer Marktwiderstände (etwa auf Seiten des Handels und/oder der Verbraucher oder auch aufgrund von Barrieren, die von Konkurrenten errichtet werden). Solche weißen Kreise (Absatzlücken) können vielfach nur über selektive Vorgehensweisen geschlossen werden, wie eine grafische Darstellung verdeutlicht (Abb. 35).

Fallbeispiel 33: Selektive Gebieteerschließung im Biermarkt

Sog. weiße Kreise – d. h. noch bestehende Absatzlücken in einem ansonsten flächigen, größeren Absatzgebiet – können vielfältige Ursachen haben, wie bereits aufgezeigt.

Bei lokal/regional geprägten Spezialitäten bestehen nicht selten Barrieren in der Weise, dass in einem bestimmten Teilgebiet bestehende ortsansässige Marken ein so starkes Lokalkolorit aufweisen, dass das Eindringen einer neuen Marke von außen psychologisch stark erschwert ist.

So hat z. B. die Brauerei *Diebels* ihr Bier ursprünglich nicht im Großraum Düsseldorf angemessen vermarkten können, weil „der Düsseldorfer" selbstverständlich nur Düsseldorfer Altbier konsumierte. Erst durch ein gezieltes, selektives gebietepolitisches Vorgehen („Umzingelungsstrategie") konnte die Absatzfestung Düsseldorf eingenommen werden.

3. Marketingstrategien

1. Stufe:

Schließen eines Ringes A, B_1, C, B_2 um Zielgebiet D

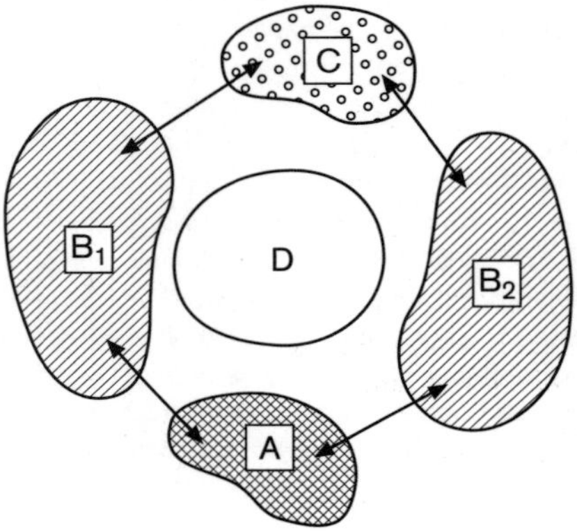

2. Stufe:

Von einem weitgehend geschlossenen Ring A, B_1, C, B_2 „Angriff" auf Zielgebiet D

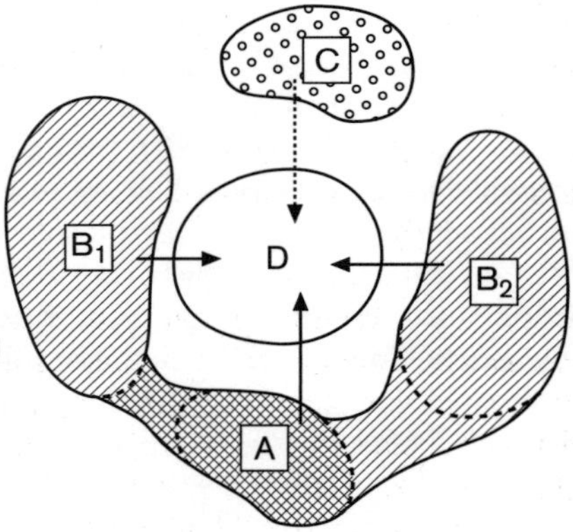

Legende:
A = Ausgangsabsatzgebiet
B = Zwei Verdichtungsgebiete (B_1, B_2)
C = Bisheriges Zielgebiet
D = Neues Zielgebiet (noch „weißer" Kreis im klumpenförmig strukturierten Absatzgebiet)

Abb. 35: Selektives Gebieteausdehnungsmuster (mit Ringschließung und Verdichtung)

3.4 Marktarealstrategien

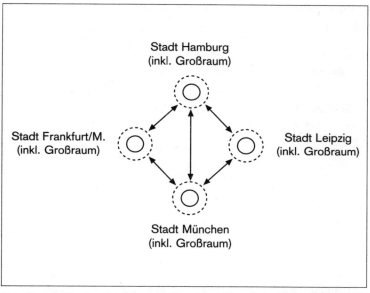

Abb. 36: Inselförmige Gebieteerschließungsstrategie auf der Basis von vier Großstadt-Zentren

Das dritte Grundmuster der Gebieteexpansion – die inselförmige Gebieteausdehnung – weist wiederum Besonderheiten auf. Dieses Muster wird vor allem gewählt, wenn ein nationaler Markt möglichst schnell erschlossen werden soll. Das ist vor allem dann angezeigt, wenn z. B. für eine neue (ggf. ausländische) Spezialität zunächst die gegenüber Neuem besonders aufgeschlossenen Zielgruppen in Großstädten (Großstadt-Zentren) gewonnen werden sollen bzw. müssen. Das Grundmuster des Vorgehens kann grafisch verdeutlicht werden (Abb. 36).

Das Grundprinzip der inselförmigen Gebieteausdehnung besteht insgesamt darin, wichtige nationale Zentren möglichst schnell zu gewinnen, um dann von diesen Absatzinseln aus zügig das jeweils umliegende Absatzfeld zu erschließen und allmählich die regionalen Absatzfelder durch systematische Ringbildung so miteinander zu vernetzen, dass ein möglichst flächiges nationales Absatzgebiet entsteht. Insoweit können sich also inselförmiges und konzentrisches Vorgehen sinnvoll ergänzen.

Fallbeispiel 34: Inselförmige Gebieteerschließung bei neuartigen Angeboten
Inselförmige Gebieteerschließungs-Konzepte werden nicht selten von ausländischen Anbietern gewählt, wenn sie jeweils einen neuen nationalen Markt möglichst schnell und weitgehend vollständig erobern wollen.
Ein solches inselförmiges Konzept hat z. B. seinerzeit der englische Anbieter *Schweppes* bei der Einführung eines neuartigen Bittergetränkes im deutschen Markt genutzt. Um dieses Produkt auch im deutschen Markt durchzusetzen, hat man sich bewusst auf Großstadt-Zentren mit ihrer grundsätzlich aufgeschlossenen Abnehmerschaft konzentriert.
Eine Besonderheit des Markterschließungs-Konzepts von *Schweppes* lag darin, dass man dieses neuartige Getränk gezielt von „oben nach unten" einführen wollte. Man hat deshalb dieses Getränk zunächst ausschließlich in kleinen Gebinden (0,25 l) über die gehobene Gastronomie als Mix-Komponente für alkoholische Getränke zu vermarkten gesucht. Als das hinreichend gelungen war, ist als zweiter Markt dann der bestehende Limonadenmarkt über entsprechend größere Gebinde (0,5 bzw. 0,7 l) erschlossen worden.
Damit wird – der bereits erwähnte – enge Zusammenhang zwischen Gebietestrategie und operativen Marketingmaßnahmen (z. B. Verpackungspolitik, Preisgestaltung) deutlich.
Inselorientierte Markterschließungs-Konzepte mit anschließender konzentrischer Verdichtung hat man u. a. auch bei neuen Angeboten bzw. Leistungen wie *McDonald's* oder *Pizza Hut* angewendet.

Die bisherigen Darlegungen haben sich auf die inländische (nationale) Gebieteerschließung bezogen, wenn auch im letzten Fallbeispiel die Beziehungen zu ausländischen Gebieteerschließungs-Konzepten erkennbar wurden. Im Folgenden soll nun im Einzelnen auf die strategischen Optionen (Stufen) einer übernationalen Gebiete- oder Marktareal-Strategie, nämlich
- **Multinationale Markterschließung,**
- **Internationale Markterschließung und**
- **Weltmarkterschließung**

eingegangen werden.

Marketing- und Unternehmensstrategien, die über das inländische Absatzgebiet („Marketing across national boundaries") hinausgehen, stellen eine neue(re) Dimension marktareal-strategischen

Handelns dar. Sie greifen im Grunde über rein gebietliche (Absatz-) Aspekte weit hinaus; das heißt, sie haben in der Regel wesentlich stärker strukturierende, längerfristig bindende Wirkungen für das gesamte Unternehmen als etwa rein inländische Gebiete-Konzepte, und zwar aufgrund der notwendigen Investitionen für ein systematisches, ziel- und strategiegeleitetes übernationales Marketing (einschließlich entsprechender Infra-Strukturen).

Insgesamt ist die zunehmende Internationalisierung der Unternehmen Ausdruck bzw. Konsequenz der schon seit längerem stark voranschreitenden **Globalisierung** der Wirtschaft, und zwar ausgehend von den Warenmärkten, gefolgt von den Finanzmärkten und schließlich übergreifend auf die unterschiedlichsten Dienstleistungsmärkte (erleichtert auch durch das **Internet**).

Wie vielfältig Ziele und Motive eines Auslandsengagements (mit entsprechenden Auslandsinvestitionen) sind, zeigt eine Übersicht, die diesbezügliche Untersuchungsergebnisse wiedergibt (Abb. 37).

Was die erste Stufe der übernationalen Gebietestrategie (= multinationale Markterschließung) betrifft, so stellt sie gleichsam den schwächsten Intensitätsgrad übernationaler Gebietepolitik dar. Sie ist dadurch gekennzeichnet, dass Unternehmen neben dem Inlandsmarkt einen bzw. nach meist kurzer Zeit mehrere, häufig benachbarte ausländische Märkte in ihr Marketing- und Vertriebskonzept einbeziehen. Typisch für diese Stufe des übernationalen Marketing ist demnach, dass man zunächst eher unmittelbar benachbarte Auslandsmärkte zu erschließen sucht. Für deutsche Unternehmen heißt das, dass sie etwa (unmittelbar) benachbarte europäische Länder als zusätzliche Absatzgebiete wählen – eine Tendenz, die durch den Europäischen Binnenmarkt eher noch verstärkt worden ist.

Die multinationale Gebietestrategie besitzt in dieser Hinsicht nicht selten den Charakter einer „Probierstrategie". Mit ersten Schritten auf Auslandsmärkten sollen erst einmal Erfahrungen gesammelt werden. Die Auslandsaktivitäten stellen insoweit mehr eine Ergänzung des inländischen Marketing dar.

Charakteristisch für dieses Stadium geo-strategischen Vorgehens ist, dass vor zu starken Bindungen bzw. entsprechenden Investitionen im Ausland noch zurückgeschreckt wird. Es wird deshalb bei

3. Marketingstrategien

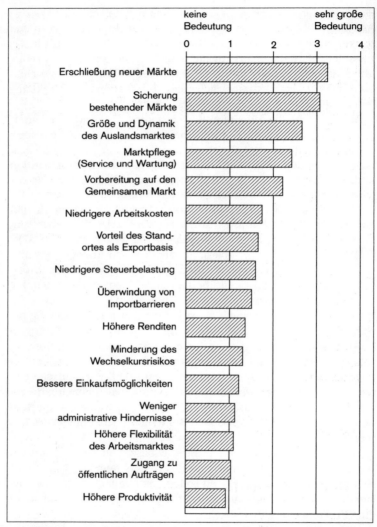

Abb. 37: Wichtige Ziele und Motive des Auslandsengagements deutscher Unternehmen
Quelle: Institut der Deutschen Wirtschaft

dieser Stufe des übernationalen Marketing oft der vergleichsweise risikoarme, relativ wenig organisatorischen Aufwand verursachende Weg des Exports beschritten (Abb. 38).

Fallbeispiel 35: Multinationales Stadium von Unternehmen
Nicht wenige Unternehmen verharren ggf. längere Zeit im multinationalen Stadium, das auch als Probierstadium gekennzeichnet worden ist. Für weitergehende Internationalisierungsschritte wird entweder das Risiko gescheut oder es fehlen die Mittel für entsprechende Auslandsinvestitionen (z. B. in Markt und Produktion).

Im multinationalen Stadium des Unternehmens wird zudem vieles noch stark vom inländischen Heimat- oder Stamm-Markt her beurteilt und entschieden. Für eine gezielte und schlüssige Steuerung der Auslandsaktivitäten fehlen vielfach noch hinreichende Informationen (z. B. Marktinformationen).

Die Steuerung der Auslandsaktivitäten erfolgt meist ausschließlich noch von inländischem Managementpersonal, mit entsprechenden Nachteilen für eine optimale Anpassung des Vermarktungskonzepts an die jeweiligen Auslandsbedingungen.

Viele mittelständische Unternehmen in vielen Branchen verharren vergleichsweise lange in diesem Stadium, das gilt u. a. für weite Teile des Maschinen- und Werkzeugbaus.

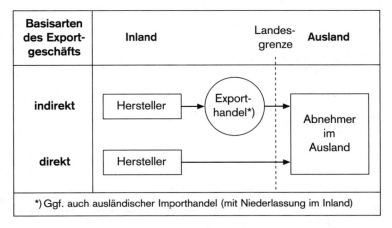

Abb. 38: Zwei Exportalternativen: indirekter und direkter Export

3. Marketingstrategien

Die Stufe der internationalen Gebieteerschließung ist demgegenüber dadurch gekennzeichnet, dass viel bewusster und ausgeprägter eine Auslandsorientierung des Unternehmens vorgenommen wird. Während multinational orientiertes Export-Marketing noch häufig dadurch charakterisiert ist, „Überschussmengen" der eigenen Produktion im benachbarten Ausland zu vermarkten, vollzieht sich bei der Internationalisierung ein gezielter strategischer Wechsel: stärker geplantes übernationales Vorgehen, Aufbau eigener Tochtergesellschaften (z. B. Vertriebsgesellschaften) bis hin zu eigenen Produktionsgesellschaften im Ausland (Abb. 39).

Das Auslandsengagement wird in dieser internationalen Stufe durch entsprechende Auslandsinvestitionen unterstützt. Insgesamt kann diese Stufe auch als „Professionalisierungsphase" charakterisiert werden. Dazu dient in der Regel ein jeweils auslands-orientiertes Management, das auch Managementpersonal aus den jeweiligen Gastländern einbezieht. Und die Verantwortung für das angemessene Marketing-Konzept wird stark in die Hand der einzelnen Auslandsgesellschaften gelegt – allerdings mit Beibehaltung der Richtlinien-Kompetenz im Heimat- oder Stamm-Unternehmen.

Fallbeispiel 36: Internationales Stadium von Unternehmen
Viele, namentlich größere Unternehmen in vielen Branchen haben das internationale Stadium erreicht, das auch als „Professionalisierungsstadium" gekennzeichnet werden kann.

Zahlreiche präferenz-strategisch operierende Unternehmen aus dem Markenartikelbereich befinden sich in diesem Stadium, so z. B. im Lebensmittelbereich *Dr. Oetker* oder im Waschmittel- und Körperpflegebereich *Henkel*.

Vielfach dienen in diesem Stadium Aufkaufstrategien zur Stärkung der Operationsbasis für das internationale Geschäft (vgl. etwa den Aufkauf von *Schwarzkopf* durch *Henkel*). Die *Henkel*-Gruppe will damit ihre ursprüngliche internationale Position im Körperpflege-Markt (10. Position) innerhalb von fünf Jahren auf die 5. Position verbessern.

Von vielen Unternehmen wird inzwischen eine entsprechende Verbesserung der internationalen Marktposition als grundlegende Wettbewerbsvoraussetzung für eine erfolgreiche internationale Marketing- und Unternehmenspolitik angesehen (u. a. auch von *Beiersdorf* insbesondere für die Erfolgsmarke *Nivea*, Zielrichtung hier: eigener internationaler Ausbau durch konsequente Sortimentserweiterung).

3.4 Marktarealstrategien

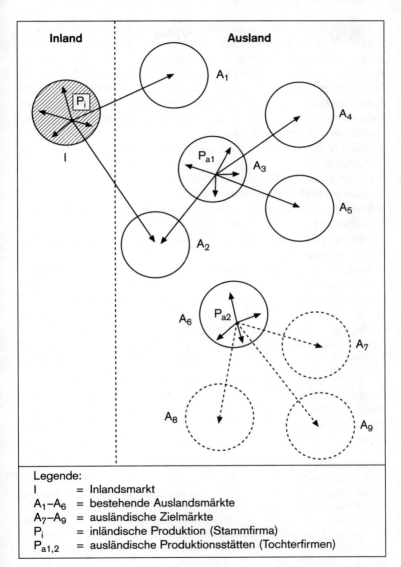

Abb. 39: Typische Grundstruktur eines internationalen Unternehmens

3. Marketingstrategien

Das letzte Stadium übernationaler Gebietepolitik bildet das Konzept der Weltmarkterschließung. Es ist vorbehalten und wird vorbehalten bleiben einer vergleichsweise geringen Zahl von Unternehmen, jedenfalls in letzter Konsequenz. Die Abgrenzung zwischen internationalem und Weltmarkt-Stadium des Unternehmens ist nicht ganz einfach. Als grundlegende Merkmale eines „echten" Weltmarkt-Unternehmens können folgende angesehen werden:

- **Weltweite Operationsbasis,**
- **große Zahl von Niederlassungen und Tochtergesellschaften im Ausland,**
- **hoher Anteil ausländischer Produktion,**
- **internationale Kapitalbeschaffung,**
- **breite Streuung von Programmen/Tätigkeitsbereichen,**
- **weltweite Rekrutierung des (Top-)Managements,**
- **eingeschränkte Autonomie der ausländischen Marketing- und Produktionseinheiten,**
- **Stammhaus als Holdinggesellschaft (mit strategischer Richtlinien-Kompetenz).**

Typisch für das Weltmarkt-Unternehmen ist vor allem der hohe Anteil von Auslandsinvestitionen (z. B. 50 % und mehr aller Investitionen des Unternehmens). Charakteristisch für Weltmarkt-Unternehmen ist darüber hinaus ein weitgehend länder- bzw. regionenunabhängiges konzeptionelles Vorgehen, d. h., die Welt wird als „einheitlicher Markt" angesehen. Begünstigt werden Weltmarkt-Konzepte durch Möglichkeiten des **E-Commerce** (= digitaler Geschäftsverkehr zwischen Wirtschaftspartnern), wenn es gelingt, auch die infrastrukturellen Voraussetzungen zu schaffen (u. a. internationale Logistiknetze, speziell bei nicht-digitalen Produkten).

Fallbeispiel 37: Weltmarkt-Stadium von Unternehmen
Die genannten Kriterien bzw. Besonderheiten, die Weltmarkt-Unternehmen ausmachen, zeigen, dass im Prinzip nur Großunternehmen dieses Stadium bzw. Konzept erfüllen (können).

Als Weltmarkt-Unternehmen können etwa amerikanische Unternehmen wie *Coca-Cola, Procter&Gamble, IBM* oder auch japanische Unternehmen wie *Sony* und *Matsushita* aufgeführt werden. Was deutsche Unternehmen betrifft, so erfüllen u. a. Unternehmen wie *Siemens* und *DaimlerChrysler* die genannten Voraussetzungen bzw. Kriterien.

Bei Weltmarkt-Unternehmen bzw. solchen, die sich dahin entwickeln wollen, sind vielfach phasenspezifische regionale Schwerpunkte kennzeichnend. Bei vielen deutschen Großunternehmen wird ein Schwerpunkt inzwischen auf die Erschließung asiatischer Märkte gelegt.

Was die Standardisierung von Konzepten bzw. Marketingprogrammen betrifft, so zeigt sich bei genauerem Hinsehen auch bei den großen „Global Players", dass sie nicht um bestimmte regionale Anpassungen herumkommen (so z. B. auch *Coca-Cola* u.a. in Bezug auf eine regionalspezifische Preis- und Gebindegestaltung sowie Vertriebsorganisation).

Auch beim übernationalen Marketing und darauf abgestellter Markterschließung können also – wie beim inländischen Marketing – verschiedene Stufen unterschieden bzw. durchlaufen werden. Nicht alle Unternehmen können oder wollen alle Stufen realisieren. Generell kann gesagt werden, dass jede weitergehende Stufe ein immer höheres Maß an **Professionalität** voraussetzt. Ehrgeizige geostrategische Konzepte bedürfen insoweit auch einer entsprechenden konzeptionell gestützten Führung und Kontrolle.

3.5 Strategieprogramm des Unternehmens

Die Darlegungen zu Strategiefragen des Unternehmens („Festlegung der Route") haben gezeigt, dass die Disposition über Strategien eine wichtige Bedingung dafür ist, Unternehmen überhaupt konsequent führen zu können. Es ist zugleich deutlich geworden, dass Unternehmen sich auf mehreren strategischen Ebenen festlegen müssen, wenn eine klare strategie-geleitete Führung ermöglicht werden soll. Die Steuerungsleistung von Strategien ist jedenfalls um so besser, je vollständiger ein Strategieprogramm bzw. Strategiekonzept ist.

Das heißt mit anderen Worten, ein Unternehmen muss sich für konzeptionelle Steuerungszwecke mehrfach oder mehrdimensional festlegen. Es muss dafür entsprechende **Strategiekombinationen** wählen. Dies wird deutlich, wenn man sich noch einmal das vollständige Strategieraster und die möglichen Kombinationsansätze vergegenwärtigt (Abb. 40).

Durch die Verknüpfung verschiedener strategischer Bausteine auf

3. Marketingstrategien

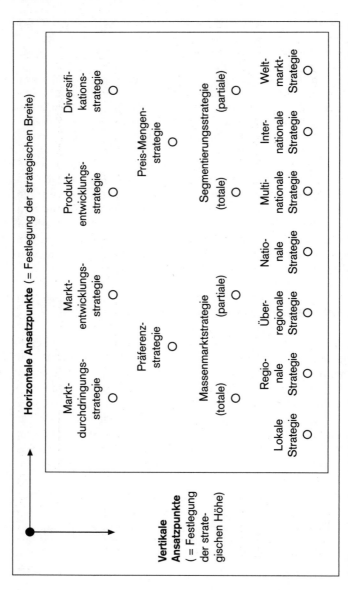

Abb. 40: Das Strategieraster und seine richtungsstrategischen Ansatzpunkte

3.5 Strategieprogramm des Unternehmens

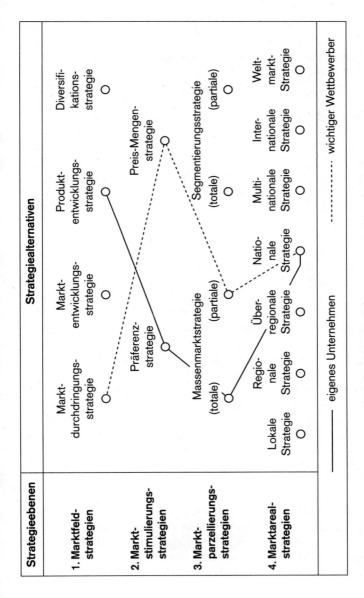

Abb. 41: Strategieprofil des eigenen Unternehmens im Vergleich zu einem wichtigen Wettbewerber

den vier unterschiedenen Strategieebenen wird das Strategieprogramm (= strategisches Steuerelement oder Strategie-Chip) eines Unternehmens im Einzelnen festgelegt. Zwei Ansatzpunkte sind dabei zu unterscheiden, nämlich:

- **Festlegung der strategischen Höhe** (= vertikale Strategiekombination),
- **Festlegung der strategischen Breite** (= horizontale Strategiekombination).

Die Festlegung der strategischen Höhe zielt – in einem ersten Strategieschritt – auf eine möglichst vollständige strategische Grundausstattung. Für eine klare strategische Führung muss sich das Unternehmen konsequenterweise auf jeder Strategieebene für eine strategische Option entscheiden, die sich untereinander sinnvoll ergänzen (müssen). Eine Darstellung versucht, das näher zu skizzieren (Abb.41).

Die Abbildung einer beispielhaften Strategierasterung für das eigene wie für ein wichtiges Konkurrenzunternehmen zeigt, dass beide Unternehmen unterschiedliche strategische Stoßrichtungen verfolgen, und zwar auf den ersten drei Ebenen (Marktfeld-, Marktstimulierungs- und Marktparzellierungsstrategien), auf der letzten Strategieebene (Marktarealstrategien) das Konzept beider Wettbewerber aber gleich ist.

Es ist klar, dass Unternehmen auf der Basis ihres jeweiligen Strategie-Chips unterschiedliche operative, **marketing-instrumentale Realisierungsformen** wählen müssen. Das wird u. a. besonders deutlich auf der zweiten strategischen Ebene. Während das präferenzstrategische Konzept des eigenen Unternehmens auf den Leistungsvorteil setzt und hierfür vor allem alle nicht-preislichen Wettbewerbsmittel wie Produktgestaltung, Marke, Werbung usw. wählen muss, vertraut der Wettbewerber auf die Preis-Mengen-Strategie, die auf den Preisvorteil setzt und deshalb fokussiert das Preisinstrument aktiv bzw. „aggressiv" benutzt. Beide Unternehmen verfolgen demnach kontrastierende Konzepte, was beide bei ihrem jeweiligen operativen Instrumenten-Einsatz berücksichtigen müssen.

Im Laufe der Zeit – d. h. im Zuge bestimmter Markt- und Unternehmensstadien – ist es vielfach notwendig, das strategische Konzept im Sinne strategischer Verbreiterung zu erweitern

(= Strategie-Chip der 2. Generation). Ansatz hierfür bildet jeweils die wettbewerbs-orientierte Weiterentwicklung (Evolution) des strategischen Basis-Konzepts, das zunächst der strategischen Grundausstattung eines Unternehmens diente.

So entsteht z. B. häufig auf der zweiten strategischen Ebene (Marktstimulierungsstrategien) im Laufe der Zeit strategischer Handlungsbedarf. Insbesondere die Polarisierung von Märkten („Verlust-in-der-Mitte-Phänomen") führt dazu, dass mittlere Märkte abnehmen, dafür aber obere und häufig insbesondere untere Märkte (Marktschichten) zunehmen. Ursache für die Zunahme gerade unterer Märkte ist das ausgeprägtere preissensible Kaufverhalten der Kunden.

Ein Unternehmen, das bisher mittlere und ggf. obere Märkte präferenz-strategisch bearbeitet hat, steht insofern vor der strategischen Grundfrage, ob und inwieweit ein Ausgleich für schrumpfende mittlere Märkte auch in wachsenden unteren Märkten gesucht werden kann bzw. muss. Ein Unternehmen, das bisher ausschließlich präferenz-strategisch operiert hat, müsste dann zugleich preis-mengen-strategisch (konsequenterweise über ein Zweitmarken- oder B-Marken-Konzept) agieren.

Vielen Unternehmen widerstrebt – z. B. aus ihrem Markenartikel-Verständnis heraus – eine solche strategische Erweiterung. Sie suchen dann ggf. die strategische Lücke, die durch das Schrumpfen des mittleren Marktes ausgelöst wird, eher durch eine übernationale Strategieerweiterung auszugleichen. Im Falle zwingender strategischer Überprüfungen stehen Unternehmen somit alternative Strategieerweiterungs-Möglichkeiten („Oder-Strategien") offen (Abb. 42).

Es ist klar, dass ein Unternehmen nur aufgrund seiner eigenen Ziele wie auch seiner strategischen Fähigkeiten und Neigungen bzw. Erfahrungen die richtige **strategie-evolutorische Entscheidung** treffen kann.

Viele Unternehmen haben angesichts der Globalisierung der Märkte wie auch der Verschärfung des Wettbewerbs strategische Überprüfungen notwendigerweise vorgenommen. In nicht wenigen Fällen hat das zu entsprechenden Korrekturen bzw. Weiterentwicklungen des strategischen Grundkonzepts geführt.

So hat beispielsweise *BASF* – wie viele andere Unterneh-

3. Marketingstrategien

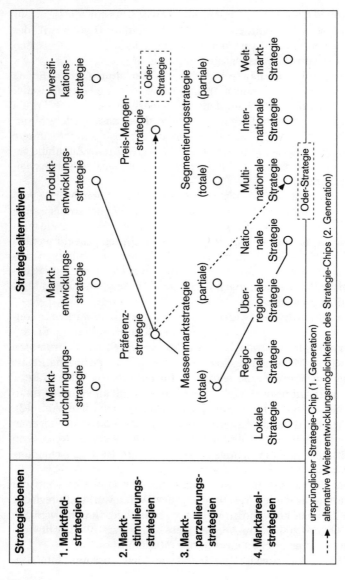

Abb. 42: Alternative strategische Antworten auf die Polarisierung von Märkten

3.5 Strategieprogramm des Unternehmens

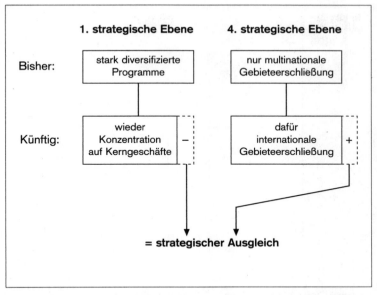

Abb. 43: Strategischer Ausgleich zwischen 1. und 4. strategischer Ebene (Marktfeld- und Marktarealstrategien)

men – Konzentrationen in den Geschäftsbereichen vorgenommen (= Konzentration auf Kerngeschäfte, Beschränkung u. a. auf Kernkompetenzen mit starker Wettbewerbsposition wie Chemikalien, Kunststoffe und Pharmazeutika). Dafür wird als strategischer Ausgleich (Abb. 43) das internationale Geschäft – und zwar auch über hohe Auslandinvestitionen – entsprechend stark ausgebaut, insbesondere in Asien. Dieser Markt wird auf lange Sicht als wachstumsträchtiger Zukunftsmarkt angesehen.

Kennzeichnend ist, dass gerade die marktareal-strategischen Stoßrichtungen von den Unternehmen jeweils unterschiedlich beurteilt und gesehen werden. Das ist sowohl abhängig von den bisher international erreichten Positionen in einzelnen regionalen Märkten als auch von der Einschätzung wichtiger Perspektiv-Märkte.

Generell ist die Politik insbesondere großer Unternehmen darauf ausgerichtet, bei einigen wenigen Kernfeldern weltweit führende

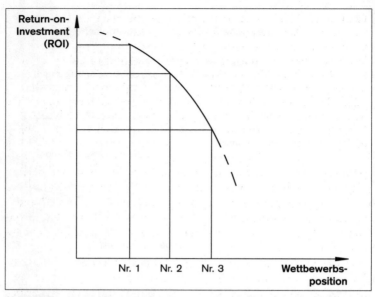

Abb. 44: Zusammenhang zwischen Return-on-Investment (ROI) und Wettbewerbsposition

Positionen einzunehmen. Untersuchungen u. a. des PIMS-Programms zeigen nämlich, dass die Rentabilitätsaussichten (ROI) – und damit auch die Entwicklung des Unternehmenswertes – eines Unternehmens sehr stark von der **jeweiligen Marktposition** abhängen (Abb. 44).

Schon eine dritte oder gar fünfte Marktposition im Weltwettbewerb kann demnach bereits deutlich Abstriche beim Ertragspotenzial (und der davon abhängigen Unternehmensbewertung) bedeuten. Damit wird nachvollziehbar, wie wichtig eine strategische Nachjustierung in Sinne von strategischer Evolution bzw. strategischer Korrektur im Zeitablauf für die Oberzielrealisierung (in Bezug auf Rentabilität bzw. Unternehmenswert) eines Unternehmens sein kann.

3.5 Strategieprogramm des Unternehmens

> **Fazit:** Eine ehrgeizige Oberzielrealisierung (Rentabilität/Unternehmenswert) bedarf einer konsequenten strategischen Steuerung des Unternehmens. Die strategische Steuerung ist dabei umso effektiver, je vollständiger ein Strategiekonzept ist. Vollständig ist ein strategisches Konzept im Prinzip nur dann, wenn es auf Festlegungen auf allen vier strategischen Ebenen beruht (= strategische Grundausstattung oder Strategie-Chip der ersten Generation). Er bildet zugleich den Anknüpfungspunkt für notwendige bzw. sinnvolle strategische Weiterentwicklungen (= strategische Evolution oder Strategie-Chip der zweiten und ggf. weiterer Generationen).

Hinweis: Wer die Thematik „Strategien und ihre Festlegung" vertiefen möchte, wird verwiesen auf *Becker, J.*, Marketing-Konzeption. Grundlagen des ziel-strategischen und operativen Marketing-Managements, 7. überarbeitete und ergänzte Auflage, München 2002. Dort finden sich auch ausführliche Literaturhinweise zu Spezialfragen.

Für diejenigen, die sich ganz auf die Strategie-Thematik konzentrieren bzw. diese noch vertiefen wollen, werden folgende Literaturhinweise gegeben: *Becker, J.*, Marketing-Strategien. Systematische Kursbestimmung in schwierigen Märkten, München 2000 (mit umfangreichen Checklisten und Analysebeispielen) sowie *Becker, J.*, Der Strategietrend im Marketing. Vom Massenmarketing über das Segmentmarketing zum kundenindividuellen Marketing, München 2000 (mit konkreten Anleitungen für die kunden-fokussierte Weiterentwicklung von Unternehmen und die entsprechende marketing-instrumentale Umsetzung).

4. Marketingmix
(oder die Wahl der „Beförderungsmittel")

Wenn Ziele („Wunschorte") und Strategien („Route") festgelegt sind, dann gilt es, das ziel-strategisch Gewollte operativ umzusetzen. Hierfür ist der Einsatz operativer Marketinginstrumente („Beförderungsmittel") notwendig. Die Beförderungsleistung muss dabei auf eine große Zahl unterschiedlicher Mittel verteilt werden, d. h., nur durch den kombinierten Einsatz ganz verschiedener Marketinginstrumente (= Marketingmix) können die ziel-strategischen Vorgaben erreicht werden.

Der Marketingmix stellt zugleich das letzte Glied in der marketing-konzeptionellen Kette dar (Marketingziele → Marketingstrategien → Marketingmix). Er ist verantwortlich für die konkrete vermarktungsfähige Leistung des Unternehmens und ihre Vermarktung selbst.

> Der Marketingmix kann im Sinne einer vollständigen und konkret zu realisierenden Marketing-Konzeption als die zielorientierte, strategieadäquate Kombination der taktisch-operativen Marketinginstrumente („Beförderungsmittel") aufgefasst werden.

Für die Gestaltung der gesamten Marktleistung des Unternehmens steht grundsätzlich eine **große Zahl verschiedener Marketinginstrumente** zur Verfügung, die jeweils in ganz unterschiedlichen Ausprägungen und Ausformungen eingesetzt werden können. Unterschiedliche Ziele und Strategien können umso besser realisiert werden, je vollständiger und je ziel-strategisch fundierter Marketinginstrumente („Beförderungsmittel") gewählt werden. Die Marketinginstrumente lassen sich in drei große Bereiche gliedern, die jeweils für ganz bestimmte Teilleistungen am Markt verantwortlich sind (Abb. 45).

4. Marketingmix

> 1. Angebotspolitische Instrumente (verantwortlich für die Produktleistung [P_1])
>
> 2. Distributionspolitische Instrumente (verantwortlich für die Präsenzleistung [P_2])
>
> 3. Kommunikationspolitische Instrumente (verantwortlich für die Profilleistung [P_3])

Abb.45: Instrumentalbereiche des Marketing

Das heißt, jeder Instrumentalbereich erfüllt im Hinblick auf die zu erbringende Marktleistung (ML) einen spezifischen Beitrag (ML = f[P_1,P_2,P_3]). Für diesen Beitrag stehen innerhalb eines jeden Instrumentalbereiches ganz bestimmte Basisinstrumente zur Verfügung, die – wie bereits hervorgehoben – in den jeweils adäquaten Ausprägungen, nämlich je nach ziel-strategischem Grundkonzept, eingesetzt werden müssen.

> Unter Marketinginstrumenten werden jene konkreten („seh-, hör-, riech-, schmeck-, fühl- und/oder greifbaren") Aktionsinstrumente (Parameter) verstanden, mit denen am Markt agiert und auch reagiert werden kann, um gesetzte Ziele und daraus abgeleitete Strategien zu realisieren. Sie stellen die auf die bearbeiteten Zielgruppen bzw. Märkte des Unternehmens gerichteten konkreten Marketingmaßnahmen dar.

Angesichts der Fülle der operativen Marketinginstrumente kann in einer einführenden Darstellung nur auf grundlegende Basisinstrumente eingegangen werden.

Am Anfang instrumentaler Festlegungen stehen im Prinzip die angebotspolitischen Instrumente. Sie sind für die eigentliche Produktleistung verantwortlich. In der Regel kann erst dann über distributionspolitische Instrumente (= Präsenzleistung) und kommunikationspolitische Instrumente (= Profilleistung) disponiert werden, wenn die Produktleistung aufgrund des angebotspolitischen Instrumenteneinsatzes feststeht.

4.1 Angebotspolitische Instrumente

Marketinginstrumente sind jene operativen Mittel, mit denen Unternehmen im Sinne ihrer Ziele und Strategien auf Märkte aktiv einwirken (= Aktionsinstrumente des Marketing). Die Produktleistung zu schaffen, stellt eine erste grundlegende operative Marketingaufgabe dar.

> Die Produktleistung kann als das „Herz" des Marketing aufgefasst werden, d. h., ohne diese Basisleistung (Produktfunktion(en)/Produktnutzen) können alle anderen Teilleistungen nicht wirksam werden. Sie steht damit am Anfang jeglicher Marktgestaltung durch das Unternehmen überhaupt. Und hier liegt zugleich der eigentliche und unmittelbare Anknüpfungspunkt konsequenter Markt- und Kundenorientierung insgesamt.

Für die Erarbeitung der wichtigen Produktleistung stehen drei Basisinstrumente bereit:
- **Produkt,**
- **Programm,**
- **Preis.**

Auf diese Basisinstrumente und ihre konzeptionellen Möglichkeiten und Besonderheiten soll im Folgenden näher eingegangen werden.

4.1.1 Produkt

Das Produkt und seine Gestaltung (Produktgestaltung) bildet den eigentlichen Ausgangspunkt. Die **Kernaufgabe** heißt: Welche Art(en) von Produkten (Leistungen) bieten wir unseren Kunden an? Der Marketingphilosophie (= konsequente Markt- und Kundenorientierung des ganzen Unternehmens) entsprechend steht dabei nicht das Produkttechnische im Vordergrund, sondern der Produktnutzen bzw. die Problemlösung für den Kunden.

Die Produktgestaltung kann dabei an zwei Gestaltungsebenen anknüpfen:
- **Technisch-funktionale Leistung** (= Produktinneres oder Produktkern),

- **Formal-ästhetische Leistung** (= Produktäußeres oder Produktdesign).

Aus Gründen des Wettbewerbs besteht ein genereller Zwang, permanent Leistungsverbesserungen vorzunehmen. Nur so können jedenfalls ehrgeizige ziel-strategische Konzepte realisiert werden. Das soll zunächst an Beispielen technisch-funktionaler Leistungsgestaltung aufgezeigt werden.

Fallbeispiel 38: Ansätze zur Verbesserung technisch-funktionaler Leistungen
Der Produktkern ist für die eigentliche problemlösende Funktionsleistung verantwortlich (z. B. Waschleistung eines Haarwaschmittels oder Fahrleistung eines Dieselmotors). Aufgrund wachsender Ansprüche der Kunden wie auch aufgrund intensiven Wettbewerbs gilt es, neben Grundnutzenleistungen verstärkt auch Zusatznutzenleistungen zu bieten (z. B. neben der Waschleistung eines Haarwaschmittels eine zusätzliche Pflegeleistung durch rückfettende Substanzen (Two-in-one-Produkte) oder Verbesserung der Beschleunigungsleistung und des Kraftstoffverbrauchs eines Dieselmotors durch Turboaufladung).
Das Bieten von Zusatzleistungen (Added Value) ist nicht nur bei Sachgütern, sondern auch bei Dienstleistungen ein vielfältig genutzter Ansatz, um sich Wettbewerbsvorteile am Markt zu verschaffen (z. B. die normale Kreditkarte und die „Goldkarte", die z. B. ein Bündel von Versicherungs- und sonstigen zusätzlichen Leistungen bietet, oder der Kundendienst bei Pkws, der bei einer großen Inspektion eine Wagenwäsche einschließt).

Was die Orientierung der technisch-funktionalen Produktgestaltung betrifft, so sind grundsätzlich zwei wichtige Entwicklungsrichtungen erkennbar: 1. Trend zu Komplett- bzw. Systemlösungen (z. B. Schaffung von kompletten Heizsystemen, die aufeinander abgestimmte Heizkessel, Brenner und elektronische Steuerungen umfassen oder auch Multimedia-Systeme aufgrund der Integration von computer-technologischen, unterhaltungs-elektronischen und telekommunikations-technischen Mitteln bzw. Lösungen) und 2. Trend zu „Neulandtechniken" zur grundlegenden Verbesserung konventioneller Problemlösungen (z. B. Schaffung erwünschter Eigenschaften bzw. Vermeidung unerwünschter mittels der Gentechnik oder Entwicklung eines völlig neuen Antriebssystems etwa auf Basis der Brennstoffzelle, Abb. 46).

4.1 Angebotspolitische Instrumente

Abb. 46: *A-Klasse* von *Mercedes* als Versuchsträger für die Brennstoffzelle
Quelle: StromThemen

Neben der technisch-funktionalen Leistung von Produkten gewinnt zunehmend die formal-ästhetische Leistung an Bedeutung. So hat *Mercedes* mit der *A-Klasse* nicht nur eine „neue Klasse" im Pkw-Markt zu schaffen bzw. zu bedienen gesucht (Kleinwagen mit neuer Raumökonomie), sondern auch eine eigenständige Designhandschrift verwirklicht.

Was die Nutzung des Marketinginstrumentes Design betrifft, so besteht hier nicht nur die Aufgabe, über Designstile (etwa funktionales Design, „Spaßdesign", Luxusdesign, Retro-Design) zu entscheiden, sondern auch darüber, wie überhaupt mit Design umgegangen wird bzw. welchen Stellenwert es im Rahmen der Produktgestaltung spielen soll (z.B. langfristig orientiertes Design [Designstil] oder eher kurzfristig orientiertes Design [Designmoden] bzw. eine durchgängige firmenspezifische Designhandschrift oder mehrere, ggf. marken-differenzierte Designkonzepte).

Fallbeispiel 39: Design-Konzeptionen verschiedener Hersteller
Am Anfang steht zunächst die Grundsatzentscheidung, welchen Rang Design (dominantes oder nicht-dominantes Design) im Marketing-Konzept insgesamt einnehmen soll. Neben Konzeptionen, die einen eigenen unternehmensspezifischen Designstil („Mono-Design") wählen, gibt es Unternehmen, die bewusst mehrere Designstile („Designpluralismus") einsetzen, um ein breites Spektrum von Zielgruppen abzudecken bzw. ihre jeweils spezifischen Ansprüche zu befriedigen. Solche Konzepte beruhen meistens nicht bzw. nicht nur auf Entwürfen

4. Marketingmix

Abb. 47: Thermo-Kaffee-Automat und Café-Gourmet-Automat von *Philips*
Quelle: Kaufhof-Prospekt

von Hausdesignern, sondern greifen Designentwürfe freier, international renommierter Designer auf (z. B. *Rosenthal* für seine gehobene Porzellan-Kollektionen oder *Alessi* für sein anspruchsvolles Haushaltsgeräte-Programm).

Auch Hersteller von elektrischen Haushaltsgeräten wählen – speziell bei Kleingeräten – unterschiedliche Design-Handschriften, je nach anvisierter Zielgruppe und ggf. eingesetzter Technologie (Abb. 47).

Darüber hinaus kann in der Fristigkeit des Designstils eine wesentliche Basisentscheidung gesehen werden. So verfolgt z. B. *Hewi* mit seinem funktionsorientierten Design für Baubeschläge ausgesprochenes „Longlife-Design" (Designstil), während z. B. der Uhrenkonzern *SMH* (inzwischen *Swatch-Group*) mit seinen *Swatch*-Uhren ein ausgeprägtes modisch-orientiertes „Shortlife-Design" (Designmoden) realisiert.

Dass beide Ansätze (Long-/Shortlife-Design) erfolgreich sein können, beweisen die aufgeführten Beispiele. Sie bedürfen jedoch eines jeweils spezifischen Design-Managements.

4.1 Angebotspolitische Instrumente

Abb. 48: Eigenständiges Design der *Ixus*-Kamera von *Canon* (1. Generation)
Quelle: Kaufhof-Prospekt

Das Anbieten von Zusatznutzen (sowohl technisch-funktionaler als auch formal-ästhetischer Art) bildet eine wichtige Voraussetzung für die erfolgreiche Realisierung einer Präferenz- oder Markenartikel-Strategie, die wiederum der Erfüllung ehrgeiziger Oberziele (Gewinn bzw. Rentabilität) dient. Auf diese Weise wird auch der durchgängige Charakter konzeptioneller Entscheidungen deutlich (= **Konzeptionelle Kette**: Ziele, Strategien, Mix).

Aufgrund des hohen technologischen Standards in ganzen Branchen (z. B. Uhren-, Kamera-, Pkw-Markt) sind Wettbewerbsvorteile über technisch-funktionale Leistungen vielfach nicht mehr oder nicht mehr allein möglich. Spezifische Designleistungen sind dann häufig ein entscheidendes Mittel, um nachhaltige Differenzierungs- bzw. Wettbewerbsvorteile aufzubauen (Abb. 48).

In diesem Zusammenhang ist zu berücksichtigen, dass inzwischen in vielen Märkten Kunden sehr design-bewusst kaufen.

4. Marketingmix

Eine neue Herausforderung der Produktgestaltung ist darüber hinaus unter ökologischen Gesichtspunkten gegeben. Viele Unternehmen haben inzwischen ökologische Anforderungen, die sie erfüllen wollen, in Unternehmensgrundsätzen niedergelegt (siehe hierzu auch 2. Teil „Ziele"). Sie gilt es, über geeignete operative Maßnahmen in Marketing und Unternehmen umzusetzen. Bei konsequenter Verwirklichung eines ökologischen Produktkonzepts sind mindestens auf vier Ebenen spezifische ökologische Leistungen zu erfüllen:

- **Umweltverträgliche Herstellung der Produkte,**
- **Umweltverträglicher Transport der Produkte,**
- **Umweltverträgliche Gebrauchs- bzw. Verbrauchsphase,**
- **Umweltverträgliche Rückführungs- und Entsorgungsphase.**

Nur auf dieser Basis lässt sich ein integriertes Umwelt-Konzept („von der Wiege bis zur Bahre") aufbauen. Das heißt, die verschiedenen ökologischen Funktionen müssen bereits bei der Produktentwicklung hineinkonstruiert werden.

Neben der eigentlichen Produktgestaltung („Produktinneres" und „Produktäußeres", ggf. unter Berücksichtigung ökologischer Belange) kommt auch der Produktgestaltung im weiteren Sinne eine wichtige Funktion zu, nämlich:

- **Verpackung und**
- **Markierung.**

Diese Art von Produktgestaltung bezieht sich auf die produktumgebenden Gestaltungsmittel (Product Features).

Unter Verpackung wird die geeignete Umhüllung eines Packgutes verstanden. Die dadurch entstehende Gesamtheit von Packgut und Verpackung wird auch als Packung bezeichnet. Sie spielt vor allem bei Verbrauchsgütern des Konsumgüterbereichs (z. B. Konfitüre, Shampoo) eine zentrale Rolle, aber auch bei Gebrauchsgütern (z. B. Kameras, Haushaltskleingeräten) kommt der Verpackung eine spezifische Bedeutung zu. Rolle bzw. Bedeutung hängen insoweit von den Eigenarten der Produkte bzw. Produktkategorien ab.

Damit sind die unterschiedlichen Funktionen der Verpackung angesprochen. Sie haben sich im Laufe der Entwicklung stärker ausdifferenziert (Abb. 49).

4.1 Angebotspolitische Instrumente

Technische Funktionen, insbesondere
- Schutzleistung,
- Lagerleistung,
- Transportleistung.

Absatzwirtschaftliche Funktionen, insbesondere
- Informationsleistung,
- Verkaufsleistung,
- Verwendungsleistung.

Ökologische Funktionen, insbesondere
- Umweltverträglichkeit,
- Recyclingfähigkeit,
- Mehrwegpackungen,
- Verpackungseinsparungen,
- Nachfüllpackungen.

Abb. 49: Grundlegende Verpackungsfunktionen

Im Laufe der Entwicklung haben – ausgehend von den klassischen technischen (originären) Funktionen – sowohl absatzwirtschaftliche als auch ökologische Funktionen an Bedeutung gewonnen. Im Rahmen der absatzwirtschaftlichen Funktionen versucht man u. a. immer wieder, die Verwendungsleistungen (z. B. Sprühflaschen bei Bad-Reinigern) zu verbessern (Abb. 50).

Innerhalb der ökologischen Funktionen hat u. a. die Frage der Verpackungseinsparungen (z. B. bei Waschmitteln Konzentrate oder luft-reduzierte Packungen) ein besonderes Gewicht erhalten (Abb. 51).

Packungsentscheidungen sind vielfach sehr komplex, weil sie ggf. sehr unterschiedlichen Anforderungen gerecht werden müssen, und zwar:

- **im Hinblick auf den Verbraucher** (u. a. Attraktivität, Zweckmäßigkeit),
- **im Hinblick auf den Handel** (u. a. Regalplatzausnutzung, Lagerfähigkeit),
- **im Hinblick auf den Hersteller** (u. a. Produktionsfreundlichkeit, Logistikeignung).

4. Marketingmix

Abb. 50: Sprühflaschen mit Schaum- und Sprüheffekt *(Der General)*
bzw. Sprüheffekt *(Mr. Proper)*
Quelle: dm-Prospekt

Nicht selten stehen die verschiedenen Anforderungen im Konflikt zueinander; es müssen dann möglichst gute Kompromisse gefunden werden.

Eine – insbesondere für Strategien „höherer Ordnung" wie Präferenz- und/oder Segmentierungsstrategie – besonders relevante Entscheidung ist die der Markierung. Marken werden als wichtige strategische und taktische Hebel angesehen, Märkte im Sinne eigener Markt- und Unternehmensziele zu beeinflussen und zu lenken. Denn Marken dienen dazu, ein Angebot (Produkt/Leistung) eindeutig zu profilieren. Sie sind der Bezugspunkt für viele, wenn nicht alle übrigen Marketinginstrumente wie Packungsgestaltung, Werbekonzeption, Warenpräsentation im Handel, um nur einige zu nennen.

Während die Wahl des Markentyps (Einzel-, Familien-, Dach-

4.1 Angebotspolitische Instrumente

Abb. 51: Packungseinsparung bei Waschmittelkonzentraten *(Persil)*
sowie luft-reduzierten Packungen *(Omo)*
Quelle: real-/allkauf-Prospekt

marke) als eine strategische Entscheidung anzusehen ist (siehe hierzu auch 3. Teil „Strategien"), sind die operativen Markenentscheidungen vor allem auf **strategie-adäquate Gestaltungsformen** (Markenzeichen) gerichtet.

„Als Marke können alle Zeichen, insbesondere Wörter einschließlich Personennamen, Abbildungen, Buchstaben, Zahlen, Hörzeichen, dreidimensionale Gestaltungen einschließlich der Form einer Ware oder ihrer Verpackung sowie sonstige Aufmachungen einschließlich Farben und Farbzusammenstellungen geschützt werden, die geeignet sind, Waren oder Dienstleistungen eines Unternehmens von denjenigen anderer Unternehmen zu unterscheiden" (MarkenG, § 3, Abs. 1).

Was die Gestaltungsform von Marken betrifft, so gibt es vielfältige Möglichkeiten. Die wichtigsten Möglichkeiten sind Wort-, Buchstaben-, Bildmarke bzw. Kombinationen daraus. Besonders häufig sind Wortmarken (mit eigenständiger Schrift) und Wortbildmarken (mit eigenständigem Symbol), wie ausgewählte Beispiele verdeutlichen (Abb. 52).

Wortbildmarken sind vor allem dann optimal, wenn sie mit ge-

4. Marketingmix

Abb. 52: Typische Beispiele von Wortbildmarken und Wortmarken
Quelle: Markenartikel

eigneten Bildsymbolen arbeiten. Bildsymbole sind dabei umso (verhaltens)wirksamer, je mehr sie kennzeichnen bzw. konkret für ein spezifisches Markenangebot stehen.

Was die Anforderungen an einen Markennamen betrifft, so soll er möglichst Produktnutzen vermitteln (z. B. *Duschdas*), möglichst positive Assoziationen hervorrufen (z. B. *Teekanne*) und/oder möglichst international einsetzbar sein (z. B. *Nescafé*). Die Wirkung einer Marke ist dabei um so größer, je ausgeprägter ihr eine durchgängige Markenphilosophie unterlegt wird (z. B. *Du darfst, Landliebe, Marlboro, Frosch*).

Werden auch die Möglichkeiten des **Internets** für die Markenführung (z.B. eigene Homepage bzw. Werbebanner) genutzt, so ist auf einen möglichst integrierten, durchgängigen Markenauftritt zu achten, um „Irritationen" bei der Zielgruppe zu vermeiden.

4.1.2 Programm

Neben der eigentlichen Produktgestaltung stellt der Programmaufbau einen zweiten wichtigen Baustein der Angebotspolitik dar. Mit der Programmgestaltung wird über den eigentlichen Produktmix eines Unternehmens entschieden. Die **Kernaufgabe** lautet hier: Welche Arten von Produkten in welchen Ausführungen (Sorten) bieten wir den Kunden an? Die Kompetenz bzw. das Absatzpotenzial eines Unternehmens steigt gewöhnlich mit der Bündelung verschiedener Produkte (Problemlösungen) für ein ganzes Bedarfsfeld der Abnehmer. Analog zur Produktgestaltung ist dabei weniger der herstellungs-technologische Zusammenhang, sondern mehr der problemlösende Bedarfszusammenhang aus Sicht der Kunden entscheidend.

Der produkt- bzw. programm-strategische Rahmen wird dabei bereits auf der ziel-strategischen Ebene vorgegeben, nämlich hinsichtlich der Art der Produkte wie auch hinsichtlich der Programmbreite und -tiefe. Mit letzterer Disposition wird prinzipiell darüber entschieden, ob ein Unternehmen als Universalist oder Spezialist im Markt agieren will:

- **Universalist** = breites, flaches Programm (d. h. mehrere Produktarten, aber jeweils begrenzte Zahl von Produktausführungen, z. B. Bekleidungshersteller für Damenoberbekleidung wie *Steilmann*),
- **Spezialist** = schmales, tiefes Programm (d. h. nur eine Produktart, dafür aber viele Produktausführungen, z. B. Strumpfhersteller wie *Vatter*).

Unternehmen haben jeweils unterschiedliche Ursprünge. Ausgangspunkt bildet oft ein bestimmtes Basisprodukt, von dem nahe liegende Programmerweiterungen ausgehen.

Fallbeispiel 40: Gewachsene Programme und ihre Ausgangspunkte

Das Unternehmen *Schwarzkopf* ist von einem Apotheker gegründet worden. Sein erstes Körperpflegeprodukt, das er selbst herstellte und in seiner Apotheke verkaufte, war ein neuartiges seifenfreies, pulverförmiges Haarwaschmittel. Damit begann eine ausgeprägte Beschäftigung mit Haarpflege und adäquaten Problemlösungen.

Die Programmentwicklung wurde weitergeführt mit Haarfarben, Haarwasser, Haarspray, Haarfestiger, Haarkuren usw. Bei ursprünglich problembehafteten bzw. schwerer anwendbaren Produkten (wie z. B. Haarfarbe) bot es sich an, den Friseur-Markt zu bedienen. Daraus entstand – neben dem Endverbrauchergeschäft – eine ganze Palette friseur-spezifischer Produkte.

Als sowohl im Endverbraucher- als auch im Friseurgeschäft die Möglich-

4. Marketingmix

keiten haarspezifischer Produkte ausgeschöpft waren, war es nahe liegend, die Produktpalette auf allgemeine Körperpflegeprodukte wie Duschmittel, Deoprodukte u. a. auszuweiten. Bei Duschmitteln bildeten z. B. die Haarshampoos und ihre Waschsubstanzen den Ausgangspunkt („Brücke") zur Programmerweiterung.

Die Firma *Philips* hat verschiedene Programmursprünge, und daraus sind verschiedene Programmverzweigungen entstanden. Ein wichtiger Programmursprung war die Glühbirne. Damit war der Grundstein für die Röhrentechnik gelegt. Aus ihr heraus entwickelte sich die Elektronenröhre als Ausgangspunkt für Rundfunk- und Audiogeräte, die Braun'sche Röhre für Fernseh- und Videogeräte bzw. messtechnische Geräte sowie die Röntgenröhre für medizinische Geräte.

Beiden geschilderten Beispielen liegt strategisch eine Diversifikation zugrunde (= neue Produkte für neue Märkte). Sowohl hinsichtlich der Technologie als auch in Bezug auf die Kunden bestehen jedoch jeweils noch Verwandtschaften. Es handelt sich hierbei insofern weitgehend um horizontale Diversifizierungen (= konzeptionelle Kette zwischen Strategieentscheidungen und operativen Entscheidungen, und zwar hier den Programm- bzw. Portfolio-Entscheidungen).

Was mehr taktische Fragen der Programmführung betrifft, so können Hersteller folgende Programmstrukturierungen schaffen, wie:

- **Basisprogramm** (Standardprodukte, durchgängiger Programmteil),
- **Zusatzprogramm** („beweglicher" Programmteil, z. B. modische Produkte),
- **Aktionsprogramm** (Aktionsartikel, z. B. für zeitlich begrenzte Verkaufsförderungsaktionen).

Im Handel werden nicht selten differenzierte(re) Sortimentsstrukturen gewählt, etwa:

- **Normalsortiment** (unverzichtbar, über lange Zeit bewährt),
- **Trendsortiment** (im Trend liegende Sortimentsteile),
- **Testsortiment** (neu aufgenommene, im Teststadium befindliche Sortimentsteile),
- **Auslaufsortiment** (aufgrund nachhaltig gesunkener Attraktivität aufzugebende Sortimentsteile),
- **ggf. Nachverwertungssortiment** (von Wettbewerbern bereits aufgegebene Sortimentsteile, deshalb für einen Restmarkt noch interessant).

4.1 Angebotspolitische Instrumente

Typisch für entwickelte, wettbewerbsintensive Märkte (wie z. B. Pkw-Markt) ist die Differenzierung und Ausweitung des Programmangebots. Da in wettbewerbsintensiven Märkten nicht nur Modell-, sondern auch Kostenwettbewerb herrscht, wird in vielen Bereichen das sog. Baukasten-Prinzip angewendet. Es besteht darin, mit ein und derselben Basistechnik („Plattform") kostengünstig Modellvarianten zu produzieren.

Fallbeispiel 41: Plattform-Konzept der *Volkswagen*-Gruppe
Die erklärte programm-strategische Absicht der *Volkswagen*-Gruppe ist es, den verschiedenen Wettbewerbern im Pkw-Markt jeweils ein eigenes, kostengünstig herzustellendes, schnell zu entwickelndes Modell gegenüberzustellen. Auf diese Weise will man besser für den künftig noch härter werdenden Konkurrenzkampf gerüstet sein.
Aus diesem Grunde hat man inzwischen auf der sog. *Golf*-Plattform sieben Modellvarianten eingeführt, und zwar mit jeweils ganz spezifischer konkurrenz-orientierter Ausrichtung (Abb. 53).
Besonders spektakulär sind vor allem der *Audi TT*, der mit der stärksten Variante deutlich in Richtung echter Sportwagen zielt (bis hin zu *Porsche*), und der *VW Beetle*, der keinen unmittelbaren Konkurrenten hat und insoweit (wieder) einen Firmenmarkt begründen könnte (Abb. 54).

Programme von Unternehmen beruhen zunächst einmal auf den sog. Hauptleistungen („Hardware"), welche die eigentliche (techni-

Modellvarianten	Konkurrenz-orientierte Zielrichtungen
(1) *Audi A3*	→ *BMW 3er compact*
(2) *Skoda Octavia*	→ *Volvo S/V 40*
(3) *VW Golf*	→ *Mercedes A-Klasse*
(4) *Audi TT*	→ *BMW Z4*
(5) *VW Bora*	→ *Mercedes C-Klasse*
(6) *VW New Beetle*	→ Kein direkter Konkurrent
(7) *Seat Toledo*	→ *Alfa Romeo 156*

Abb. 53: Sieben Modellvarianten auf Basis der sog. *Golf*-Plattform und ihre konkurrenz-orientierten Zielrichtungen
Quelle: Auto-Bild

sche) Problemlösungsleistung bieten. Für die Nutzung der Hauptleistung sind jedoch häufig Kundendienst- bzw. Serviceleistungen

Abb. 54: Besonders spektakuläre Modelle auf Basis der sog. *Golf*-Plattform *(Audi TT* und *VW Beetle)*
Quelle: Auto-Bild

("Software") notwendig. Das gilt insbesondere für Gebrauchsgüter, und zwar sowohl des Konsumgüter- als auch des Investitionsgüterbereiches. **Kundendienst- bzw. Serviceleistungen** umfassen alle Leistungen (Maßnahmen), welche die Inanspruchnahme und Nutzung von Produkt- oder Hauptleistungen ermöglichen bzw. erleichtern. Sie stellen insgesamt eine wichtige Nutzenkomponente dar, die von Abnehmern in zunehmendem Maße erwartet wird und deshalb wesentlich ihre Kaufentscheidungen mitbestimmen. Dabei spielt es zunächst keine Rolle, ob diese Leistungen freiwillig und kostenlos, oder aber auf Anforderung und zu definierten Preisen erbracht werden.

Es ist klar, dass solche Dienstleistungen (im weitesten Sinne) von der jeweiligen Produktkategorie, den Branchenstandards wie auch den eigenen ziel-strategischen Vorgaben abhängig zu machen sind. Eine Übersicht gibt einen Überblick über grundlegende technische und kaufmännische Kundendienstleistungen, differenziert nach dem Zeitpunkt der Inanspruchnahme (Abb. 55).

Die Übersicht zeigt, dass für die Erbringung dieser Kundendienstleistungen ganz verschiedene Stellen (Bereiche) im Unternehmen

Art des Kundenservices \ Zeitpunkt der Nutzung	Vor dem Kauf	Nach dem Kauf
• **Technische Leistungen**	• Technische Beratung • Erarbeitung von Projektlösungen • Probelieferungen	• Technische Einweisung • Reparaturen/ Wartung • Ersatzteilversorgung
• **Kaufmännische Leistungen**	• Kaufmännische Beratung • Bestelldienst • Dokumentationen	• Schriftliche Anleitungen • Schulungen • Beschwerdemanagement

Abb. 55: Grundformen von Kundendienstleistungen

zuständig sind. Für ein funktionierendes Service-Marketing ist deshalb ein kunden-orientiertes, funktionsübergreifendes Schnittstellen-Management notwendig.

Es gewinnen **internet-basierte Servicekonzepte** (z.T. mit Call Centern) an Bedeutung: von der Kundenbetreuung über Fehlererkennungs- und Diagnosesysteme bis hin zu Reparatursystemen.

4.1.3 Preis

Die angebotspolitischen Entscheidungen beziehen sich nicht nur auf Produkt- und Programmentscheidungen, sondern auch auf die Festlegung von Preisen. Die Disposition über Preise ist nicht zuletzt unter Aspekten der Oberzielerfüllung des Unternehmens (Gewinn/Rentabilität) besonders relevant (= konzeptionelle Kette: Ziele → Strategien → Instrumente). Die **Kernaufgabe** lautet zunächst: Welches Entgelt sollen wir für unsere Produkte (Leistungen) verlangen? Der marketing-spezifische Ansatz dieser Entscheidung liegt darin begründet, dass Kunden nicht über Preise, sondern über Preis-Leistungs-Verhältnisse disponieren. Das heißt, den Kundenbeurtei-

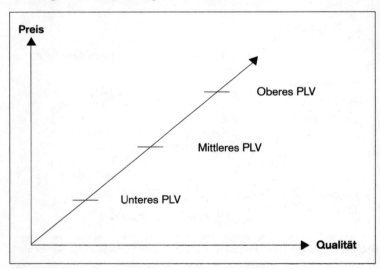

Abb. 56: Typische Preis-Leistungs-Verhältnisse (PLV) in Märkten

lungen liegen Nutzenerwägungen im Vergleich mit den Preisforderungen der Anbieter zugrunde.

Kunden orientieren sich jeweils an **Preis-Leistungs-Verhältnissen**, die im relevanten Markt gegeben sind. Bei etablierten Märkten bestehen in der Regel drei Marktschichten (vgl. hierzu auch 3. Teil „Strategien"); ihnen entsprechen jeweils untere, mittlere und obere Preis-Leistungs-Verhältnisse, Abb. 56).

Viele Märkte haben mit einem Preis-Leistungs-Verhältnis begonnen, das einer „mittleren" Position entspricht. Dieses mittlere Preis-Leistungs-Verhältnis ist dann der Ausgangspunkt für neue Preis-Leistungs-Verhältnisse darunter („Discount-Ansatz") und darüber („Premium-Ansatz"). Auf diese Weise entsteht im Markt meist ein ganzer Fächer unterschiedlicher Preis-Leistungs-Verhältnisse für die verschiedenen Kundengruppen.

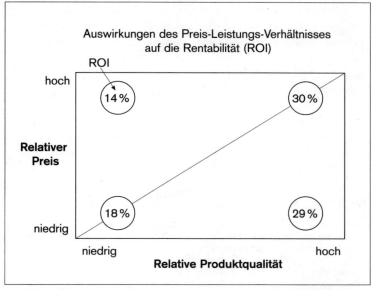

Abb. 57: Zusammenhang zwischen Preis-Leistungs-Verhältnis und Rentabilität (ROI)
Quelle: PIMS-Programm

4. Marketingmix

Die im Markt gegebenen Preis-Leistungs-Verhältnisse umfassen in der Regel nicht nur die skizzierten proportionalen Preis-Leistungs-Verhältnisse (z. B. niedriger Preis/niedrige Qualität), sondern auch disproportionale (z. B: niedriger Preis/hohe Qualität). Empirische Untersuchungen (PIMS-Programm) haben insgesamt gezeigt, dass sowohl proportionale Preis-Leistungs-Verhältnisse (speziell hoher Preis/hohe Qualität) als auch disproportionale (speziell niedriger Preis/hohe Qualität) die höchste Rentabilität (ROI) aufweisen (Abb. 57).

Dass gerade auch disproportionale Preis-Leistungs-Verhältnisse (wie niedriger Preis/hohe Qualität) eine überdurchschnittliche Rentabilität realisieren können, liegt daran, dass Unternehmen hier den

Typ	A	B	C	D	E	F
unverb. Preisempfehlung	249,–	349,–	399,–	549,–	699,–	899,–
Gewicht kg	5	12	12,5	15	15	23
Max. Leistungsaufnahme W	1600	1750	1750	2000	2200	3000
Stromaufnahme AMP	8	8,5	8,5	9,5	10	14
Fördermenge l/h	360	360	360	450	500	550
Druck bar	Max. 100	110	10–110	20–120	20–130	20–150
Max. Temperatur °C	40	40	40	60	60	60

Abb. 58: Differenziertes Programm eines Anbieters im Markt der Hochdruckreiniger (Preisangaben in DM)

4.1 Angebotspolitische Instrumente

Erlösverzicht durch geringe Kosten wettmachen, die das Ergebnis von Marktanteilsgewinnen sind (Erfahrungskurvenvorteile bzw. Economies of Scale).

Jedes Unternehmen muss deshalb entscheiden, welche Preis-Leistungs-Verhältnisse man im Hinblick auf die Oberzielerfüllung (Rentabilität/Unternehmenswert) insgesamt anbieten will.

Fallbeispiel 42: Preis-Leistungs-Verhältnisse in verschiedenen Märkten
In schon länger bestehenden, etablierten Märkten kommt es vielfach zu einer differenzierten Ausformung unterschiedlicher Preis-Leistungs-Verhältnisse. Jedes Unternehmen muss dabei den Marktausschnitt bestimmen, den es preis-leistungs-bezogen abdecken will.
Ein Beispiel aus dem Markt der Hochdruck-Reiniger zeigt, dass Unternehmen
– wenn sie eine führende Marktposition aufbauen und behalten wollen –
ein abgestuftes preis-leistungs-bezogenes Programm brauchen (Abb. 58).
Das Beispiel verdeutlicht, dass der Hersteller im Rahmen seines Programmes von insgesamt sieben unbeheizten Hochdruckreinigern sowohl ein Einstiegsmodell als auch ein Topmodell anbietet. Ein Blick auf die Leistungs- und Preisdaten zeigt, dass das Programm sowohl proportionale als auch disproportionale Preis-Leistungs-Verhältnisse umfasst. Alle Geräte beruhen auf der gleichen Basis-Technologie (mit entsprechendem Zubehör).
Um verschiedene Preis-Leistungs-Verhältnisse im Markt realisieren zu können, werden ggf. auch unterschiedliche technische Leistungen eingesetzt, so z. B. im Markt der elektrisch betriebenen Küchengeräte. Für einfache Rührprozesse ist z. B. ein einfacher Mixstab entwickelt worden, dessen Endverbraucherpreis etwa bei 20,– € beginnt; für differenzierte und komplexere Leistungsprozesse (einschließlich Schnitzeln, Entsaften, Kneten) werden Küchenmaschinen ab etwa 85,– € angeboten (Abb. 59).
In wettbewerbsintensiven Märkten ist das Angebot von Sondermodellen bzw. Sonderangeboten üblich geworden. Gerade auch in klassischen Konsumgütermärkten (Verbrauchsgüter des täglichen Bedarfs) werden vielfach zusätzlich spezielle Preis-Leistungs-Verhältnisse – auf Dauer oder auch nur vorübergehend – geschaffen (Abb. 60).
Günstige Großpackungen (z. B. Superpack von *Mc Cain*) zielen in der Regel auf preissensible Mehrpersonen-Haushalte. Neue Packungsgrößen (z. B. mit Mehrinhalt zum gleichen Preis von *3 Glocken*) stellen im Prinzip eine indirekte Preissenkung dar.

Die aufgeführten Beispiele verdeutlichen insgesamt, dass es kein isoliertes Marketinginstrument Preis gibt, sondern dass Preisentscheidungen immer im Zusammenhang mit angebotenen Leistungen (Problemlösungen) gesehen und getroffen werden müssen: nämlich Schaffung ziel-strategisch orientierter, produkt- und marktadäquater Preis-Leistungs-Verhältnisse.

Preispolitische Entscheidungen eröffnen nicht nur die Chance ehrgeiziger Oberzielrealisierung, sondern sie sind naturgemäß auch mit vergleichsweise hohen Risiken verbunden. Das führt prinzipiell zu eher risikomindernden Verhaltensweisen der Unternehmen; das heißt, Unternehmen suchen nach Orientierungsmöglichkeiten für eine gewinnoptimale (und nicht preistheoretisch maximale) Preisbestimmung. Drei praxisbezogene Orientierungsmöglichkeiten können dabei unterschieden werden:

- **Kostenorientierung,**
- **Nachfrageorientierung,**
- **Konkurrenzorientierung.**

In einer Marktwirtschaft besteht zwar prinzipiell kein direkter

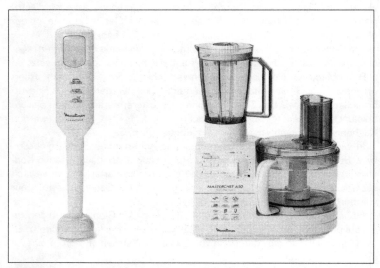

Abb. 59: Beispiele für unterschiedliche Preis-Leistungs-Verhältnisse bei elektrischen Küchenhilfen
Quelle: Kaufhof-Prospekt

Zusammenhang zwischen Kosten und Absatzpreis, denn der Markt bzw. die Kunden honorieren nur die Leistung (Problemlösung), nicht aber die dafür entstandenen Kosten. Trotzdem ist die kosten-

Abb. 60: Beispiele für spezielle Preis-Leistungs-Verhältnisse bei Nahrungsmitteln
Quelle: Globus-Kurier

orientierte Preisbestimmung weit verbreitet, weil sie auf Grundlage der Kostenrechnung (Kostenträgerrechnung) relativ einfach ist, und sie darüber hinaus dem Prinzip entspricht, die Preisforderung von den für das Produkt (Leistung) verursachten Kosten abhängig zu machen.

Das zuletzt genannte Prinzip dient zunächst dem generellen Ziel jedes Unternehmens, langfristig die Existenz zu sichern. Das bedeutet, dass die Gesamtkosten aus den Umsatzerlösen für die vermarkteten Produkte (Leistungen) gedeckt werden müssen. Unter dem Aspekt zentraler Unternehmensziele (wie Gewinn bzw. Rentabilität) ist eine Preisforderung dann optimal, wenn sie dem Unternehmen unter Berücksichtigung der Selbstkosten die Realisierung des Plangewinns bzw. der Planrentabilität erlaubt.

Zwei methodische Wege (Arten der Kalkulationsverfahren) sind bei kostenorientierter Preisbestimmung möglich:
- **Preiskalkulation auf Vollkostenbasis,**
- **Preiskalkulation auf Teilkostenbasis.**

Bei der Preiskalkulation auf Vollkostenbasis werden sämtliche anfallende Kosten berücksichtigt. Der Angebotspreis ergibt sich aus der Summe der auf Basis der Kostenträgerrechnung ermittelten Gesamtstückkosten und des vorher – auf der Zielebene – zu bestimmenden Gewinnzuschlags.

Dieses auch als Cost-Plus-Pricing bezeichnete Verfahren basiert auf einer einfachen Zuschlagskalkulation nach der Formel:

$$p = k \times \left(1 + \frac{g}{100}\right)$$

p = Preisforderung,
k = Selbstkosten,
g = prozentualer Gewinnzuschlag.

Diese einfache Zuschlagskalkulation berücksichtigt zur Preisermittlung sowohl die variablen bzw. Einzelkosten der Produkte (wie z. B. Material- und Fertigungseinzelkosten; ggf. Sondereinzelkosten des Vertriebs) als auch die beschäftigungsunabhängigen Fix- bzw. Gemeinkosten (wie z. B. die Material-, Fertigungs- sowie Verwaltungs- und Vertriebsgemeinkosten). Während variable Kosten bzw. Einzelkosten direkt zu verrechnen sind, können die Fix- bzw. Gemeinkosten nur indirekt – d. h. nach einem oder mehreren Gemeinkostenschlüssel(n) – auf die Produkte verteilt werden.

Probleme bzw. Gefahren einer Preisbestimmung auf Vollkostenbasis bestehen

- in der mehr oder weniger **„willkürlichen Verrechnung"** der Gemeinkosten
- sowie in der Möglichkeit, sich **„aus dem Markt zu kalkulieren"**.

Bei der Preiskalkulation auf Teilkostenbasis werden demgegenüber nur diejenigen Kosten berücksichtigt, die in einem direkten Zusammenhang mit dem Produkt – d. h. mit seiner Entwicklung, Produktion und Vermarktung – stehen. Für die Preisbestimmung werden dabei ausschließlich die variablen Stückkosten berücksichtigt sowie der geplante Deckungsspannenzuschlag (als Prozentwert der variablen Stückkosten) herangezogen.

Der Angebotspreis auf der Basis variabler Kosten errechnet sich dann wie folgt:

$$p = k_v \times \left(1 + \frac{ds}{100}\right)$$

ds = prozentualer Deckungsspannenzuschlag,
k_v = variable Stückkosten.

Der Zuschlag in Form des prozentualen Deckungsspannenzuschlages muss bei der Teilkostenrechnung höher sein als bei der Vollkostenrechnung, da er zusätzlich einen Beitrag zur Deckung der fixen Kosten des Produktes leisten muss.

Die Preisbestimmung auf Basis der Teilkostenrechnung weist gegenüber der Preisbestimmung auf Vollkostenrechnungs-Grundlage wesentliche Vorteile auf. Sie ist nämlich in der Lage, für taktische Preisänderungen lediglich entscheidungsrelevante Kosten einzubeziehen, und zwar nur die variablen Kosten für die Bestimmung kurzfristiger Preisuntergrenzen.

Die Gefahr von Preiskalkulationen auf Teilkostenbasis besteht jedoch darin, dass Unternehmen **„sich aus der Gewinnzone kalkulieren"**, und zwar dann, wenn aufgrund von zu großer Preisnachgiebigkeit gegenüber Kunden mittel- und langfristig zu niedrige Preise realisiert werden, die nicht mehr die Fix- bzw. Gemeinkosten decken.

Alle bisher beschriebenen Verfahren kostenorientierter Preisbestimmung vernachlässigen weitgehend Einflussfaktoren des Marktes. Lediglich das sog. Target Costing öffnet sich den Marktaspekten, indem es die Fragestellung umkehrt. Das heißt, es wird beim Target Costing (Zielkosten-Rechnung) nicht mehr danach gefragt, was ein Produkt aufgrund der betrieblichen Voraussetzungen kosten wird, sondern vielmehr danach, was das Produkt aufgrund der Marktbedingungen höchstens kosten darf. Damit wird zugleich übergeleitet zu marktbezogenen Orientierungsmöglichkeiten der Preisbestimmung, nämlich der nachfrage- bzw. konkurrenz-orientierten Preisfestlegung.

Die nachfrageorientierte Preisbestimmung stützt sich primär auf die (möglichen) Reaktionen der Nachfrager. Das heißt, bei diesem Ansatz interessiert in erster Linie, was der Kunde vermutlich für das angebotene Produkt bzw. Leistung zu zahlen bereit ist. Bei der Nachfrageorientierung bildet insoweit die Wertvorstellung, die Kunden mit dem jeweiligen Produkt verbinden, die zentrale Größe. Wichtige Anknüpfungspunkte nachfrageorientierter Preisgestaltung sind dabei:

- **Reaktionen auf Preisänderungen** (sog. Preiselastizitäten),
- **Vorhandensein von Preisbereitschaften** (speziell Preisobergrenzen).

Die Preiselastizität der Nachfrage errechnet sich wie folgt:

$$\text{Preiselastizität} = - \frac{\text{Veränderung der Nachfragemenge in \%}}{\text{Preisänderung in \%}}$$

Dieser Koeffizient wird gewöhnlich mit einem Minuszeichen versehen, damit sich bei „normalen Reaktionen" – nämlich Zunahme der Nachfrage bei einer Preissenkung und Abnahme der Nachfrage bei einer Preiserhöhung – ein positiver Wert ergibt. **Beispiel:** Bei einer Abnahme der Nachfrage um –10 % bei einer Preiserhöhung von 2 % ergibt sich danach eine Elastizität von 5. Elastizitätswerte von >1 repräsentieren eine elastische, solche von < 1 eine unelastische Nachfrage.

4.1 Angebotspolitische Instrumente

Grundsätzlich gilt: Je elastischer (unelastischer) die Nachfrage reagiert, desto eher werden Anbieter einen niedrigeren (höheren) Preis in Erwägung ziehen.

Einen weiteren preispolitischen Ansatz bilden die sog. Preisbereitschaften der Abnehmer (Kunden). Sie werden z. B. bei Präferenz- oder Markenartikel-Strategie (siehe hierzu 3. Teil „Strategien") systematisch „nach oben" zu verändern versucht. Grundlage ist der systematische Aufbau von Präferenzen (Vorzugs- oder Alleinstellungen) auf Basis eines ausgeprägten Qualitätswettbewerbs, der auf das Bieten von Produkt- bzw. Leistungsvorteilen gerichtet ist (hier wird wiederum der konzeptionelle Zusammenhang (Kette) zwischen Strategien einerseits und operativen Marketingmaßnahmen andererseits erkennbar).

Das heißt, durch besondere Qualitäts- oder Leistungsmerkmale (wie z. B. spezielle(s) Produktfunktion, Produktdesign, Markenimage) wird versucht, Preisbereitschaften der Abnehmer (Käufer) zu erhöhen. Auf diese Weise kann sich ein präferenz-strategisch operierender Anbieter unter mehreren Mitanbietern einen sog. monopolistischen Preisspielraum erarbeiten. Dieser lässt sich in Form einer **doppelt-geknickten Preis-Absatz-Funktion** abbilden (Abb. 61).

Diese Preis-Absatz-Funktion weist eine Art Dreiteilung auf, nämlich einen – preisstrategisch besonders interessanten – steilen (und damit unelastischen) mittleren Teil (= sog. monopolistischer Bereich) und zwei relativ flache (und damit elastische) Randbereiche. Das bedeutet, dass sich ein präferenz-strategisch agierendes Unternehmen aufgrund seiner Vorzugs- bzw. Alleinstellungen auch unter Konkurrenzbedingungen in einem bestimmten Bereich, der durch die untere und obere Preisschwelle begrenzt wird, wie ein alleinstehender Anbieter (Monopolist) verhalten kann. Das heißt mit anderen Worten, ein Unternehmen kann preispolitische Spielräume bis zur obersten Preisschwelle ausschöpfen, ohne dass es dafür mit (wesentlichen) Absatzrückgängen „bestraft" wird.

In der Regel ist in der Praxis eine vollständige Erfassung bzw. Ableitung solcher im Markt existierender Preis-Absatz-Verläufe nicht möglich, wohl aber die Erfassung „markanter Punkte" wie z. B. akzeptierte Preisober- und -untergrenzen (z. B. via entsprechender Preistests bzw. Preisexperimente). Ansatzpunkt bildet hier-

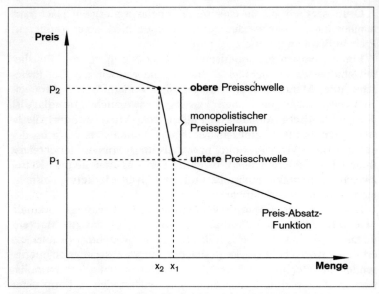

Abb. 61: Doppelt geknickte Preis-Absatz-Funktion und monopolistischer Preisspielraum

bei das Wertempfinden der Abnehmer (Kunden), das heißt, es werden die als angemessen empfundenen Preise, einschließlich psychologischer Preisgrenzen, zu erfassen gesucht.

Einen dritten Ansatzpunkt der praxisrelevanten Preisbestimmung stellt schließlich – ebenfalls einer marktbezogenen Sicht folgend – die Konkurrenzorientierung dar. Immer dann, wenn in einem Markt mehrere Anbieter agieren – und das trifft für die meisten Märkte zu – ist es notwendig, auch die Preise bzw. Preis-Leistungs-Verhältnisse der Konkurrenz bei der eigenen Preisfestsetzung zu berücksichtigen.

Konkurrenz-orientierte Preisbestimmung ist durch eine wettbewerbsbezogene Leitpreis-Orientierung gekennzeichnet. Sie weist Züge nachahmender Preispolitik auf, d. h., ein Anbieter verzichtet auf eine autonome Preissetzung, denn er richtet sich bei seiner Preisforderung vielmehr nach einem sog. Preisführer.

Grundsätzlich können zwei Arten der Preisführerschaft unterschieden werden:
- **dominierende Preisführerschaft,**
- **barometrische Preisführerschaft.**

Eine dominierende Preisführerschaft ist dadurch gekennzeichnet, dass ein (ggf. einige wenige) marktführende(s) Unternehmen die Rolle des Preisführers übernehmen bzw. diese ihnen einfach zufällt, weil sich die übrigen Anbieter „gezwungen" sehen, sich ihm bzw. ihnen preispolitisch unterzuordnen.

Ein solches Verhalten kann u. a. im Reifen-, Mineralöl- oder auch Zigarettenmarkt beobachtet werden. Typisch sind solche Verhaltensmuster aber auch im Handel und im Handwerk.

Für die barometrische Preisführerschaft ist demgegenüber typisch, dass es keinen überlegenen Anbieter mit hohem Marktanteil gibt, sondern vielmehr eine kleinere Gruppe von Anbietern, die in etwa gleich groß bzw. stark sind. Unter ihnen wird jedoch ein Anbieter als Preisführer „anerkannt", um z. B. ruinöse Preiswettbewerbe zu vermeiden. Der Preisführer gibt dabei einen von allen Anbietern „akzeptierten" Preis vor, ohne sich daraus selbst einen besonderen Vorteil zu verschaffen (setzt im Allgemeinen ähnliche Kostenpositionen bzw. Gewinnpotenziale bei allen Anbietern voraus).

Konkurrenz-orientierte Preisbestimmung bzw. Orientierung am(n) Preisführer(n) bedeutet aber nicht, dass zwingend der gleiche Preis wie der des preisführenden Anbieters gewählt wird, sondern zwei grundsätzliche Varianten angepassten Preisverhaltens sind möglich bzw. werden auch praktiziert:
- **die Preisüberbietung,**
- **die Preisunterbietung.**

Die Preisüberbietung kann z. B. bei Überholstrategien angewendet werden, wenn es etwa darum geht, am Markt- und Preisführer vorbei eine „Premiummarken-Position" einzunehmen (wie seinerzeit z. B. *Diebels* gegenüber dem ursprünglichen Marktführer *Hannen* im Altbier-Markt).

Die Preisunterbietung ist demgegenüber eher für Verfolgerstrategien typisch, wenn ein Anbieter den Abstand zum Marktführer „preisaggressiv" verringern will (z. B. phasenweise *Stollwerck* gegenüber *Suchard* im Tafelschokoladen-Markt). Solche Verfolgerstrategien führen vielfach zu einer Preisdynamik nach unten, die auch ursprüngliche Preisführer mitreißt und zu einem allgemeinen, nicht mehr reversiblen Preis- und Ertragsverfall in einer ganzen Branche beitragen kann (wie gerade auch im Tafelschokoladen-Markt).

Grundsätzlich gilt es, bei der Preisbestimmung an allen herausgearbeiteten Prinzipien (kosten-, nachfrage- und konkurrenz-orientierte Preisbestimmung) anzuknüpfen. In Käufer-Märkten kommt naturgemäß der nachfrageorientierten Preisbestimmung eine besondere Bedeutung zu.

Abschließend soll noch auf einen zweiten Aspekt der Preisgestaltung eingegangen werden, nämlich auf die Frage der Konditionenpolitik. Das heißt, im Rahmen preispolitischer Dispositionen ist auch darüber zu entscheiden, welche

- **Rabatte,**
- **Absatzkredite sowie**
- **Lieferungs- und Zahlungsbedingungen**

gewählt werden sollen.

Unter Rabattpolitik wird ein System von Abschlägen (Nachlässen) verstanden, die auf festgelegte und bekannt gegebene Preise (Listenpreise bzw. unverbindliche Preisempfehlungen in Bezug auf den Endverbraucher) gewährt werden. Sie stellen ein Entgelt für erbrachte bzw. noch zu erbringende Leistungen der Abnehmer dar.

Ausgehend von den Leistungen wie auch von den Verhaltensweisen, die ein Abnehmer (z. B. Handelsbetrieb) erbringen bzw. realisieren soll, können verschiedene Rabattarten unterschieden werden. Eine Darstellung gibt einen Überblick über die wichtigsten Arten von Rabatten (Abb. 62).

Funktionsrabatte werden dem Handel vom Hersteller gewährt für von ihm übernommene Funktionen wie Lagerung, Präsentation der Produkte, Beratung der Kunden, Wahrnehmung von Finanzierungsfunktionen.

Mengenrabatte sind solche Preisabschläge, die als Anreiz gewährt werden, um Absatzmittler (Handelsbetriebe) zu veranlassen, pro Auftrag und/oder pro Periode größere Mengen zu disponieren.

Zeitrabatte sind Preisnachlässe, die bestellzeitpunkt- oder be-

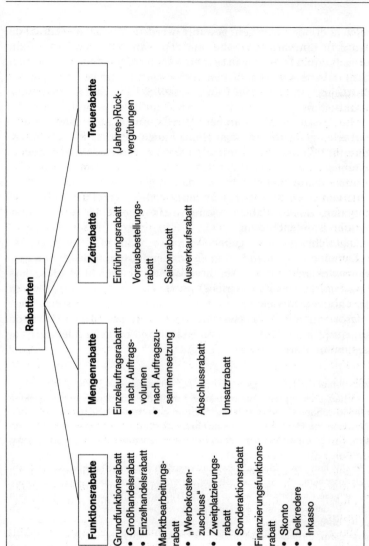

Abb. 62: Rabatte auf der Wiederverkäufer- oder Handelsebene

stellzeitperioden-bezogen gewährt werden. Typische Zeitrabatte sind z. B. Einführungsrabatte, um den Handel zu motivieren, ein neues Produkt frühzeitig in sein Sortiment aufzunehmen, oder auch Saisonrabatte, die dazu dienen, dass Handelsbetriebe Produkte mit saisonalem Absatzverlauf früher bestellen bzw. kaufen (etwa Vorausbestellungs- bzw. Frühbezugsrabatt im Bekleidungshandel). Typische Zeitrabatte sind darüber hinaus – u. a. im Lebensmittelmarkt stärker eingesetzte bzw. vom Handel auch geforderte – Aktionsrabatte im Rahmen von zeitlich begrenzten Verkaufsförderungsaktivitäten.

Treuerabatte schließlich sind darauf gerichtet, die Lieferantentreue von Absatzmittlern (Handelsbetrieben) zu erhöhen bzw. zu belohnen. Solche Rabatte dienen nicht zuletzt der generell verstärkten Kundenbindung.

Angesichts des gestiegenen Wettbewerbs im Markt werden Rabattsysteme zunehmend zu umfassenden **leistungsorientierten Systemen** weiterentwickelt. Auf diese Weise soll erreicht werden, dass Absatzmittler (Handelsbetriebe) noch gezielter alle Marktreserven ausschöpfen. In vielen Branchen hat man inzwischen solche leistungsorientierten Rabattsysteme geschaffen bzw. zu praktizieren gesucht (u. a. in der Elektro- und Elektronikbranche oder auch im Automobil-Markt).

Fallbeispiel 43: Leistungsorientiertes Rabattsystem von *BMW*
Im hart umkämpften Automobilmarkt stellt die Kundenorientierung einen entscheidenden Erfolgsfaktor dar. Sie darf sich dabei nicht nur auf eine kundenorientierte Herstellerpolitik beziehen, sondern muss konsequenterweise auch im Verkaufs- und Kundendienstsystem entsprechenden Niederschlag finden.

BMW hatte sich deshalb (wie inzwischen andere Pkw-Hersteller auch) dazu entschlossen, ein neues leistungsorientiertes Rabattsystem einzuführen, bei dem die Kundenorientierung der *BMW*-Vertragshändler – nachgewiesen aufgrund differenzierter Mess- und Bewertungsverfahren – in der Rabattstaffelung berücksichtigt wird. Der Ansatz dieses neuen Systems bestand anfangs darin, Grund- und Mengenrabatt um rd. 2,5 % bzw. 0,5 % zu kürzen und dafür mit einem sog. Leistungsrabatt ein völlig neues Rabattelement einzuführen (Abb. 63).

Der Leistungsrabatt von max. 3,7 % setzte sich im Ursprungskonzept zusammen aus max. 1 % pro Jahr für die Beteiligung am Händlerbetriebsvergleich, für Planung und Realisierung regionaler Promotionsmaßnahmen max. 0,9 % pro Jahr. Besondere EDV-gestützte Anstrengungen im Neuwagen-Management wurden max. mit 1 % und im Gebrauchtwagen-Management mit max. 0,3 % Rabatt pro Jahr belohnt. Für die Durchführung einer schriftlichen Kundenbefragung („Kundenzufriedenheits-Report") alle zwei Jahre erhielten die Händler max. 0,5 % im Durchführungs- und im Folgejahr. Über diese fünf Elemente des Leistungsrabatts hinaus konnten die *BMW*-Händler einen sog. Top-Bonus von max. 0,5 % erzielen, wenn der Kunden-Report eine hohe Kundenzufriedenheit auswies.

Neben der Wahl der richtigen Rabattart gilt es naturgemäß, auch die richtige Rabatthöhe zu bestimmen. Sie ist z. B. beim sog. Mengenrabatt dadurch gekennzeichnet, dass hierbei der Gewinn des Herstellers (Lieferanten) als Differenz zwischen eingesparten Kosten aufgrund verminderter Kleinaufträge einerseits und Erlöseinbußen aufgrund des gewährten Rabattes andererseits zu maximieren versucht wird. Auch hier müssen Verhaltensweisen der

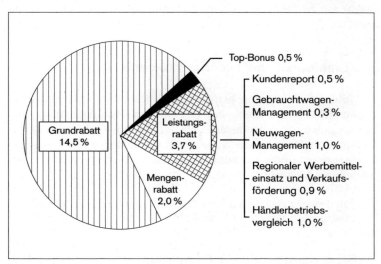

Abb. 63: Systemelemente des leistungsorientierten Rabattsystems von *BMW* (Pilotphase)
Quelle: *BMW*/Meinig

Nachfrager bzw. die Elastizität der Nachfrage berücksichtigt werden. Die Höhe der Rabatte wird darüber hinaus von der Einkaufsmacht z. B. des nachfragenden Handels bestimmt (Problem: Einkaufskonzentration).

Eine große Rolle spielen inzwischen gezielte **Rabatte an den Endverbraucher**. Solche Rabatte sollen bei Preisbewusstsein und/oder Kaufzurückhaltung entsprechende Kaufanreize auslösen. Zu nennen sind verschiedene Varianten: Einsatz von Rabattgutscheinen (sog. Couponing), Rabatte in Form einer das Produkt ergänzenden Leistung (sog. Bundling) oder die Gewährung von Rabatten via Kundenkarten.

Die Absatzkreditpolitik umfasst alle Maßnahmen, Abnehmer aufgrund der eigenen Gewährung von Krediten oder Leasingangeboten zum Kauf der eigenen Produkte (Leistungen) zu veranlassen.

Lieferungs- und Zahlungsbedingungen – auch als Geschäftsbedingungen bezeichnet – stellen Bestimmungen und Regelungen im Rahmen eines Kaufvertrages dar, mit denen Inhalt und Ausmaß der angebotenen Leistung und ihre Abnahme sowie Bezahlung spezifiziert werden.

4.2 Distributionspolitische Instrumente

Während die bislang betrachteten angebotspolitischen Instrumente für die Schaffung der eigentlichen Produktleistung (einschließlich eines angemessenen Preis-Leistungs-Verhältnisses) verantwortlich sind, konzentrieren sich die distributionspolitischen Instrumente auf die Gestaltung der Präsenzleistung, d. h. die Verfügbarkeit der angebotenen Leistung am Markt.

> Die Präsenzleistung kann auch als die „Pipeline" des Marketing charakterisiert werden, die notwendig ist, damit die geschaffenen Produkte (Leistungen) die anvisierten Kunden bzw. Zielgruppen tatsächlich erreichen. Erst die markt- und unternehmensadäquate Präsenz (Verfügbarkeit) der Produkte bzw. Leistungen ermöglicht ihren Absatzerfolg und ist damit ein wesentlicher Bestandteil der Marktleistung insgesamt.

Für die Erfüllung der wichtigen Präsenzleistung können drei Basisinstrumente eingesetzt werden:
- **Absatzwege,**
- **Absatzorganisation,**
- **Absatzlogistik.**

Diese Basisinstrumente und ihre konzeptionellen Möglichkeiten bilden den Gegenstand der folgenden Darlegungen.

4.2.1 Absatzwege

Die Verfügbarkeit eines Produktes (Leistung) am Markt ist eine wichtige Marketingvoraussetzung, die der Absatz- und Umsatzrealisierung dient und damit der Erfüllung übergeordneter Unternehmensziele wie Gewinn bzw. Rentabilität (= konzeptioneller Zusammenhang). Eine erste **Kernaufgabe** lautet deshalb: Wie gestalten wir den Weg der Produkte (Leistungen) vom Hersteller zum Kunden? Die Besonderheit der Absatzwegeentscheidung besteht darin, dass sie stark strukturell-bindend ist, d. h., sie kann nicht ohne weiteres kurzfristig revidiert werden. Angebots- wie kommunikationspolitische Dispositionen müssen sich deshalb an einmal gewählten Absatzwege-Strukturen orientieren.

Bei der Wahl der ziel-strategisch angemessenen Absatzwege stehen dabei nicht primär Kostengesichtspunkte im Vordergrund, sondern die Frage, wie das Produkt (Leistung) am besten an den Kunden herangetragen werden kann.

Zwei Grundtypen von Absatzwegen werden unterschieden:
- **direkter Absatzweg,**
- **indirekter Absatzweg.**

Eine Darstellung verdeutlicht die beiden **Systeme,** die jeweils auch **internet-basiert** realisiert werden können (Abb. 64).

Der direkte Absatzweg ist dadurch gekennzeichnet, dass der Hersteller beim Absatz an den Konsumenten keine unternehmensfremden, rechtlich selbstständigen Absatzorgane einsetzt. Die Absatz- bzw. Verkaufsaufgabe wird bei diesem Absatzsystem nur von unternehmenseigenen Verkaufsorganen wahrgenommen. Er ist der im Investitionsgüterbereich dominierende Absatzweg; im Konsumgütermarketing stellt er eher die Ausnahme dar.

4. Marketingmix

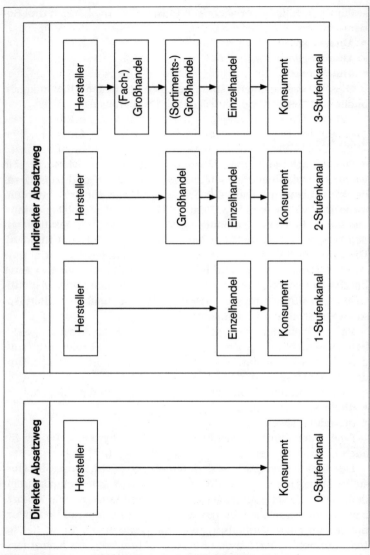

Abb. 64: Systeme der Absatzwegegestaltung (Absatzkanäle)

4.2 Distributionspolitische Instrumente

Der indirekte Absatzweg ist demgegenüber dadurch charakterisiert, dass in die Vermarktungskette zwischen Hersteller und Konsument bewusst unternehmensfremde, rechtlich selbstständige Absatzorgane eingeschaltet werden. Hierbei sind unterschiedlich lange Absatzketten möglich. Stark verbreitet – speziell im Konsumgütermarketing (z. B. im Lebensmittelbereich) – ist der 2-Stufenkanal (d. h. Einschaltung von Groß- und Einzelhandelsstufe). Der 3-Stufenkanal weist zwei Großhandelsstufen auf (z. B. bei der Vermarktung von Getränken im Lebensmittelhandel bildet z. T. der Getränke-Fachgroßhandel die erste und der Lebensmittel-Sortimentsgroßhandel die zweite Großhandelsstufe). Der indirekte Absatzweg ist, wie die Beispiele zeigen, der im Konsumgüterbereich dominierende Absatzweg.

Was die Absatzwegewahl betrifft, so muss sie – wie bereits betont – in hohem Maße kundenorientiert getroffen werden. Die Absatzwegeentscheidung muss jedoch auch unter Berücksichtigung **unternehmens- und marktspezifischer Besonderheiten** kosten- und erlöswirtschaftlich gefällt werden.

Versucht man, die generellen Vor- und Nachteile des direkten und indirekten Absatzweges zu prüfen, so können etwa die folgenden Aussagen gemacht werden (Abb. 65).

Absatzweg	Vorteile	Nachteile
direkter	• unmittelbare Kontrolle des Absatzgeschehens • unmittelbare Kommunikation mit Endabnehmern	• hoher eigener absatzorganisatorischer Aufwand • keine Massendistribution möglich
indirekter	• breite Massendistribution möglich • „Abwälzung" der Absatzfunktion auf Handel/Absatzmittler	• kein unmittelbarer Zugriff auf das Absatzgeschehen • erschwerte Kommunikation (und Informationsaustausch) mit Endabnehmern

Abb. 65: Vor- und Nachteile des direkten und indirekten Absatzweges

4. Marketingmix

Insgesamt gibt es bestimmte Tendenzen hin zu einer Intensivierung des direkten Absatzweges, gerade auch via **Internet-Vermarktung** bzw. **E-Commerce** (z. B. *Dell*-Computer). Insbesondere der Vorteil der direkten und unmittelbaren Steuerung des Absatzgeschehens einschließlich der Sicherstellung einer konzeptions-adäquaten Betreuung der Kunden wird hierbei als Anreiz gesehen. Meist kommen spezielle Aspekte hinzu, die zur Wahl des Direktvertriebes führen.

Fallbeispiel 44: Direkter Absatzweg im Konsumgütermarketing
Wenngleich der direkte Absatzweg im Konsumgütermarketing eher die Ausnahme darstellt, so gibt es klassische Beispiele für die Wahl dieses Absatzweges in diesem Wirtschaftsbereich. Die Wahl des direkten Absatzweges – inzwischen häufig auch internet-gestützt (z. B. Homepage für Informations- und Servicezwecke) – hat vielfach firmenspezifische Ausgangspunkte.

Ein sehr erfolgreiches Direktvertriebssystem (mit Pionierfunktion in Deutschland) stellt das *Vorwerk*-Konzept im Elektrogerätebereich dar. Vorwerk hatte seinerzeit einen neuartigen Staubsauger (den legendären *Kobold*) entwickelt, der sich durch hohe Leistungsfähigkeit auszeichnete, im Produktdesign aber wenig ansprechend war. *Vorwerk* konnte für die Vermarktung dieses Gerätes den Handel nicht in ausreichendem Maße gewinnen. Man entschloss sich daher für ein Direktvertriebskonzept mit hauptberuflichen *Vorwerk*-Repräsentanten, das sich so erfolgreich entwickelte, dass das Programm an Raumpflegegeräten stärker ausgebaut und später sogar um entsprechende Reinigungs-/Pflegemittel ergänzt werden konnte.

Der Welt größte Direktvertriebsorganisation ist die von *Avon* (USA). Gegenstand des Unternehmens war zunächst der Direktvertrieb von Kosmetik- und Körperpflege-Produkten in den privaten Haushalten über einen großen Stab nebenberuflich tätiger *Avon*-Beraterinnen. Hauptansatz des Konzepts war und ist, die Kundin in häuslicher Umgebung ausführlich und in Ruhe zu beraten. Das Konzept wurde insgesamt sehr positiv aufgenommen, fand weltweit zahlreiche Nachahmer und wurde weiterentwickelt bzw. ausgedehnt auch auf ergänzende Produkte (Accessoires wie Schmuck, Gürtel u. Ä.).

Neuerdings kombinieren Hersteller auch indirekten und direkten Absatzweg, um den Markt besser auszuschöpfen, spezielle Zielgruppen erreichen und/oder „Einzelstücke" oder Artikel aus der letzten Saison besser vermarkten zu können (vgl. z. B. direkter Absatzweg via Factory Outlets u. a. bei Bekleidungsherstellern).

Bei indirekter Absatzwegewahl muss die Absatzkanalentscheidung (ein- oder mehrstufige Kanäle) an den vorhandenen Betriebs-

formen des Handels anknüpfen. Zwei grundsätzliche Handelsstufen müssen dabei unterschieden werden:
- **Großhandelsstufe,**
- **Einzelhandelsstufe.**

Der Großhandel ist institutioneller Handel, der Produkte und Leistungen an Wiederverkäufer (Einzelhandelsunternehmen) und gewerbliche Abnehmer (Großverbraucher wie Gastronomie, Kantinen) absetzt. Der Einzelhandel ist institutioneller Handel, der Produkte und Leistungen an Endverbraucher (Konsumenten) für deren persönliche Verwendung verkauft. Diese – speziell im Konsumgüterbereich – typischen Strukturen sollen noch etwas näher dargestellt werden.

Auf der Großhandelsstufe können im Wesentlichen sechs verschiedene Betriebsformen unterschieden werden (Abb. 66).

Die Darstellung zeigt, dass es verschiedene Betriebsformen des Großhandels mit ganz unterschiedlichem Funktionsumfang gibt.

Was die Einzelhandelsstufe betrifft, so gibt es hier eine kaum übersehbare Fülle unterschiedlichster Betriebsformen. Als Grundkategorien können insgesamt folgende unterschieden werden:
- **Versandhandel,**
- **Stationärer Handel,**
- **Ambulanter Handel.**

Die Einsatzfelder dieser Handelskategorien sind vor allem in Konsumgütermärkten groß. Gleichwohl kommt dem stationären Handel eine besondere Rolle zu. Eine Übersicht charakterisiert ausgewählte Betriebsformen hinsichtlich wichtiger Merkmale bzw. der Art der eingesetzten Marketinginstrumente (Abb. 67).

Die Übersicht zu ausgewählten Betriebsformen zeigt, dass die einzelnen Betriebsformen des Einzelhandels ganz unterschiedliche Ausprägungen (z. B. in Bezug auf Sortimentsbreite und -tiefe) aufweisen bzw. durch unterschiedliche Niveaus (z. B. Ausstattungs- und Preisniveaus) gekennzeichnet sind. Es ist klar, dass Hersteller jeweils Handelsbetriebe auswählen müssen, die mit ihrem **Marketingkonzept** harmonieren. Das heißt, die Wahl der jeweiligen Betriebsform(en) für den eigenen Absatz bedarf des Abgleichs mit den zielstrategischen Vorgaben (= konzeptionelle Kette).

4. Marketingmix

Distributions- funktion Betriebs- form	Trans- aktions- funktion	Lage- rung	Trans- port	Finan- zierung	Sorti- ments- bildung	Qualitäts- kontrolle	Infor- mations- funktion
Sortiments- großhandel	●	☐	☐	☐	☐	☐	☐
Spezial- großhandel	●	☐	☐	☐	●	☐	☐
Strecken- großhandel	●	I	I	I	☐	I	☐
Zustell- großhandel	●	●	●	☐	☐	☐	☐
Cash & Carry- Großhandel	●	●	I	I	☐	☐	☐
Rack-Jobber	●	●	●	●	●	●	☐

● Funktion ist spezifisches Betriebsmerkmal
☐ Funktion kann übernommen werden
I Funktion wird von dieser Betriebsform nicht übernommen

Abb. 66: Betriebsformen des Großhandels und von ihnen übernommene Funktionen
Quelle: nach Specht

4.2 Distributionspolitische Instrumente

Betriebs- form Marketing- Instrumente	Nachbar- schaftsmarkt (meist Lebens- mittel, aber auch andere Branchen)	Fach- geschäft	Discounter	SB- Warenhaus	Klassisches Warenhaus	Versand- handel	Ambulanter Handel
Standort	Wohngebiet integriert	City oder Ortsmitte	zentrale Lage, auch integriert	grüne Wiese verkehrs-orientiert	City, Groß- und Mittel-städte	verkehrs-orientiert	wechselnde Standorte
Sortiment	begrenzt, Lebensmittel frischwaren-betont	begrenzt, tief, ggf. modisch betont	stark begrenzt (Schnell-dreher, problemlos)	umfassend, breit weniger tief	umfassend, breit und tief	umfassend, breit und tief	eher begrenzt
Andienungs-form	SB/B	B	einfachste SB	SB/B	Teil-SB	Katalog	B
Preisniveau	normal	über normal	beträchtlich unter normal	(unter) normal	normal und darüber	normal	über normal
Ausstattung und Profil	gut	sehr gut	einfach	einfach bis gut	gut bis sehr gut	entfällt	einfach bis sehr einfach

B = Bedienung, SB = Selbstbedienung

Abb. 67: Ausgewählte Betriebsformen des Einzelhandels und ihre Charakteristika
Quelle: in Anlehnung an Oehme

4. Marketingmix

Bei der konzeptionsgerechten Gestaltung des indirekten Absatzweges bzw. der Einschaltung speziell von Betriebsformen auf der Einzelhandelsstufe ist nicht nur die Vielfalt der Handelsformen, sondern auch ihre (Weiter-)Entwicklung zu beachten. So ist u. a. eine ausgeprägte Polarisierung des Handels zu berücksichtigen. Das heißt, die Handelslandschaft verändert sich einerseits stark in Richtung **Versorgungshandel** (Großflächen-Geschäfte, auf preiswerte Versorgung ausgerichtete Geschäfte (→ Preisvorteil) mit anspruchsloser Ladengestaltung und -ausstattung) und andererseits in Richtung **Erlebnishandel** (mittlere bis große Flächen, auf Erlebnis-Einkauf ausgelegte Geschäfte (→ Leistungsvorteil) mit anspruchsvoller, erlebnis-auslösender Outlet-Gestaltung).

Gerade beim „Erlebnishandel" werden immer wieder neue Formen und Konzepte zu realisieren gesucht.

Fallbeispiel 45: *Lust for Life* als neues Trend-Kaufhaus-Konzept
Mit einem Pilot-Konzept in Aachen hat die *Kaufhof AG* eine „neue Store-Generation des 21. Jahrhunderts" realisiert, und zwar auf Basis eines völlig umgebauten und umstrukturierten ehemaligen *Horten*-Warenhauses.
Das Trend-Kaufhaus-Konzept zielt mit rd. 12 000 qm auf eine primär 25–45-jährige, freizeit-orientierte und kauffreudige Kundengruppe. Auf fünf Etagen wird ein umfassendes, erlebnisorientiertes Sortiment von Mode, Accessoires, Wellness, Sport, Reise, Musik bis hin zu Erlebnis-Gastronomie geboten. Kühle, moderne Atmosphäre mit offenen Decken, überraschende Kulissen und Dekorationen, spezielle Lichteffekte, viele Sitzgelegenheiten, geschultes, Einkaufslust förderndes Personal und ihr zielgruppen-gerechtes Outfit sind wesentliche „Markenzeichen" dieses neuen Konzepts (Abb. 68).
Das neue Erlebniskonzept *Lust for Life* ist inzwischen mehrfach modifiziert worden.

Neben den klassischen Absatzwegen (via Versorgungs- und Erlebnishandel) wird **E-Commerce** (s. a. S. 213 f.) an Bedeutung gewinnen. Ausgehend von Entwicklungen in den USA hat sich auch in Europa der Online-Handel weiter durchgesetzt. Der größte Teil des Online-Marktes entfällt dabei (noch) auf Produkte wie Computerartikel, Bücher/Unterhaltung, Kleidung/Schuhe, Reisen. E-Commerce wird jedoch nicht auf diese Produktgruppen beschränkt bleiben. Wesentliche Impulse wird der Online-Handel durch **Mehr-**

4.2 Distributionspolitische Instrumente

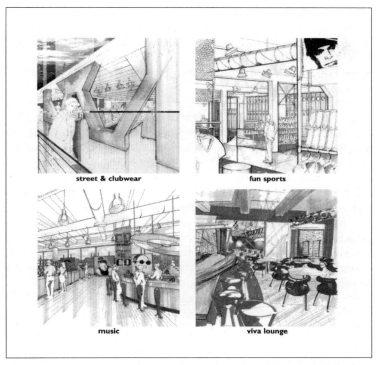

Abb. 68: Ausschnitt aus dem Laden-Layout von *Lust for Life* (Ursprungskonzept)
Quelle: *Lust for Life*-Broschüre

kanalsysteme (Multi-Channel-Systeme) erhalten, die sich verstärkt durchsetzen werden. Empirische Untersuchungen zeigen, dass Unternehmen, die über klassische und „virtuelle" Kanäle vermarkten, einen größeren und loyaleren Kundenstamm aufbauen können. Ein überraschendes Ergebnis ist, dass der Online-Handel häufig eher die Gesamtnachfrage erhöht, als dass er dem traditionellen Handel Kunden wegnimmt. Die Untersuchungsergebnisse zeigen außerdem, dass Online-Handel nicht zwingend zu Niedrigstpreisen führt, sondern dass er bei entsprechenden (Zusatz-)Services auch eine höherpreisige Vermarktung erlaubt.

Grundlegende Entscheidungen im Rahmen der Absatzwegewahl betreffen auch die Frage
- **der Art und Zahl der auszuwählenden Handelsbetriebe** (= Absatzmittler-Selektion) und
- **der Art und Weise der Bindung von Handelsbetrieben** (= Vertragliche Vertriebssysteme).

Was die Absatzmittler-Selektion angeht, so kann man unterscheiden zwischen intensiver, selektiver und exklusiver Distribution. Bei intensiver Distribution werden praktisch alle in Betracht kommenden Absatzmittler eingeschaltet (Ziel: sehr breite Präsenz im Markt, z. B. bei Lebensmitteln), während bei der exklusiven Distribution nur eine vergleichsweise kleine Zahl von z. B. besonders niveauvollen, beratungsintensiven Geschäften ausgewählt wird (z. B. bei (Depot-)Kosmetik). Die selektive Distribution liegt gleichsam dazwischen, d. h., es werden möglichst viele Absatzstätten ausgewählt, die aber bestimmte Mindestvoraussetzungen (etwa im Service, z. B. bei Oberbekleidung) erfüllen müssen.

Was andererseits die Bindung von Absatzmittlern (Handelsbetrieben) betrifft, so gibt es verschiedene Bindungssysteme wie Vertriebsbindung (z. B. als vertragliche Absicherung eines selektiven Vertriebs), Alleinvertrieb (etwa zur Durchsetzung bzw. Sicherung eines exklusiven Vertriebs) und Vertragshändlersystem (etwa zur Bindung von Absatzmittlern, damit sie ausschließlich die Produkte des eigenen Unternehmens führen).

Wie ersichtlich, sind die beiden Fragen (Absatzmittler-Selektion und Vertragliche Vertriebssysteme) miteinander verknüpft. Die jeweils zu wählenden Lösungen sind insbesondere vom zugrunde liegenden strategischen Konzept (z. B. Präferenz- und/oder Marktarealstrategie) abhängig zu machen. Auch hier sind wiederum **wichtige Beziehungen** zwischen Strategien einerseits und operativen Maßnahmen zu ihrer Durchsetzung andererseits erkennbar (= konzeptionelle Kette).

4.2.2 Absatzorganisation

Im Rahmen der Distributionspolitik stellt Aufbau und Steuerung der Absatz- oder Vertriebsorganisation eine zweite wichtige Aufgabe dar. Diese Aufgabe konzentriert sich in hohem Maße auf die Akquisition (= Erlangung von Aufträgen für das eigene Angebot). Die im Vordergrund stehende **Kernaufgabe** lautet: Wie stellen wir für den Absatz (Verkauf) den Kontakt zu unseren Kunden her? Trotz vielfältiger moderner Kommunikationstechniken (= unpersönliche Kommunikation) spielt heute nach wie vor der persönliche Kontakt (und damit die persönliche Kommunikation) zum Kunden eine große Rolle, die auch in Zukunft nicht bzw. nicht voll ersetzbar sein wird.

Im Hinblick auf die Lösung der geschilderten persönlichen Verkaufsaufgabe und deren Organisation sind insbesondere drei relevante Fragen zu unterscheiden:
- **Wahl der Art der Absatzperson (Verkäufer),**
- **Steuerung der Verkaufsaufgabe bzw. der Verkäufer,**
- **Bestimmung der Größe der Absatzorganisation.**

Was die Wahl der Absatzperson (Verkäufer) betrifft, so läuft sie in der überwiegenden Zahl der Fälle auf eine Wahl zwischen Reisendem (= unternehmenseigenes Absatzorgan) und Handelsvertreter (= unternehmensfremdes Absatzorgan) hinaus. Für eine Entscheidung zwischen Reisendem einerseits und Handelsvertreter andererseits sind wichtige Beurteilungskriterien heranzuziehen. Eine Übersicht gibt hierzu einen Überblick (Abb. 69).

Neben diesen allgemeinen Beurteilungskriterien sind solche unternehmens- und konzeptions-spezifischer Art zu berücksichtigen. Für die erfolgreiche Durchsetzung eines präferenz-strategischen Konzepts kann es z. B. angezeigt sein, den Reisenden zu bevorzugen, weil er als unternehmenseigenes Absatzorgan wesentlich besser gesteuert bzw. angewiesen werden kann, bestimmte konzeptionelle Vorgaben (wie Preispflege, Warenpräsentation, Promotions) zu erfüllen. Insoweit zeigen sich auch hier wieder wichtige Verbindungslinien zwischen Strategien und operativen Maßnahmen (= konzeptionelle Kette).

Für die eigentliche Wahl der adäquaten Absatzperson (Verkäufer) sind prinzipiell zwei Vergleiche notwendig:
- **Quantitativer Vergleich** (= Kostenvergleich),
- **Qualitativer Vergleich** (= Vergleich spezifischer Faktoren).

Bezüglich des Kostenvergleichs zwischen Reisendem und Handelsvertreter gilt grundsätzlich Folgendes: Für den Handelsvertreter

	Reisender	Handelsvertreter
Vertragliche Bindung	§§ 59 ff. HGB, unselbstständig, stark weisungsgebunden	§§ 84 ff. HGB, selbstständig, grundsätzlich nicht weisungsgebunden
Arbeitszeit und Tätigkeit	Vorgabe durch das Unternehmen, Umsatzsoll	Freie Gestaltung im Rahmen des Vertrages
Entlohnung	Gehalt, evtl. Provision und/oder Prämie	Provision vom erzielten Umsatz (oder Deckungsbeitrag)
Zusätzliche Kosten	Kraftfahrzeugkosten, Bürokosten, Sozialleistungen, Telefonkosten, Tagegelder, Übernachtungsgelder	Evtl. aus Vertrag, z. B. garantiertes Einkommen
Kostencharakter	Größtenteils fix	Überwiegend variabel
Kundenbearbeitung	Nach Vorgabe durch die Verkaufsleitung	In eigener Verantwortung, in Abstimmung mit dem Verkaufskonzept des Unternehmens
Kündigung	Wie bei jedem anderen Angestellten	Sonderregelung, ggf. Ausgleichsanspruch nach § 89 HGB

Abb. 69: Kriterien für die Wahl zwischen Reisendem und Handelsvertreter

spricht, dass er – bis auf ein begrenztes Fixum z. B. für Lagerhaltung – lediglich variable Kosten in Form von Umsatzprovisionen verursacht, d. h., er kann deshalb auch bei geringeren Umsätzen vorteilhaft eingesetzt werden. Der Reisende ist demgegenüber bei hohen Umsätzen günstiger, da sich sein überwiegend festes Gehalt (fixe Kosten) – ab einem Mindestumsatz ggf. kleinere zusätzliche Provisionen – dann auf entsprechend hohe Umsätze verteilt (Abb. 70).

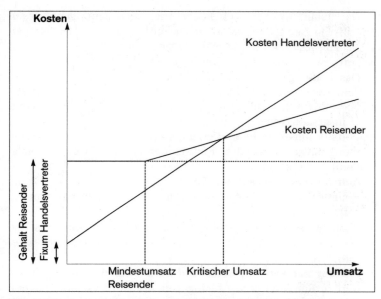

Abb. 70: Kostenvergleich zwischen Reisendem und Handelsvertreter

	Vorteile liegen bei ...	
Wichtige Faktoren	**Reisendem**	**Handelsvertreter**[1]
Steuerung	×	
Schulung	×	
Berichterstattung (Information)	×	
Marktkenntnis		×
Kundenkenntnis (-kontakt, -beratung)		×
[1] gilt speziell für sog. Mehrfirmenvertreter (= Handelsvertreter, der mehrere sich ergänzende Unternehmen vertritt)		

Abb. 71: Qualitativer Vergleich zwischen Reisendem und Handelsvertreter

4. Marketingmix

Der qualitative Vergleich konzentriert sich demgegenüber auf spezifische Beurteilungsfaktoren, die insbesondere unter konzeptionellen Gesichtspunkten relevant sind. Eine Übersicht zeigt die Würdigung solcher Gesichtspunkte (Abb. 71).

Das heißt, gerade unter speziellen konzeptionellen Aspekten spricht – wie bereits erwähnt – einiges für die Wahl des Reisenden (insbesondere seine Steuerungs- und Schulungsmöglichkeit). Damit sind insgesamt wichtige Steuerungs- und Kontrollfragen der Absatzpolitik angesprochen. Hierzu gehören im Einzelnen folgende Planungsaufgaben für den Einsatz der Absatz- oder Verkaufs-(außen)organisation:

- **Aufteilung der Verkaufsbezirke** (d. h., jedem Verkäufer ist ein bestimmter Bezirk zuzuweisen, für den er Verkaufsverantwortung hat),
- **Planung von Verkaufsquoten** (d. h., es werden die ökonomischen Ziele, z. B. Absatz/Umsatz, für die einzelnen Verkäufer festgelegt),
- **Planung der Verkaufsrouten und Besuchshäufigkeiten** (d. h., es werden Reiserouten in Abhängigkeit von Kundenentfernungen, Arbeits- und Reisezeiten bestimmt sowie markt- bzw. kunden-orientierte Besuchshäufigkeiten festgesetzt),
- **Bereitstellung verkaufsrelevanter Informationen** (d. h., es wird festgelegt, welche unternehmens-internen bzw. -externen Daten (z. B. Absatzstatistiken bzw. Panel-Daten) für Verkaufsgesprächsführung und -argumentation zur Verfügung zu stellen sind),
- **Planung von Schulung und Training** (d. h., hier werden wichtige Inhalte für die Vermittlung und Anwendung von verkaufsbezogenem Wissen, wie Markt-, Unternehmens- und Produktwissen, zur Verkaufsgesprächsführung sowie wichtige Abläufe zur Organisation der Verkaufsarbeit festgelegt),
- **Maßnahmen zur Motivation von Verkäufern** (d. h., es werden materielle Anreize zusätzlich zum festen Gehalt, wie Provisionen und/oder Prämien sowie immaterielle Anreize (Incentives) in Form von Reisen, Auszeichnungen, Förderungsmöglichkeiten, Clubzugehörigkeiten u. Ä. geschaffen),
- **Verfahren zur Leistungsbeurteilung von Verkäufern** (d. h., es werden Systeme zur Beurteilung und Kontrolle der Verkäufer und ih-

4.2 Distributionspolitische Instrumente

I. Verkäufer-Grundtraining – New Intake Training (NIT I)

1. Dauer/Ort: 4 Wochen Trainingszentrum Düsseldorf

2. Inhalt:
   - Kennenlernen Rank Xerox Deutschland/Konzern und Unternehmensphilosophie
   - Rank Xerox-Produkte nach Größe, Merkmalen, Anwendungsbereichen, Marketing- und Vertriebsstrategie
   - Präsentation der Rank Xerox-Produkte vor dem Kunden
   - Wettbewerbs-Verfahren und -Produkte
   - Vertrags- und Preissysteme, Kalkulation
   - Betriebswirtschaftslehre
   - Verkaufstechnik/Verkaufspsychologie

3. Methode/Medien: Trainervortrag, Lehrgespräch, Einzel-/Gruppenarbeit, Rollenspiel, Handling an Produkten, Feedback

II. Feld-Grundausbildung – NIT-Feldtraining

1. Dauer/Ort: 3 Wochen in festgelegten Verkäufer-Gebieten in Kleingruppen (4–7 Teilnehmer)

2. Inhalt:
   - Besuchsplanung
   - Telefonkontakt zur Terminabsprache
   - Direktbesuche
   - Verkäuferberichtswesen
   - Verkaufsgespräche (vom Vorgespräch bis zum Vertragsabschluss)
   - Produkt-Präsentationen
   - Ausarbeitung von kundenbezogenen Problemlösungen/Angeboten
   - Vertiefung/Wiederholung/Auffrischung der Trainingsinhalte NIT I

3. Durchführung: Erfahrener/Erfolgreicher Vertriebs-Repräsentant (VR)

4. Voraussetzung:
   - Erfolgreicher Abschluss des Sichtungsseminars Vertrieb
   - Potenzial zur Führungskraft (Verkaufsleiter)

5. Aufgabe:
   - Organisation des Feldtrainings (Hotel, Gebiet, Verkaufsunterlagen, Planung usw.)
   - Beobachtung und Unterstützung des Einzelnen (Begleitung bei Kundenbesuchen)
   - Vertiefung von Wissen/Fertigkeiten/Verhalten des Einzelnen durch Nachtraining/„Bordsteinkonferenz"
   - Nachtraining im täglichen Meeting (aktuelle Tagesfragen, Problemfälle, Entwicklung von Strategien, Stoff-Wiederholung)
   - Ergebnisorientierte Steuerung der Gruppe wie ein Verkaufsleiter

6. Verkaufstrainer:
   - Zeitweise Unterstützung des Vertriebs-Repräsentanten in den genannten Aufgaben
   - Unterstützug des Vertriebs-Repräsentanten in seiner Trainingsfunktion

Abb. 72: Schulungs- und Trainingsprogramme bei *Rank Xerox*
Quelle: *Rank-Xerox*/Weis

rer Tätigkeit entwickelt, u. a. auf Basis von Tätigkeits- und Ergebnisberichten, Kennzahlensystemen, neuerdings verstärkt auch aufgrund von Kunden(zufriedenheits)-Befragungen bzw. -Beurteilungen).

Fallbeispiel 46: Schulungs-/Trainingsprogramm von *Rank Xerox*
Schulungs- und Trainingskonzepte müssen, wenn sie zur Effizienzsteigerung der Verkaufs(außen)organisation beitragen sollen, umfassend angelegt sein. Dass solche Programme jeweils firmenindividuelle Handschriften aufweisen (müssen), zeigt das Beispiel von *Rank Xerox* (Abb. 72).
Das Beispiel verdeutlicht zugleich, dass neben der Schulung („Grundtraining" = Vermittlung von Wissen) die Feld-Ausbildung („Feldtraining" = Anwendung von Wissen) einen hohen Stellenwert einnimmt.
Außerdem sind wichtige Methoden der Schulung bzw. des Trainings angesprochen (wie Vortrag, Lehrgespräch, Gruppenarbeit, Rollenspiel bzw. begleitende Kundenbesuche, Nachtraining, „Bordsteinkonferenzen").

Neben zentralen steuerungspolitischen Fragen der Verkaufs(außen)organisation – die inzwischen auch durch computerbasierte Techniken (Computer Aided Selling) unterstützt werden – gilt es vor allem auch, die markt- und kundenadäquate Festlegung ihrer Größe vorzunehmen. Zentrale Ansatzpunkte hierbei sind Besuchs- bzw. Beratungsbedarf der Kunden (u. a. durch Kundenbefragungen ermittelt) und Besuchskapazitäten des Verkaufspersonals (u. a. aufgrund der Reise- und Besuchszeiten bei den Kunden). Für Planungszwecke werden meist die Kunden nach ihrer Bedeutung, ihren Bedürfnissen sowie ihrem Potenzial in A-, B- und C-Kunden eingeteilt. Ein Rechenbeispiel verdeutlicht die prinzipielle Ermittlung der Größe der Verkaufs(außen)organisation (Abb. 73).

Das bedeutet, dass im angenommenen Beispiel die Zahl der erforderlichen Verkäufer rund 50 betragen würde. Je nach Ausschöpfungsgrad des Marktes durch das Unternehmen ist es ggf. notwendig, in der Rechnung potenzielle Neukunden zu berücksichtigen.

4.2.3 Absatzlogistik

Die bisherigen Darlegungen zur Distributionspolitik haben sich auf das akquisitorische Instrumentarium konzentriert. Nun sind noch grundlegende Fragen der physischen Distribution (Absatzlo-

4.2 Distributionspolitische Instrumente

Berechnungsgrundlage:

$$\text{Zahl der Außendienstmitarbeiter} = \frac{\text{Zahl der Kunden} \times \text{Besuchsfrequenz}}{\text{Tagesbesuchsrate} \times \text{Zahl der Arbeitstage}}$$

Beispiel zur Errechnung der erforderlichen Zahl von Außendienstmitarbeitern:

Kundengruppe A = 9000, Besuchshäufigkeit/Jahr = 12 ×
Kundengruppe B = 5000, Besuchshäufigkeit/Jahr = 8 ×
Kundengruppe C = 2000, Besuchshäufigkeit/Jahr = 4 ×

Durchschnittliche Tagesbesuchsrate
eines Außendienstmitarbeiters = 15

Zahl der Arbeitstage = 210 (365 ./. Wochenenden,
  Feiertage, Urlaub,
  Krankheit,
  Schulungstage)

$$\text{Zahl der Außendienstmitarbeiter} = \frac{(9000 \times 12) + (5000 \times 8) + (2000 \times 4)}{15 \times 210}$$

$$= \frac{156\,000}{3150} = 49{,}5$$

Abb. 73: Bestimmung der Zahl der notwendigen Verkäufer
(= Größe der Verkaufs[außen]organisation)

gistik) zu behandeln. Die **Kernaufgabe** kann wie folgt beschrieben werden: Wie gestalten wir die Auslieferung der Produkte (Leistungen) an unsere Kunden? Die am Anfang herausgearbeitete Präsenzleistung der Distributionspolitik ist erst dann abgeschlossen, wenn alle Kunden die richtigen Produkte in der richtigen Menge zur richtigen Zeit am richtigen Ort verfügbar haben.

Die zentrale Aufgabe der Absatzlogistik besteht insofern in der Überbrückung der zeitlich-räumlichen Distanz zwischen Anbieter und Abnehmer, bezogen auf die vermarktungsfähige Leistung. Diese Aufgabe hat im Rahmen von Marketing-Konzeptionen vor allem deshalb einen besonderen Stellenwert, weil sie – gerade unter heutigen Markt- und Wettbewerbsbedingungen – das Serviceniveau hinsichtlich Lieferbereitschaft, Lieferzeit und Lieferzuverlässigkeit definiert. Ein Unternehmen kann sich damit ggf. entscheidende Wettbewerbs- bzw. Präferenzvorteile verschaffen, was speziell bei Strategien „höherer" Ordnung wie Präferenz- und/oder Segmentierungsstrategien von Bedeutung sein kann. Auf der anderen Seite verursacht das physische Auslieferungssystem hohe Kosten; deshalb muss im Sinne der Oberzielrealisierung (Gewinn/Rentabilität) eine markt- und unternehmensindividuelle Optimallösung zwischen möglichst niedrigen Logistikkosten einerseits und möglichst hohem Lieferserviceniveau andererseits angestrebt werden. Insoweit zeigen sich auch bei der physischen Distribution grundlegende Beziehungen bzw. Abhängigkeiten zwischen Ziel-, Strategie- und Mixebene (= **Konzeptionelle Kette**).

Das Absatzlogistik-System umfasst fünf Teilsysteme, die optimal aufeinander abgestimmt werden müssen, wenn ein entsprechendes Serviceniveau zu vertretbaren Kosten sichergestellt werden soll:

- **Auftragsabwicklungssystem** (dieses Teilsystem bezieht sich auf Auftragsübermittlung, -bearbeitung, Zusammenstellung und Versand der georderten Produkte sowie Fakturierung und Rechnungslegung),
- **Lagerhaltungssystem** (dieses Teilsystem dient der Einlagerung von Produkten, um zeitliche Lücken, die zwischen Produktion und Nachfrage bzw. Auslieferung liegen, zu überbrücken),
- **Lagerhaussystem** (dieses Teilsystem schafft die notwendigen geografischen Strukturen für die Überwindung räumlicher Distanzen durch entsprechende Regionallager bzw. kundennahe Auslieferungslager),
- **Transportsystem** (dieses Teilsystem ist verantwortlich für die Festlegung der Transportarten bzw. Verkehrsträger, um physisch-konkret räumliche Distanzen zu überwinden, und zwar unter Berücksichtigung verschiedener Gesichtspunkte, Abb. 74),
- **Verpackungssystem** (dieses Teilsystem bezieht sich auf Funktionen der Verpackung im Rahmen der Logistikfunktion wie Schutz der Produkte, Lagerfähigkeit sowie die Bildung von Lager- und Transporteinheiten z. B. über Palettisierung).

Die Übersicht verdeutlicht, dass die einzelnen Transportalternativen jeweils spezifische Besonderheiten (Vorteile) aufweisen. Die Geschwindigkeit spielt neben anderen Faktoren heute vielfach eine wichtige Rolle (gerade auch bei **E-Commerce**-Konzepten).

4.2 Distributionspolitische Instrumente

Auswahlkriterien	Transportalternativen				
	Schiene	Wasser	Straße	Luft	Pipeline
Geschwindigkeit ("Tür-zu-Tür-Zeit")	mittel	am langsamsten	schnell	am schnellsten	langsam
Transportkosten	mittel	am niedrigsten	hoch	am höchsten	niedrig
Verlässlichkeit der Auslieferung (zeitlich)	mittel	schlecht	gut	gut	sehr gut
Flexibilität (im Hinblick auf Produktvielfalt)	größte Vielfalt	sehr große Vielfalt	mittel	begrenzt	sehr begrenzt
Verfügbarkeit (geografische)	sehr umfangreich	begrenzt	unbegrenzt	umfangreich	sehr begrenzt

Abb. 74: Verschiedene Transportmittel bzw. -träger und ihre spezifischen Eignungen
Quelle: in Anlehnung an Stanton/Etzel/Walker

4. Marketingmix

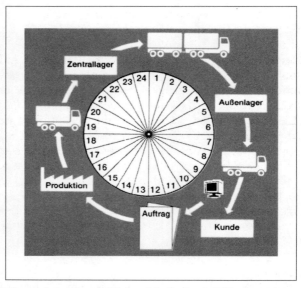

Abb. 75: Systembausteine und Lieferzeiten des Logistik-Konzepts eines Konsumgüterherstellers

Fallbeispiel 47: Auslieferungszeiten in Konsumgütermärkten

In hart umkämpften Märkten, wie z. B. dem Nahrungsmittelmarkt, versuchen Unternehmen – bei weiter sich angleichenden Produkten bzw. Produktleistungen – sich stärker über einen verbesserten Lieferservice zu profilieren.

Beim indirekten Absatzweg (Einschaltung selbstständiger Handelsbetriebe in die Absatzkette) spielen vor allem Lieferzeiten an den Handel eine wichtige Rolle. Nahrungsmittelhersteller haben deshalb im Laufe der Entwicklung die Lieferzeiten generell zu verkürzen versucht. Eine Darstellung zeigt prototypisch ein mehrgliedriges Logistik-System (Abb. 75).

Das dargestellte Logistik-System ermöglicht nationale Lieferungen im 24- oder 48-Stunden-Service.

Ein solches Service-Niveau ist insbesondere für kühlbedürftige Feinkostprodukte sinnvoll bzw. notwendig. Es vermeidet zugleich Vorratslücken im Kühlregal des Handels und damit Wanderungen von Konsumenten zu anderen Produkten/Marken oder absatz-/ umsatzwirksame Nichtkäufe. Das heißt, die Realisierung von Unternehmens- bzw. Marketingzielen hängt nicht nur von den richtigen Produkten, sondern vor allem auch von der Verfügbarkeit am Point of Sale (POS) ab.

Im Hinblick auf die Gestaltung günstiger Lieferzeiten sind auch die Einsatzmöglichkeiten moderner elektronischer Informations- und Kommunikationstechnologien (u. a. mobile Computer, Online-Bestellmöglichkeiten via **Internet**) zu berücksichtigen.

Die Lieferzeit bzw. die Lieferbereitschaft schafft nicht nur wesentliche Voraussetzungen für Umsatzmöglichkeiten bei Kunden, sondern bewirkt auch entsprechende Kostenbelastungen. Aus oberziel-orientierten Gründen (Gewinn bzw. Rentabilität) sind deshalb dem Ausbau des Lieferservice-Niveaus bestimmte Grenzen gesetzt, wie eine Abbildung verdeutlicht (Abb. 76).

Die grafische Darstellung zeigt, dass ab einer bestimmten Stufe (z. B. einem Service-Niveau von etwa 90 % an) die Logistikkosten

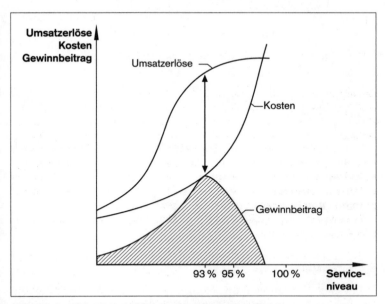

Abb. 76: Auswirkungen des Service-Niveaus auf den Gewinn
Quelle: nach Pfohl

stark ansteigen, während die Umsätze nur noch unterproportional wachsen. Im gewählten Beispiel liegt das Gewinnmaximum deshalb bei einem Service-Niveau von „nur" 93 %.

Besondere Probleme der Logistik bestehen bei **E-Commerce-Konzepten**. Einerseits erwarten die Kunden, die online bestellen, auch bei nicht-digitalen Gütern (z. B. Bekleidung) eine schnelle Auslieferung, andererseits setzt eine eher preisorientierte Vermarktung im Internet einer kostenintensiven Belieferung Grenzen.

4.3 Kommunikationspolitische Instrumente

Der letzte der drei Instrumentalbereiche, nämlich die Kommunikationspolitik, ist für die Profilleistung verantwortlich, d. h., mit ihren Instrumenten sollen Bekanntheitsgrad, Image bzw. Kompetenz für Produkte (und Unternehmen) aufgebaut werden.

> Für die Profilleistung ist es notwendig, gezielt in Kommunikation zu treten mit wichtigen Ziel- bzw. Anspruchsgruppen des Unternehmens, wie Endabnehmern, Absatzmittlern und Öffentlichkeit. Das heißt, ein Unternehmen muss mit den verschiedenen Zielgruppen gleichsam ins Gespräch kommen, und zwar sowohl über seine Produkt- als auch seine Präsenzleistungen. Die Kommunikationspolitik kann insoweit auch als das „Sprachrohr" des Marketing gekennzeichnet werden.

Für die Erfüllung der für den Markterfolg wesentlichen Profilleistung können drei Basisinstrumente herangezogen werden:
- **Werbung,**
- **Verkaufsförderung,**
- **Public Relations.**

Diese Basisinstrumente und ihre Möglichkeiten und Besonderheiten stehen im Mittelpunkt der folgenden Darlegungen.

4.3.1 Werbung

In vielen Kommunikations-Konzepten steht die Werbung stark im Vordergrund, weil sie Profilleistungen in besonderer Weise erfüllen kann, und zwar trotz des hohen (Werbe-)Wettbewerbs in vielen Märkten. Die **Kernaufgabe** der Werbung kann wie folgt formuliert werden: Wie machen wir unserer Produkte (Leistungen) bekannt und welches Image bauen wir für sie auf? Zweck der Profilierungsaufgabe ist insgesamt, durch gezielte kommunikative Beeinflussung der Abnehmer entsprechende Kaufbereitschaften zu schaffen bzw. zu erhöhen.

Die Problematik der Werbung besteht generell darin, dass sie einerseits aufgrund des ausgeprägten Werbewettbewerbs eine höhere Reizschwelle überwinden muss und andererseits aufgrund der hohen Reizüberflutung die Kunden nur noch „Ausschnitte" der Werbeansprachen aufnehmen können (Phänomen der Informationsüberflutung überhaupt).

Die Wirkung der Werbung ist insofern an eine entsprechende konzeptionell gestützte Planung gebunden. Ausgangspunkt dieser Planung ist ein **schlüssiger Planungsprozess**, der grundsätzlich mehrere Stufen umfasst (Abb. 77).

Es ist klar, dass eine erfolgreiche, marketingziele-erfüllende Werbung am strategisch fundierten Marketingkonzept des Unternehmens anknüpfen muss. Gerade strategische Festlegungen – speziell für Strategien „höherer" Ordnung wie Präferenz- oder Marktsegmentierungsstrategien – bilden die notwendige Plattform, auf der ein Werbekonzept und seine operativen Maßnahmen aufzubauen sind (= konzeptionelle Kette).

Aus dem ziel-strategischen Werbekonzept (inkl. Werbebudget) muss zunächst die sog. Copy-Strategie abgeleitet werden. Sie bildet den mittel- bis langfristig orientierten Rahmen der Werbeansprache und des Werbeauftritts für ein Produkt, Leistung oder Marke. Eine solche Copy-Strategie umfasst gewöhnlich folgende Elemente bzw. Basisfestlegungen als Grundlage für die konkrete Werbeplanung (= Werbebotschaftsgestaltung):

- **Positionierung** (bestimmt den Platz im „Nutzenraum" eines Marktes, der das zu bewerbende Produkt (Marke) gegenüber Konkurrenzangeboten hinreichend differenziert; wird auch als unverwechselbares Nutzenangebot (USP = Unique Selling Proposition) bezeichnet, s. hierzu auch Beispiel Abb. 32),
- **Zielgruppen** (aus der Positionierung heraus werden die Zielgruppen abgeleitet und ihre Anspruchsniveaus und -merkmale definiert),

4. Marketingmix

- **Consumer Benefit** (Art bzw. Ansatz, den Produktnutzen in Form eines glaubhaften Produktversprechens zu kommunizieren),
- **Reason Why** (nachvollziehbare Begründung des Produktversprechens, möglichst über objektive Kerneigenschaften des Produkts),
- **Werbeidee** (Art und Weise der werblichen Präsentation, um die Nachvollziehbarkeit und Akzeptanz der Werbeaussage zu erreichen),

Abb. 77: Stufen des Werbeplanungs-Prozesses

4.3 Kommunikationspolitische Instrumente

- **Tonality** (Art des werblichen Grundtons bzw. Werbeauftritts, wird auch als „atmosphärische Verpackung" der Werbebotschaft bezeichnet).

Aus dem ziel-strategischen Marketing- und Werbe-Konzept ist – wie bei der Darstellung des Werbeplanungs-Prozesses angesprochen – das notwendige Werbebudget abzuleiten, das sowohl unter ziel-orientierten als auch unter konkurrenz-orientierten Gesichtspunkten beurteilt und entschieden werden muss (z. B. mindestens soviel für Werbung aufzuwenden wie wichtige Konkurrenten im Markt = Competitive-Parity-Ansatz).

Die eigentliche Werbe-Strategie muss – wenn mit ihr Werbeziele ökonomischer Art (wie Absatz, Umsatz) und psychologischer Art (wie Bekanntheitsgrad, Image) und damit auch Oberziele des Unternehmens (wie Rentabilität, Marken- bzw. Unternehmenswert) realisiert werden sollen – konsequent operativ umgesetzt werden. Zwei grundlegende Entscheidungen müssen im Einzelnen getroffen werden:

- **Festlegung der Werbeaussagen (Basis: Copy-Strategie),**
- **Festlegung der Werbeträger (Mediaselektion).**

Als wichtigste Voraussetzung (ziel-)wirksamer Werbegestaltung wird – insbesondere in der Werbepraxis – eine hohe Kreativität zur Schaffung origineller Werbelösungen angesehen, um auf diese Weise Werbebotschaften attraktiver und eigenständiger zu gestalten, und zwar für entsprechende Differenzierungsleistungen bzw. Wettbewerbsvorteile im Markt. Dabei wird in hohem Maße auf die Möglichkeiten der Intuition vertraut. Gleichwohl kann Werbung auch als angewandte Sozialtechnik aufgefasst werden, die sich die Einsichten der sog. Verhaltenswissenschaften zunutze machen kann. Deshalb soll kurz auf die verhaltenswissenschaftlichen Grundlagen der Werbung eingegangen werden.

Als Schlüsselbegriffe bzw. -prozesse des Konsumentenverhaltens werden heute vor allem Aktivierungs- und Lernprozesse angesehen. Moderne marktpsychologische Konzepte stellen jedenfalls diese Prozesse in den Vordergrund.

Aktivierende Prozesse können als menschliche Antriebskräfte interpretiert werden, weil sie das Individuum mit psychischer Energie versorgen. Sie treiben unser Verhalten an, d. h., sie sind dafür verantwörtlich, dass überhaupt Verhalten zustande kommt. Im Mittelpunkt stehen Emotionen, Motivationen und Einstellungen. Emotionen sind nach innen auf das eigene Erleben, Motivationen nach außen auf ein (Kauf-)Handeln und Einstellungen auf prädisponierte Produkte bzw. Marken gerichtet. Wirksame Werbung versucht, an allen drei Ebenen anzuknüpfen, indem sie z. B. emotionale Erregungsmuster (z. B. erlebnisorientierte Anspracheformen) wählt, an Grund- und vor allem Zusatznutzenansprüchen anknüpft und sich an vorhandene Haltungen anpasst oder sie auch zu verändern sucht.

Neben den als besonders wichtig erkannten aktivierenden Wirkungen der Werbung spielen auch kognitive Aufarbeitungsprozesse wie Aufnahme, Verarbeitung oder auch Speicherung der übermittelten Informationen eine wesentliche Rolle. Hierarchische Wirkungsmodelle wie das bekannte AIDA-Modell versuchen zu erklären, wie solche kognitiven Prozesse letztlich Kaufverhalten auslösen (Abb. 78).

Bei der Entwicklung konkreter Werbebotschaften geht es darum, auf der Basis einer stimmigen Copy-Strategie die inhaltliche Ausgestaltung der eigentlichen Werbeaussage (Information, Argumentation, Beweise, Emotion) zu schaffen. Hierbei handelt es sich um eine „kreative" Aufgabe, die copy-gerecht etwa Wort, Bild, Farbe und Musik als wichtigste Gestaltungsmittel einsetzt und zu einer Aussageeinheit bündelt bzw. bündeln muss.

Bei diesem kreativen Prozess sind vor allem die Ziele und Zielgruppen der zu gestaltenden Werbung zu berücksichtigen. Wichtige Ansatzpunkte – bezogen auf die Zielgruppe – bilden dabei u. a. ihre

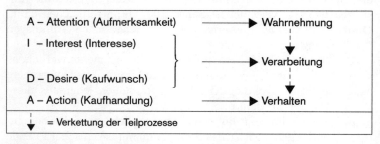

Abb. 78: Allgemeines Modell der Wirkung von Werbung (AIDA-Schema)

4.3 Kommunikationspolitische Instrumente

- **Kenntnisse,**
- **Motive,**
- **Einstellungen,**
- **Präferenzen,**
- **Probleme bzw. Problemlösungswünsche,**
- **evtl. Kaufbarrieren.**

Nur unter der Berücksichtigung solcher Einsichten und Informationen bezüglich der Kunden kann (via Marktforschung, siehe hierzu auch 5. Teil „Marketing-Management") eine zielgerichtete Werbebotschaft gestaltet werden. Solche Informationen bilden gleichsam die objektive Grundlage für subjektive Kreativprozesse.

Um einen werbepsychologischen Prozess auszulösen, der zu zielorientierten Aktualisierungen, Einstellungs- und Verhaltensänderungen (einschließlich Kauf bzw. -intensivierung) bei Zielgruppen führen soll, müssen geeignete Werbebotschaften gefunden werden. Was die Gestaltung von Werbeaussagen betrifft, so können grundsätzlich zwei Grundmuster der Werbeansprache unterschieden werden:

- **Rationale, d. h. sachargumentierende Werbung** (typische Realisierungsform: „Still Life"),
- **Emotionale, d. h. erlebnisorientierte Werbung** (typische Realisierungsform: „Life Style").

Neben diesen beiden Grundmustern werden in der Praxis auch unterschiedliche Kombinationen dieser Muster gewählt. In aller Regel sind aber solche „kombinierten" Werbeansprachen nur dann von Werbeerfolg gekrönt, wenn sie schwerpunktmäßig an einem der beiden Ansprachepole anknüpfen (sonst Gefahr einer profilierungsschwachen Weder-noch-Ansprache).

Fallbeispiel 48: Rationale Werbung

Rationale Werbung bzw. rationale Argumentation in der Werbebotschaft hat eine lange Tradition. Sie entspricht rationalen Verhaltensweisen der Käufer.

Käufer verhalten sich jedoch nicht bei allen Gütern primär rational. Im Laufe der Entwicklung haben sich Ansprüche und Erwartungen der Käufer stark gewandelt, u. a. in Richtung von Zusatzbedürfnissen auch und gerade psychologischer Art (z. B. Prestigenutzen), insbesondere bei Konsumgütern.

Es müssen insoweit güterspezifische Bedingungen berücksichtigt werden. So ist z. B. für Gebrauchsgüter, die nicht regelmäßig gekauft werden, typisch,

4. Marketingmix

dass Kunden ihrem Kauf ausgeprägte Planungsprozesse voranstellen (z. B. bei elektrischen Haushaltsgeräten, speziell Großgeräten, Unterhaltungselektronik, Möbeln).

Das heißt, Kunden sammeln und bewerten bei solchen Produkten bewusst (rationale) Informationen, ehe sie sich für einen Kauf entscheiden. Wie man diesen Prozess aktiv unterstützen kann, und zwar über das Ausloben technischer Besonderheiten, zeigt ein Beispiel von *Miele* (Abb. 79).

Diese Art von Werbung ist auch für Industriegüter bzw. Investitionsgüter charakteristisch.

Fallbeispiel 49: Emotionale Werbung

Emotionale Werbung bzw. emotionalisierende Werbeansprachformen haben seit längerem an Bedeutung gewonnen, speziell im Konsumgütermarketing, und zwar insbesondere bei Verbrauchsgütern.

Bei diesen Gütern werden vielfach nicht oder nicht in ausreichendem Maße besondere objektive Produktnutzen geboten, sondern die Differenzierung gegenüber Wettbewerbsprodukten muss hier aufgrund hoher Angleichung funktionaler Nutzenleistungen über psychologische Positionierungen erfolgen.

In dieser Hinsicht fällt auch und gerade der Werbung eine spezifische Differenzierungsaufgabe zu. Sie findet ihren Niederschlag u. a. in life-style-betonten Ansprachformen, die häufig auf jegliche Argumentation verzichten, wie ein *Davidoff*-Beispiel aus dem Kosmetikmarkt zeigt (Abb. 80).

Bei dieser Art von Werbung werden Auftritte der Marke etwa life-style-orientiert inszeniert, was eine eigenständige psychologische Attraktivität („Markenwelt") aufbauen helfen soll.

Einflüsse von dieser Art von Werbung gehen inzwischen auch auf die Auslobung von Gebrauchsgütern aus, ja selbst bei der Industrie- bzw. Investitionsgüterwerbung werden inzwischen emotionalisierende Elemente aufgenommen. Insofern gibt es – wie schon angesprochen – auch vielfältige Formen rational-emotionaler Werbung, ohne dass das hier näher vertieft werden kann.

Es ist klar, dass es hinsichtlich der richtigen Werbegestaltung (Werbeansprache) keine Patentrezepte gibt. Bei der Wahl der Aussageart müssen verschiedene produkt- und marktindividuelle Gesichtspunkte berücksichtigt werden, wie:

- **Produktart (Eigenarten der Produktkategorie),**
- **Markenstatus (Bekanntheit, Image, Kompetenz),**

4.3 Kommunikationspolitische Instrumente

Abb. 79: Typisches Beispiel rationaler Werbung
Quelle: *Miele*-Anzeige

4. Marketingmix

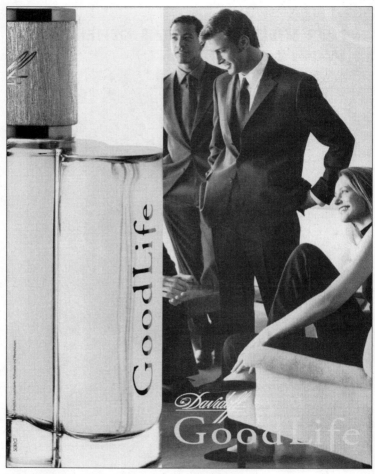

Abb.80: Typisches Beispiel emotionaler Werbung
Quelle: *Davidoff*-Anzeige

4.3 Kommunikationspolitische Instrumente

- **Produkt-/Markenzyklusstadium,**
- **Markt-/Branchenzyklusstadium.**

Insgesamt kann man sagen, dass emotionale Ausdrucksformen in der Werbung an Bedeutung gewonnen haben (und zwar nicht nur im Konsumgüter-, sondern auch im Industriegüter- und Dienstleistungsbereich).

Was den Grundaufbau von Werbeansprachen betrifft, so kann er prototypisch – am Beispiel der Anzeige – wie folgt dargestellt werden (Abb. 81).

> - **Slogan** (Kurzaussage)
> - **Art** (Bild)
> - **Copy** (Text)
> - **Reason why** (abschließende Begründung)

Abb. 81: Grundaufbau von Werbeaussagen (Beispiel Anzeige)

Wichtige formale Gestaltungsfragen bzw. -elemente sind letztlich für den Werbeerfolg mit entscheidend, wie:
- **Bildqualität,**
- **Farbgestaltung,**
- **Typografie,**
- **Symbole,**
- **Konstanten.**

Dabei muss es gelingen, möglichst unverwechselbare, merkfähige und -würdige Ausdrucksformen zu finden.

Neben der Wahl der Werbegestaltung (= Art der Werbeansprache) ist eine weitere wichtige Entscheidung zu treffen, nämlich die Wahl der Werbeträger. Mit dieser Entscheidung werden die Transportmittel disponiert, mit denen die Werbeaussagen an die Kunden (Zielgruppen) herangetragen werden.

Die **Werbeträgerwahl** (Mediaselektion) muss an der Werbe- bzw. Copy-Strategie anknüpfen, um das ziel-strategisch Gewollte konsequent umzusetzen. Wahl der Werbeaussage und Wahl der Werbeträger sind dabei als wechselseitig voneinander abhängig zu sehen, d. h., bestimmte Werbeaussagen und damit anzusprechende Ziel-

Massenwerbemedien	Korrespondierende Werbemittel
a) **Printmedien:** • Zeitungen • Zeitschriften • Plakatanschlagstellen	• Anzeige • Anzeige • Plakat
b) **Elektronische Medien:** • Fernsehen • Hörfunk • Filmtheater • Internet	• Fernseh-Spot • Hörfunk-Spot • Werbefilm/-dia • Website/Banner/Button

Abb. 82: Übersicht über Massenwerbemedien und korrespondierende Werbemittel

gruppen benötigen bestimmte Werbeträger, umgekehrt bedingen bestimmte zielgruppen-orientierte Werbeträger auch bestimmte Anspracheformen und Ausdrucksmittel.

Für den Transport von Werbebotschaften ist eine große Zahl unterschiedlicher Werbemedien verfügbar. Zwei große Bereiche können dabei unterschieden werden:

- **Klassische Massenwerbemedien/Werbemittel,**
- **Nicht-klassische Werbemedien/ Werbemittel.**

Bezüglich der klassischen Massenmedien sind zwei wichtige Kategorien zu nennen: die Printmedien und die elektronischen Medien. Im Rahmen beider Kategorien können verschiedene Werbeträgerarten gewählt werden. Ihnen entsprechen jeweils spezifische Werbemittel (Abb. 82).

Aus Gründen der Zielgruppenerreichung (tatsächliche/potenzielle Kunden) und Werbezielrealisierung (Schaffung/Erhaltung von Kaufbereitschaft) ist in der Regel die Einschaltung mehrerer Medien sowie die Einschaltung über mehrere Perioden hinweg notwendig.

Das zentrale Entscheidungsproblem der Medienplanung (Werbeträgerauswahl) bezieht sich auf die Erreichbarkeit der Zielgruppen und die hierfür notwendigen Werbeaufwendungen (Basis: Einschaltpreise der Medien). Wichtiges Kriterium für die Beurteilung von Medien und ihrer Transportleistung ist der sog. Tausenderpreis, was am Beispiel eines Printmediums skizziert werden soll.

Der **Tausenderpreis** dient der Auswahl der Medien anhand eines Vergleichsmaßstabes, und zwar – je nach strategischem Konzept (z. B. Massenmarkt- oder Marktsegmentierungsstrategie) – auf Basis quantitativer oder qualitativer Reichweiten (Abb. 83).

Die Ableitung des Tausenderpreises und ihre Interpretation soll an einem einfachen Beispiel qualitativer (= zielgruppenorientierter) Reichweitenanalyse erläutert werden (Abb. 84).

Das Beispiel verdeutlicht, dass der Werbeträger B trotz eines höheren Seitenpreises (Einschaltpreis) aufgrund der besseren Zielgruppeneignung (= höhere, zielgruppenspezifische Transportleistung) das günstigere Medium darstellt. Dieses Beispiel bzw. Ergebnis gilt nur bei einmaliger Schaltung des Mediums (Werberträgers); bei mehrmaliger Schaltung müssen spezifische Reichweitenzuwächse der Medien berücksichtigt werden.

Innerhalb der einzelnen Medien gibt es jeweils wiederum verschiedene Unterarten, z. B. bei Zeitschriften:

- **Publikumszeitschriften**
  - aktuelle Illustrierte,
  - Programmzeitschriften,
  - spezielle Publikumszeitschriften,
    - Frauenzeitschriften,
    - Elternzeitschriften,
    - Jugendzeitschriften,
    - Kinderzeitschriften,
    - unterhaltende Zeitschriften,
    - Zeitschriften für spezielle Interessengebiete (Special interests, z. B. Auto, Garten, Essen/Trinken).
- **Fachzeitschriften,**
- **Standes-, Berufs- und Verbandszeitschriften,**
- **Kunden-, Haus- und Werkszeitschriften.**

Im Rahmen der Belegung von Zeitschriften gibt es wiederum eine Fülle von Sonderwerbeformen, u. a.:

- **Beilagen,**
- **Beihefter,**
- **Beikleber,**
- **Warenproben.**

4. Marketingmix

Quantitative Reichweite:

$$\text{Tausenderpreis} = \frac{\text{Seitenpreis} \times 1000}{\text{Leser pro Ausgabe}}$$

Qualitative Reichweite:

$$\text{Tausenderpreis} = \frac{\text{Seitenpreis} \times 1000}{\text{Leser pro Ausgabe} \times \text{Anteil der Zielpersonen an der Gesamtleserschaft}}$$

Abb. 83: Berechnungsgrundlagen des sog. Tausenderpreises

	Werbeträger A	Werbeträger B
Seitenpreis:	3000 €	3600 €
Vertriebsauflage:	100 000	100 000
Gesamtbevölkerung im Verbreitungsgebiet:	1 000 000	1 000 000
Quantitative Reichweite:	30 %	30 %
Somit Leserschaft je Ausgabe:	300 000	300 000
Qualitative Reichweite (= Anteil der Zielpersonen an der Gesamtleserschaft):	40 %	60 %

Für die Werbeträger ergeben sich die folgenden Berechnungen:

$$\textbf{Tausenderpreis A} = \frac{3000 \times 1000}{300\,000 \times \frac{40}{100}} = 25\ \text{€}$$

$$\textbf{Tausenderpreis B} = \frac{3600 \times 1000}{300\,000 \times \frac{60}{100}} = 20\ \text{€}$$

Abb. 84: Modellbeispiel für die Ermittlung des Tausenderpreises auf Basis der qualitativen Reichweite

4.3 Kommunikationspolitische Instrumente

Die Vielfalt z. B. der Zeitschriften bedeutet, dass Unternehmen je nach strategischem Basis-Konzept (z. B. Marktsegmentierung) grundsätzlich gute Möglichkeiten zielgruppen-spezifischer Medienwahl haben, d. h. also ihre Werbebotschaften zielgruppen-genau „transportieren" können.

Inzwischen spielt die **Online-Werbung** via Internet eine immer größere Rolle im Kommunikationsmix der Unternehmen (Crossover Communication). Die Internet-Auftritte über eigene Homepages (Websites) können unterschiedlich gestaltet werden: etwa als Image-Websites (= Firmen-, Produkt- und Werbeinformationen), Marketing-Websites (= komplette Marketinginformationen und Interaktionsmöglichkeiten) oder Shopping-Websites (= vollständiges Shopping-Angebot mit Transaktionsmöglichkeiten). Darüber hinaus kann auf fremden Homepages z. B. mit Bannern oder Buttons Werbepräsenz erreicht werden.

Zunehmend an Bedeutung gewonnen hat auch die **Direktwerbung** (Direktmarketing). Unter Direktmarketing werden alle Formen der direkten, individuellen Ansprache und Kommunikation von bzw. mit Zielgruppen verstanden. Abgeleitet aus seiner ursprünglichen Anwendungsform als spezielles Instrument des Direktvertriebs via Versandhandel hat es sich zu einem wichtigen kommunikationspolitischen Instrument mit breiten Einsatzmöglichkeiten entwickelt.

Ziel des Direktmarketing (Direktwerbung) ist nicht zwingend der unmittelbare Verkauf eines Produktes, sondern eher – und zwar im Konsumgüter- wie auch im Business-to-Business-Bereich – das Ingangsetzen eines ggf. auch **internet-gestützten Dialogs** (Dialogmarketing) mit den anvisierten Zielgruppen. Typisch hierfür ist ein mehrstufig beeinflussendes Marketing. Mit aufeinander aufbauenden Ansprache- und Reaktionsphasen über einen längeren Zeitraum (sog. Kontaktketten) soll eine Kundenbindung geschaffen, aufrechterhalten sowie möglichst verstärkt werden. Dabei können mehrere Stufen auf einer sog. Loyalitätsleiter unterschieden werden (Abb. 85).

Die Abbildung zeigt den Weg einer Zielperson, die noch keine Beziehung zum Unternehmen hat, zum erst-kaufenden bis hin zum stamm-kaufenden Kunden (Stammkunden). Die Darstellung macht zugleich deutlich, dass es dabei ein sinnvolles Zusammenwirken

4. Marketingmix

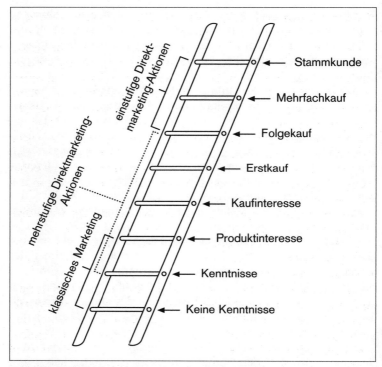

Abb. 85: Loyalitätsleiter auf dem Wege zum Stammkunden
Quelle: Holland

von klassischem Marketing (z. B. klassische Werbung) und Direktmarketing-Maßnahmen ein- und mehrstufiger Art geben kann.

Grundsätzliche Merkmale sowie auch spezifische Vorteile des Direktmarketing sind im Wesentlichen:

- **Zielgerichtete Ansprache** von Käufergruppen (entweder auf Basis von Adressenlisten oder Ansprache in Massenmedien mit Responsemöglichkeiten),
- **Sammlung und Analyse** kundenindividueller, marketing-relevanter Kundendaten,
- **Individualisierte Ansprache** des einzelnen Kunden auf der Grundlage spezifischer Kundenmerkmale,

- **Genaue Messbarkeit** des Erfolgs von Direktmarketing-Maßnahmen (Direct Response Marketing).

Die direkte Ansprache von Zielgruppen kann sowohl in Verbindung mit direkten Absatzwegen (klassische Form) als auch mit indirekten Absatzwegen (neuere, erweiterte Form) erfolgen. Insoweit bestehen wichtige Verbindungen zwischen Absatzwege- und Kommunikationswege-Gestaltung (= konzeptionelle Kette innerhalb der Mixebene).

Direktmarketing bzw. Direktwerbung kann am konsequentesten – das hat die Übersicht zu Wesensmerkmalen bzw. Vorteilen deutlich gemacht – über **Database-Marketing** gesteuert und kontrolliert werden. Grundlage hierfür ist eine auf individualisierten Kundendaten basierende computergestützte Datenbank.

Die wichtigsten Direktwerbemedien, mit denen Kunden individuell und dialog-orientiert erreicht werden können, sind:

- **Werbebriefe (Mailings) per Post oder Fax**
- **E-Mail-Marketing,**
- **Telefon-Marketing.**

Das Standard-Mailing besteht aus vier Elementen: Werbe- bzw. Angebotsbrief, Katalog/Prospekt/Preisliste, Antwort- bzw. Bestellkarte und Versandhülle. Nicht selten wird das Mailing-Package angereichert mit aufmerksamkeits-steigerndem Beilagezettel (Stuffer) und/oder beigefügtem Gegenstand (Gadget). Beim Telefon- und E-Mail-Marketing ist zwischen aktiver und passiver Kommunikation zu unterscheiden. Bei der aktiven Form geht die Initiative zur Kontaktherstellung vom Unternehmen, bei der passiven Form vom Kunden aus. Auf interaktive Medien und ihre Einsatzmöglichkeiten wird auch in einem gesonderten Abschnitt zu neueren Marketinginstrumenten (4.4) eingegangen.

4.3.2 Verkaufsförderung

Das Instrument der Verkaufsförderung hat im Laufe der Entwicklung an Bedeutung gewonnen. Das liegt nicht zuletzt an den vielfältigen Möglichkeiten relativ direkter Einflussnahmen auf den Absatz bzw. Umsatz (und damit auf die Oberzielerfüllung). Die **Kernaufgabe** kann in dieser Hinsicht wie folgt formuliert werden:

4. Marketingmix

Wie können wir den Verkauf unserer Produkte (Leistungen) unmittelbar unterstützen? Die spezifische Bedeutung der Verkaufsförderung besteht darin, dass es im Allgemeinen nicht mehr ausreicht, Produkte (Leistungen) allein mit Werbung auszuloben, sondern dass – nicht zuletzt aufgrund der „Reizüberflutung" in den klassischen Medien – zusätzliche Verkaufs- bzw. Kaufanreize am Ort des Verkaufs (Point of Sale), also in den Verkaufsstätten des Handels, notwendig sind.

Verkaufsförderungsmaßnahmen können in dieser Hinsicht als wichtige flankierende Maßnahmen zur klassischen Endverbraucher-Werbung (sog. Sprungwerbung) angesehen werden (Abb. 86).

Aus der Darstellung geht hervor, dass die Verkaufsförderung (Promotion) nicht den Handel „überspringt", sondern produkt-begleitend vom Hersteller über den Handel bis zum Verbraucher spezifische Maßnahmen einsetzt. Das heißt mit anderen Worten, dass drei Stufen bzw. Ansatzpunkte der Verkaufsförderung unterschieden werden können:
- **Verkäuferpromotions (Staff Promotions),**
- **Händlerpromotions (Channel Promotions),**
- **Verbraucherpromotions (Consumer Promotions).**

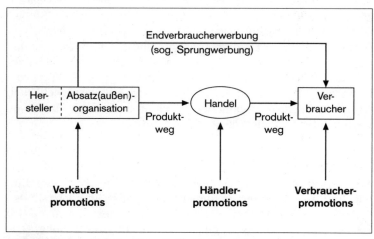

Abb. 86: Arten und Ansatzpunkte der Verkaufsförderung

4.3 Kommunikationspolitische Instrumente

Das Wesen von Verkaufsförderungsmaßnahmen besteht – im Gegensatz zur klassischen Werbung – darin, mit in der Regel zeitlich begrenzten Aktionen und ihren Anreizformen die Erreichung wichtiger Marketingziele (wie Absatz, Umsatz, Marktanteil, Distribution) kurzfristig zu unterstützen. Sie werden ständig variiert und folgen in relativ schnellem Wechsel aufeinander.

Solche Maßnahmen verkaufsfördernder Art stellen sich meist als eine Art **Mischinstrument** dar, d. h., verkaufsfördernde Maßnahmen sind auf vielfältige Weise mit anderen Marketinginstrumenten unmittelbar verbunden. So sind Verkaufsförderungs- oder Promotionaktionen etwa mit der Preispolitik (z. B. Sonderpreismaßnahmen), mit der klassischen Mediawerbung (z. B. promotions-unterstützende Anzeigenwerbung) und/oder mit dem persönlichen Verkauf (z. B. besonderen Beratungsaktivitäten) eng verknüpft.

Domäne der Verkaufsförderungsmittel und ihres Einsatzes ist bislang das Konsumgütermarketing. Zunehmend gewinnen diese Formen der Absatzaktivierung auch an Bedeutung im Investitionsgüter- bzw. Business-to-Business-Bereich sowie in Dienstleistungsmärkten, u. a. im Versicherungsmarkt.

Kaum ein Instrument ist im Übrigen so facettenreich wie die Verkaufsförderung. Die Praxis (speziell im Konsumgüterbereich) entwickelt immer wieder neue Ansätze und Muster für Promotionsaktivitäten.

Eine Übersicht versucht, einen Überblick über wichtige Verkaufsförderungsmaßnahmen auf den drei unterschiedenen **Aktionsebenen** (Verkäufer-, Händler- und Verbraucherebene) zu geben (Abb. 87).

Erfolgsentscheidend ist, dass alle gewählten Verkaufsförderungsmaßnahmen sinnvoll ineinander greifen. Was den Einsatz von Maßnahmenbündeln angeht, so ist man im Laufe der Zeit vom ursprünglichen Gießkannenprinzip wieder abgekommen und setzt inzwischen verstärkt zielgerichtete Maßnahmen ein, welche Situation und Anforderungen einzelner Betriebstypen des Handels wie auch der verschiedenen Organisationsformen berücksichtigen (= Tailormade Promotions).

> **Verkäuferpromotions**
> - Aktionstraining/Startveranstaltungen,
> - Verkaufsunterlagen/-handbücher/-videos,
> - Wettbewerbe/finanzielle Anreize.
>
> **Händlerpromotions**
> - Verkaufsaktionen (wie Einführungs-, Verbund-, Sonderpreisaktionen),
> - Information/Beratung/Personalschulung,
> - Wettbewerbe/Sonderkonditionen.
>
> **Verbraucherpromotions**
> - Informationsmaterial/Prospekte,
> - Verkostung/Produktproben/Zugaben,
> - Preisausschreiben/Verlosungen/Gewinnspiele.

Abb. 87: Typische Maßnahmen der Verkaufsförderung

Bei indirektem Absatzweg (Einschaltung des Handels in die Vertriebskette) konzentrieren sich die Verkaufsförderungsmaßnahmen sehr stark auf den Handel, um die Distribution des eigenen Produkts (Marke) und dessen Abverkauf zu unterstützen. Hierzu dienen sowohl In-store- als auch Out-store-Maßnahmen.

In-store-Maßnahmen beziehen sich auf Aktionen im Ladengeschäft selbst (wie Displays, Regalpflege (Merchandising), Zweit- oder Sonderplatzierungen), während Out-store-Maßnahmen in Form von unterstützenden Aktionswerbungen in der lokalen Presse bzw. in Form beigelegter Werbeprospekte des Handels eingesetzt werden.

Fallbeispiel 50: Aktionswerbung in Werbemitteln des Handels
Für die Unterstützung der Präsenz eines Herstellerprogramms im Handel wie in den „Köpfen" der Verbraucher stellt die (aktionsbezogene) Werbung der Hersteller in den Werbemitteln des Handels (u. a. in Handelsprospekten bzw. Werbebeilagen) eine gute Möglichkeit dar, wie Beispiele einer *Globus*-Werbebeilage zeigen (Abb. 88).

Typisch für solche Werbeauftritte ist oft auch ein spezifischer Aktions- und/oder Themenbezug (z. B. Frühstücksprodukte, symbolisiert durch einen Wecker).

4.3 Kommunikationspolitische Instrumente

Abb. 88: Beispiele für die Präsenz von Markenartikeln in Werbebeilagen des Handels (Preisangaben in DM)
Quelle: Globus-Kurier

4. Marketingmix

Wichtig für die Erhöhung von Kaufbereitschaften bzw. das Auslösen von Impulskäufen sind u. a. Zweit- bzw. Sonderplatzierungen und Verkostungen (Degustationen).

Abb. 89: Zweitplatzierung von Tabakwaren mit einem Präsenter an der Kasse
Quelle: Lebensmittel-Praxis

Fallbeispiel 51: Zweitplatzierungen im Handel
Zweitplatzierungen bzw. Sonderplatzierungen stellen zusätzliche Aufstellungen eines Produktes (Marke) außerhalb des Stamm-Regals dar. Eine solche zusätzliche Platzierung soll vor allem Impulskäufe, also nicht geplante Käufe, auslösen. Ein beliebter Platz für solche zusätzlichen Platzierungen ist der Kassenbereich z. B. in Supermärkten, wie ein Beispiel für Tabakwaren zeigt (Abb. 89).

Während der Wartezeit an der Kasse sollen damit nicht geplante Käufe initiiert werden. Für solche Zweitplatzierungen bieten sich u. a. auch (Klein-)Süßwaren an.

Fallbeispiel 52: Verkostungsaktionen im Handel
Ein bewährtes Mittel zur Auslösung von Kaufimpulsen ist grundsätzlich auch die Durchführung von Verkostungsaktionen im Handel. Über das Probieren eines Produktes sollen Kaufanreize geschaffen werden. Solche Aktionen bieten sich nicht nur in der Einführungsphase eines Produktes (Marke)

4.3 Kommunikationspolitische Instrumente

an, sondern können auch bereits im Markt etablierte Produkte (Marken) beleben bzw. neue Produktvarianten promoten helfen, wie das Beispiel eines Verkostungsstandes zeigt (Abb. 90).
Gut einsetzbar sind solche Verkaufsförderungsmaßnahmen u. a. auch bei Getränken.

Bei Wahl und Einsatz von Verkaufsförderungs-Maßnahmen ist immer der Konflikt zwischen kurzfristigen und mittel-/langfristigen Zielen gegeben. Kurzfristig sollen Verkaufsförderungs-Maßnahmen vielfach „Zielrückstände" etwa in Bezug auf Absatz, Marktanteil, Distribution aufholen; mittel- und langfristig muss aber darauf geachtet werden, dass eine auf Image- und Preispflege bedachte Politik verfolgt wird (insbesondere bei Strategien „höherer" Ordnung wie Präferenz- und/oder Marktsegmentierungsstrategie). Insofern zeigen sich hier wiederum wichtige Nahtstellen zwischen Zielen, Strategien und operativen Maßnahmen (= **Konzeptionelle Kette**).

Reine Kurzfristmaßnahmen setzen häufig – auch unter dem Druck des Handels, der seine Leistungsfähigkeit unter Beweis stel-

Abb. 90: Verkostungsstand von *Uncle Ben's*
Quelle: Lebensmittel-Praxis

4. Marketingmix

len will (muss) – auf Preisaktionen bzw. preisunterstützte Aktionen. Mittel- und langfristige Ziele bleiben dabei allzu leicht auf der Strecke. Inzwischen setzt aber ein Umdenken, auch im Handel, ein. Es werden verstärkt Versuche unternommen, kreative Verkaufsförderungsaktionen zu realisieren, die den Trend zum Erlebniskonsum bzw. Erlebniskauf im Handel nutzen (und dafür auf preisaggressive Vermarktungsformen zu verzichten suchen).

Inzwischen werden überhaupt (wieder) verstärkt Aktivitäten zur kooperativen Zusammenarbeit zwischen Industrie und Handel unternommen.

Fallbeispiel 53: Kooperative Formen der Zusammenarbeit (Kundenbindungsprogramm)

Praktische Beispiele zeigen immer wieder, wie differenziert die Formen der Kooperation zwischen den Marktstufen insgesamt sein können.

Hier soll das kooperative Konzept des mittelständischen Unternehmens *Hailo*, das technische Haushaltsprodukte wie Leitern, Bügeltische, Trockenständer u. a. herstellt, skizziert werden. Das Unternehmen unterscheidet bzw. beliefert fünf Kundengruppen: Hausrat- und Eisenwarenhandel, Warenhäuser, Bau- und Heimwerkermärkte, Cash & Carry-Märkte und Verbrauchermärkte.

Zur Förderung der Zusammenarbeit bzw. als Kundenbindungsprogramm hat *Hailo* ein ganzes Paket von Maßnahmen entwickelt:

- **Werksbesuche** (insbesondere Besichtigung der modernen Fertigung, um die Handelspartner vom Qualitätsstandard der Produkte zu überzeugen),
- **Produktschulungen** (für die Verkaufsmitarbeiter des Handels, um sie von der Funktionsqualität der Produkte zu überzeugen und Argumente für Preisgespräche mit dem Endverbraucher zu liefern),
- **Förderung Handels-Jungunternehmer** (Seminare und Kooperation mit der Fachhochschule des Deutschen Eisenwaren- und Haushaltsgroßhandels, um den Nachwuchs an das Unternehmen und sein Programm heranzuführen),
- **Fachhandelskreis** (Arbeitskreis mit ausgewählten Fachhändlern zur Entwicklung neuer Produkt-, Verkaufsförderungs- und Warenpräsentationsideen),
- **Ideengespräche mit Großkunden** (Zusammenarbeit mit Schlüsselkunden zur Entwicklung neuer Produkt- und Promotionskonzepte),

- **Kundenindividuelle Produkte** (Entwicklung kundenindividueller Aktionsprodukte in Bezug auf Produktausstattung, Gestellfarbe, Produkteinleger usw.),
- **Kooperative Verkaufsförderung** (Entwicklung kompletter eigenständiger, kundenorientierter Verkaufsförderungsaktionen von der Themenidee bis zum Aktionsprospekt),
- **Kooperative Verbraucherwerbung** (Möglichkeit der Einbindung von Großkunden in die *Hailo*-TV-Werbung als exklusive Partner einer gemeinsam entwickelten Aktion).

Das *Hailo*-Beispiel verdeutlicht, wie vielfältig die Ansatzpunkte sind, die für eine Zusammenarbeit zwischen Hersteller und Handel in Betracht kommen.

Die kooperativen Beziehungen zwischen Industrie und Handel werden inzwischen stark unter den Stichworten **Efficient Consumer Response** (ECR) bzw. Category Management sowie Supply Chain Management diskutiert und weiterzuentwickeln versucht, und zwar u. a. im Lebensmittel- und Drogeriewaren-Markt. Die konzeptionellen Stoßrichtungen des ECR-Konzepts stellen sich wie folgt dar (Abb. 91).

Die Darstellung macht insgesamt die enge Verzahnung von Produktgestaltung, Sortimentsmanagement (Category Management) und Logistikkonzept deutlich. Sie zeigt, wie stark im Grunde Industrie und Handel dazu „verdammt" sind, im Interesse der Erfüllung eigener Unternehmensziele möglichst konsequent zusammenzuarbeiten.

Die gemeinsam zu lösenden Aufgaben verschieben sich dabei immer mehr von eher einfachen operativen Kooperationsformen (z. B. operative Logistik) zu immer konsequenteren strategischen Formen der Zusammenarbeit (z. B. effiziente Sortimentsgestaltung).

Die Intensivierung der Zusammenarbeit hat auch neue Impulse durch das **sog. Customer Relationship Management** (CRM) erhalten.

4.3.3 Public Relations

Public Relations (auch als Öffentlichkeitsarbeit bezeichnet) sind ein kommunikationspolitisches Instrumentarium, das im Laufe der Zeit ständig an Bedeutung gewonnen hat. Während Werbung und

4. Marketingmix

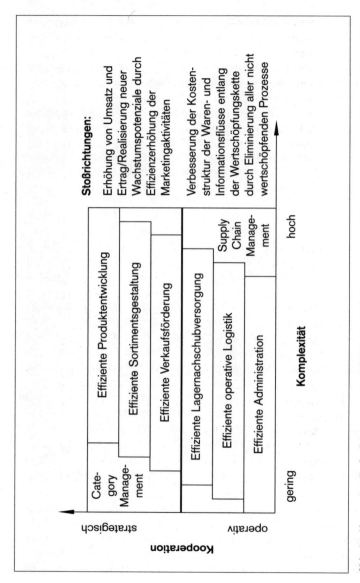

Abb. 91: Konzeptionelle Stoßrichtungen des ECR-Konzepts
Quelle: *Coca-Cola/Frey*

Verkaufsförderung auf die Profilierung und Aktivierung von Produkten (Leistungen) gerichtet sind, besteht die Aufgabe der Öffentlichkeitsarbeit darin, die „Öffentlichkeit" über das Unternehmen zu informieren und auf diese Weise Vertrauensgrundlagen zwischen Unternehmen und Öffentlichkeit aufzubauen. Die **Kernaufgabe** von Public Relations kann insoweit wie folgt beschrieben werden: Wie profilieren wir unser Unternehmen als Absender (Garant) unserer Produkte und Leistungen? Die besondere Bedeutung von Public Relations ist darin zu sehen, dass sich Kunden und Interessenten nicht allein auf profilierte Produkte (Marken) verlassen, sondern ihre Kaufentscheidung bzw. Kaufinteresse zunehmend auch von Ruf, Image und Kompetenz des Unternehmens als Ganzem abhängig machen.

Während Werbung und Verkaufsförderung auf die Auslobung und Aktivierung von Produkten und Leistungen des Unternehmens konzentriert sind, sind die Public Relations demgegenüber auf die Profilierung des Unternehmens als Ganzes gerichtet. Hauptziel ist dabei der Aufbau einer Vertrauensbasis in der Öffentlichkeit bzw. bei den verschiedenen „Teil-Öffentlichkeiten". Hierfür genügt es nicht, die Öffentlichkeit über das Unternehmen zu informieren, sondern eine Vertrauensbasis entsteht letztlich nur, wenn das Unternehmen den möglichst **offenen Dialog** mit der Öffentlichkeit (Teil-Öffentlichkeiten) sucht und pflegt.

Public Relations (PR) im Sinne von Pflege „öffentlicher Beziehungen" wendet sich sowohl an eine unternehmensinterne als auch an eine unternehmensexterne Öffentlichkeit. Zur unternehmensinternen Zielgruppe von Public Relations zählen Eigentümer, Management und Mitarbeiter sowie Betriebsrat, zur externen Zielgruppe gehören neben Kunden auch Lieferanten, Fremdkapitalgeber, Konkurrenten, Staat und Gesellschaft. Das Operationsfeld der Öffentlichkeitsarbeit geht somit über die Zielgruppe Kunden weit hinaus. Sie erfasst im Prinzip alle Anspruchsgruppen des Unternehmens (vgl. hierzu auch 2. Teil „Ziele"). Damit werden erneut wichtige Beziehungen und Abhängigkeiten zwischen Zielen einerseits und operativen Maßnahmen andererseits erkennbar (= konzeptionelle Kette).

Eine systematische PR- oder Öffentlichkeitsarbeit setzt eine konzeptionelle Fundierung voraus. Dabei können folgende Konzeptionsstufen unterschieden werden (Abb. 92).

Auf der Basis des erarbeiteten ziel-strategischen Grundkonzepts und der daraus abgeleiteten Festlegung der Zielgruppen von PR-Maßnahmen gilt es, eine möglichst schlüssige PR-Plattform (Copy-Strategie) abzuleiten, die insgesamt durchgängige Aussagen (Botschaften) erlaubt, und zwar im Interesse eines möglichst einheitlichen Unternehmensbildes in der Öffentlichkeit (speziell was Image- und Kompetenzqualitäten betrifft). Erst auf Basis einer solchen Plattform ist es möglich, ein stimmiges PR-Maßnahmen-Programm zu wählen. Das heißt, in der Regel ist es notwendig, mehrere der möglichen PR-Maßnahmen oder Instrumente einzusetzen (entweder parallel oder im Rahmen eines zeitlichen Stufenkonzepts).

Was die PR-Maßnahmen (-Instrumente) angeht, so gibt es ein breites Spektrum von Möglichkeiten. Folgende Grundkategorien können unterschieden werden:

- **Klassische PR-Arbeit,**
- **PR-Werbung,**
- **PR-Veranstaltungen,**
- **PR-Dokumentationen.**

Zur klassischen PR-Arbeit zählt die planmäßige, ggf. auch **internet-gestützte Information** der Medien (insbesondere Massenmedien: Presse, Rundfunk, Fernsehen) über wichtige Maßnahmen, Pläne und Ergebnisse des Unternehmens. Grundlage hierfür bilden regelmäßige Pressemitteilungen, Pressegespräche („Round-Table-Gespräche") und Pressekonferenzen für Journalisten, ggf. auch Unternehmensprospekte und spezielles Informationsmaterial. Dazu gehört auch der persönliche Dialog bzw. die Pflege persönlicher Beziehungen zu Medienvertretern und wichtigen Meinungsführern. Ergebnis dieser Maßnahmen ist die kostenlose, möglichst den Zielen und den Zielgruppen des Unternehmens entsprechende Berichterstattung im redaktionellen Teil der Medien.

Davon zu unterscheiden sind PR-Maßnahmen, die in Form der bezahlten Werbung in Medien realisiert werden. Ausgangspunkt ist hier ein Werbekonzept für das Unternehmen als Ganzes, das der gezielten Imageprofilierung dient. Solche Maßnahmen werden immer

4.3 Kommunikationspolitische Instrumente

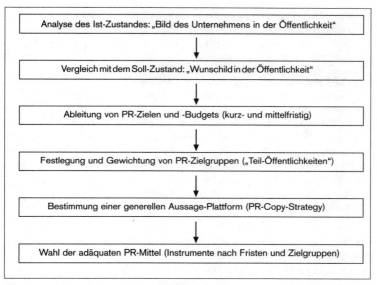

Abb. 92: Stufen einer konzeptionellen PR-Politik

dann gewählt, wenn – aus der Sicht des Unternehmens – die Möglichkeiten der klassischen PR-Arbeit nicht ausreichen. Das gilt u. a. für die **sog. Krisen-PR**. Sie ist immer dann notwendig bzw. sinnvoll, wenn ein Unternehmen mit unerwarteten Krisen (z. B. ökologische Probleme) konfrontiert wird, die in der Berichterstattung der Medien stark aufgegriffen werden und „Negativbilder" des Unternehmens erzeugen. Aufgabe gezielter PR-Werbung ist dann nicht die „Schönrednerei", sondern das offene Bekenntnis zu Problemen (ggf. Versäumnissen) und die Darstellung von ergriffenen Maßnahmen zur künftigen Vorsorge.

Fallbeispiel 54: Krisen-PR während der Erdölkrise (*Esso*)
Während der Erdöl-Krise stiegen – beschaffungs- und verknappungsbedingt – relativ stark u. a. die Benzinpreise. Die Preispolitik und damit die Geschäftspolitik der großen Erdölraffinerien geriet damals in eine breite öffentliche Diskussion mit stark kritischem Akzent. Das heißt, die stark gestiegenen Benzinpreise wurden weniger mit der Verknappung des Angebots erdölexportierender

Länder (u. a. OPEC-Länder) in Verbindung gebracht, sondern mit einer nicht als angemessen erachteten Gewinnorientierung der großen Erdölraffinerien.

Diese Unternehmen sahen sich deshalb gezwungen, das aus ihrer Sicht nicht gerechtfertigte Negativ-Bild zu korrigieren. Maßnahmen der klassischen PR erschienen damals als nicht ausreichend. Die Firma *Esso* entschloss sich daher zu einer bezahlten und eigeninitiierten und -gestalteten Werbekampagne unter der zentralen PR-Werbebotschaft „Es gibt noch viel zu tun. Packen wir's an".

Ziel dieser Kampagne war es, die Öffentlichkeit darüber aufzuklären, dass die Reserven bisheriger Ölfelder in überschaubarer Zeit erschöpft sein werden und *Esso* deshalb unter hohen Investitionen neue Erdölfelder (u. a. im Meer) erschließen muss. Um diese Investitionen finanzieren zu können, brauche *Esso* auch entsprechende Gewinne.

Im Laufe der Zeit haben dann auch andere Erdölgesellschaften ähnliche PR-Kampagnen zu realisieren gesucht.

Neben der klassischen und der Anzeigen-PR gibt es weitere Maßnahmen der Öffentlichkeitsarbeit, die sich unter dem Begriff **PR-Veranstaltungen** zusammenfassen lassen. Dazu zählen etwa Betriebsbesichtigungen („Tag der offenen Tür"), Ausstellungen, Seminare, Fachtagungen (Symposien), Jubiläumsveranstaltungen, Vorträge. Sie dienen dazu, Fähigkeiten und Anliegen des Unternehmens an allgemeine und spezielle Zielgruppen heranzutragen. Breitenwirkung erhalten solche Veranstaltungen durch Berichte der Medien über solche Veranstaltungen.

Fallbeispiel 55: Vorträge des Managements als PR-Maßnahme

Immer mehr Unternehmen – insbesondere größere, aber nicht nur sie – suchen den Dialog mit der Öffentlichkeit bzw. bestimmten Teil-Öffentlichkeiten durch gezielte Vorträge des Managements zu fördern, um so aktiv die Vertrauensbasis des Unternehmens in der Öffentlichkeit zu festigen bzw. spezifisch zu erweitern. Gegenstand solcher Vorträge vor unterschiedlichen Zielgruppen ist in der Regel die Darstellung, Begründung und ggf. Rechtfertigung der Markt- und Unternehmenspolitik sowie der Nachweis der Erfolge.

Wichtige Zielgruppen (Teil-Öffentlichkeiten) sind dabei u. a.
- eigene Aktionäre (= Shareholder Relations),
- wichtige Kapital- und Kreditgeber (= Investor Relations),
- wichtige Entscheidungsträger und Meinungsbildner
  (= Opinion Leader Relations).

Entsprechende Aktivitäten – auch und gerade in Verbindung mit Vorträgen seitens des Managements – pflegen etwa *Beiersdorf, BMW, Siemens, SAP,* um nur einige Unternehmen zu nennen.

Unter PR-Dokumentationen sind – über die klassischen Pressemitteilungen hinaus – Informationsbroschüren, ggf. auch Filme, Videos oder besondere **Websites**, zu speziellen Themen von öffentlichem Interesse (z. B. Sozial- und Öko-Bilanzen) zu verstehen, aber auch Festschriften zu Jubliäen oder Dokumentationen zu neuen Aktivitäten und Konzepten des Unternehmens. Solche Dokumentationen können zugleich die klassischen Public Relations (Informationen und Mitteilungen an die Medien für Berichterstattungen im redaktionellen Teil) unterstützen.

Die Darlegungen zu Ansätzen und Maßnahmen zielgerichteter PR-Arbeit haben gezeigt, welcher Stellenwert inzwischen der Pflege öffentlicher Beziehungen zukommt (zukommen muss). Es ist deshalb kein Zufall, dass Unternehmen häufig die PR-Aufgabe unternehmensorganisatorisch „hoch" ansiedeln, und zwar als dem Vorstand unmittelbar zugeordnetes Ressort (oder sogar als Vorstandsressort selbst, vgl. etwa Großunternehmen u. a. im Chemie-, Elektronik- oder Pkw-Bereich). Das PR-Management wird damit zu einer **zentralen Führungsfunktion**, denn die PR-Funktionsträger sind einmal dafür verantwortlich, dass die Öffentlichkeit darüber informiert wird, dass Existenz, Ziele und Resultate des Unternehmens im öffentlichen Interesse liegen und sich zugleich mit gesellschaftlichen Anliegen in Übereinstimmung befinden. Das PR-Management trägt aber auch dafür Verantwortung, dass das Unternehmen und seine Führung darüber informiert wird, welche Einstellungen und Erwartungen die Öffentlichkeit hat bzw. welche neuen Ansprüche der unterschiedlichen Zielgruppen (Anspruchsgruppen) sich abzeichnen. Nur so ist es möglich, frühzeitig aktiv und eigeninitiativ „neue Strömungen" aufzugreifen, um sie in adäquates Unternehmens- und Marketinghandeln umzusetzen.

Die Kommunikationspolitik und ihre (Basis-)Instrumente – Werbung, Verkaufsförderung, Public Relations – erfüllen, das haben die Darlegungen zu verdeutlichen gesucht, sehr wichtige und zugleich vielfältige Aufgaben der Profilierung sowohl in Bezug auf Produkte

(Leistungen) des Unternehmens als auch in Bezug auf das Unternehmen als Ganzes.

Es ist nachvollziehbar, dass die Wirkung des kommunikationspolitischen Instrumentariums um so besser ist, je stärker die kommunikativen Äußerungen des Unternehmens inhaltlich und intermedial aufeinander abgestimmt sind – Unternehmen ihre Kunden also koordiniert ansprechen. Nur eine **integrierte Kommunikation** (Cross Media Integration) erfüllt diese Aufgabe. Sie setzt entsprechende planerische, organisatorische und personenbezogene Integrationsmaßnahmen voraus, die sich auch auf die einschlägigen Kommunikationsdienstleister wie Werbe-, Verkaufsförderungs- und Public Relations-Agenturen erstrecken müssen.

Im Laufe der Zeit hat sich eine starke Spezialisierung bei Kommunikationsdienstleistern vollzogen (z. B. spezielle Dienstleister für Dialog-Marketing, Event-Marketing, Internet-Marketing), was bei ihrer Einschaltung zusätzliche Koordinationsaufgaben bedingt (s. a. Übersicht zu Marketing-Dienstleistern im Anhang).

4.4 Neuere Marketinginstrumente

Im Folgenden sollen einige neuere Instrumente und ihre instrumentalen Möglichkeiten im Marketing behandelt werden. Es kann hier jedoch nur ein kurzer Überblick gegeben werden, ohne Anspruch auf Vollständigkeit. Auf folgende „Instrumente" soll dabei näher Bezug genommen werden:
- **Bartering,**
- **Product Placement,**
- **Sponsoring,**
- **Event-Marketing,**
- **Multimedia-Kommunikation.**

Das Bartering (abgeleitet aus dem Wort to barter = tauschen) stellt die einfachste Form des Tauschs- oder Kompensationsgeschäftes dar. Das heißt, zwei Unternehmen tauschen wechselseitig Waren, ohne dass dabei monetäre Zahlungen erfolgen. Diese Vertragsart (Counter-trade) ist im internationalen Handel stark verbreitet. Nicht selten ist diese Form des internationalen Handels (zunächst) die einzige Form des Marktzugangs. Eine Sonderform des Bartering ist das Werbe-Bartering (= Handel mit „Werbezeiten"). In diesem Falle bieten Unternehmen z. B. vorgefertigte redaktionelle Beiträge für Sendeprogramme an und erhalten dafür im Gegenzug Werbezeiten im Fernsehen oder Hörfunk. Als Beispiel können hier die seinerzeitigen „Kino-News" von *Mc-Donald's* in *SAT1* genannt werden.

Unter Product Placement wird die gelenkte Platzierung von Produkten (Marken) als reale Requisiten in den Handlungsablauf eines Spielfilms oder einer Fernsehsendung verstanden, und zwar gegen Vergütung in Form von Zahlungen, Sachspenden und/oder der Gewährung von Dienstleistungen (vgl. z. B. Vorstellung des *BMW Z8* in einem *James Bond-Film*). Product Placement bietet die Möglichkeit hoher Reichweiten (z. B. bei TV-Serien), positiver Umfeldbedingungen (z. B. entspannte Unterhaltungsatmosphäre) und geeigneten Imagetransfers von Filmhandlung bzw. Filmpersonen auf das Produkt (Marke).

Unter Sponsoring wird die Bereitstellung von Geld, Sachmitteln und/oder Dienstleistungen durch Unternehmen (als sog. Sponsoren) für Personen bzw. Institutionen im sportlichen, kulturellen, sozialen und ökologischen Bereich (als sog. Gesponserte) verstanden. Man unterscheidet in dieser Hinsicht also Sport-, Kultur-, Sozio- und Umwelt- oder Ökosponsoring. Die Sponsoren verfolgen mit ihren Leistungen in der Regel spezifische kommunikationspolitische Ziele, wobei das Prinzip darin besteht, dass die Gesponsorten bestimmte Gegenleistungen (z. B. sichtbares Tragen bzw. Zeigen eines konkreten Produkts (Marke) in einer gesponserten Veranstaltung) erbringen, die den Zielen der Sponsoren dienen. Das unterscheidet Sponsoring von altruistischen Unterstützungsformen wie Mäzenatentum oder Spenden. Am verbreitetsten ist das Sportsponsoring, das speziell für die Erhöhung des Bekanntheitsgrades oder die Verbesserung des Images (via Imagetransfer) eingesetzt wird (z. B. Sponsoring von *Bayern München* seinerzeit durch die *Adam Opel AG*). Eine Sonderform des Sponsoring ist das sog. Programmsponsoring. Darunter ist das Sponsern von TV-Sendungen bzw. TV-Filmen zu verstehen (z. B. die Übertragung der Fußballweltmeisterschaft u. a. durch die Unterstützung von *Bitburger*).

4. Marketingmix

Events (oder Event-Marketing) stellen erlebnisorientierte Inszenierungen von unternehmens- oder produktbezogenen Ereignissen und deren Nutzung für kommunikationspolitische Zwecke dar. Ein Event wird in diesem Sinne als Plattform für eine erlebnisorientierte Kommunikation und Präsentation eines Produktes (Marke), einer Dienstleistung oder eines Unternehmens genutzt. Als wesentliches Merkmal von Events ist dabei die ausgeprägte Dialogmöglichkeit anzusehen, d. h., Events ermöglichen unmittelbare Kontakte zu anwesenden tatsächlichen wie potenziellen Kunden in einer für sie attraktiven, (kauf-)zwangfreien Situation. Im Gegensatz zum Sponsoring werden beim Event-Marketing „Erlebnisveranstaltungen" nicht nur unterstützt, sondern speziell dafür geschaffen. Event-Marketing wird damit dem generellen Trend zur Erlebnisgesellschaft gerecht. Typische, periodisch angelegte Veranstaltungen sind etwa Streetball-Wettbewerbe von *Adidas* oder Snowboard-Treffen von *Swatch* bzw. als permanente Spielart sog. Brand Parks wie z. B. die *Autostadt* von *VW* oder das *Legoland* von *Lego*.

Unter Multimedia-Kommunikation ist die systematische Nutzung mehrerer Medien für Kommunikationszwecke zu verstehen. Multimedia besteht in der computergestützten Verknüpfung unterschiedlicher Medien (wie Text, Ton, Bild usw.), die interaktiv abgerufen und/oder bearbeitet werden können. Multimedia-Kommunikation ermöglicht die Überwindung bzw. zumindest die Ergänzung einer einseitig unternehmens-gesteuerten Massenkommunikation in Form einer dialogischen, multimedialen (d. h. mehrere Sinne ansprechenden) und vom Nutzer kontrollierten Kommunikation. Ihre Berücksichtigung erscheint vor allem aufgrund der nachlassenden Wirkung klassischer Kommunikationsmittel notwendig, und zwar nicht zuletzt auch wegen der zunehmenden Akzeptanz von Multimedia bei den Kunden. Grundsätzlich können drei technische Systeme der Multimedia-Kommunikation unterschieden werden:

- **Mobile Speichermedien** (z. B. interaktive CD-ROMs für Kunden, die einen PC mit einem CD-ROM-Laufwerk besitzen),
- **Kiosk-Systeme** (in Form interaktiv bedienbarer Terminals in Geschäftsräumen, über die Kunden Informationen abrufen oder auch Buchungen abwickeln können) und
- **Online-Systeme** (die aufgrund des Anschlusses von Endgeräten

an ein Computernetz (z. B. **Internet**) einen Informationsaustausch zwischen räumlich verteilten Plattformen ermöglichen).

Multimedia-Systeme können nicht nur für kommunikationspolitische Zwecke (wie Werbung, Promotions und Public Relations) eingesetzt werden, sondern Einsatzmöglichkeiten sind auch im Rahmen der Angebotspolitik (z. B. Gebrauchsanweisungen bzw. Service-Leistungen) und der Vertriebspolitik (z. B. Produkt-/Leistungspräsentationen im Verkaufsgespräch) gegeben. Darüber hinaus lässt sich die Multimedia-Kommunikation für **Marktforschungszwecke** (u. a. für Markterhebungen im Internet) nutzen.

Es ist klar, dass Art und Weise des Einsatzes neuerer Marketinginstrumente – speziell was Zeitabfolge bzw. Prioritäten betrifft – vom ziel-strategischen Grundkonzept des Unternehmens abhängen sowie von produkt- und marktspezifischen Bedingungen.

4.5 Mixprogramm des Unternehmens

Die Darlegungen zum angebots-, distributions- und kommunikationspolitischen Instrumentarium haben gezeigt, dass für die eigentliche Gestaltung der Marktleistung eine Fülle von unterschiedlichen Marketinginstrumenten zur Verfügung steht. Während Ziele die „Wunschorte" und Strategien die „Route" unternehmerischen Handelns festlegen, besteht die Aufgabe des Marketingmix darin, die jeweils adäquaten „Beförderungsmittel" zu bestimmen.

Unternehmen können in dieser Hinsicht nicht allein auf den Einsatz und die Wirkung einzelner Marketinginstrumente vertrauen, sondern sie können ihre ziel-strategischen Absichten nur dann realisieren, wenn sie ein **ganzes Bündel** (Mix) gut aufeinander abgestimmter Marketinginstrumente nutzen.

Wie dargelegt, erfüllen einzelne Marketinginstrumente bzw. ihre jeweils zugehörigen Instrumentalbereiche jeweils nur bestimmte Teilleistungen am Markt. Das heißt mit anderen Worten, **vollständige Marktleistungen** entstehen nur durch eine konsequente Verknüpfung von Produktleistung (via angebotspolitischer Instrumente), Präsenzleistung (via distributionspolitischer Instrumente) und Profilleistung (via kommunikationspolitischer Instrumente).

4. Marketingmix

Der Marketingmix (= Kombination der Marketinginstrumente) stellt sich dabei als sehr komplexes Kombinationsproblem dar. Insgesamt sind neun Basisinstrumente unterschieden und behandelt worden:

- **Produkt, Programm und Preis** (= angebotspolitische Basisinstrumente),
- **Absatzwege, Absatzorganisation und Absatzlogistik** (= distributionspolitische Instrumente) und
- **Werbung, Verkaufsförderung und Public Relations** (= kommunikationspolitische Instrumente).

Die Komplexität des instrumentalen Kombinationsproblems ist nicht nur auf diese unterschiedlichen Arten von Basisinstrumenten zurückzuführen, sondern auch auf die Tatsache, dass diese Basisinstrumente – wie aufgezeigt – wiederum in ganz unterschiedlichen Ausprägungs- bzw. Differenzierungsformen eingesetzt werden können.

Komplexe Probleme wie die geschilderte Marketingmix-Aufgabe werden gewöhnlich dadurch zu lösen versucht, dass man ein Gesamtproblem in stufenweise zu bewältigende Teilprobleme aufteilt. Das heißt, man bildet sog. Submixe, die dann in einem kontrollierten Stufenprozess in einen Totalmix aller einzusetzenden Instrumente übergeführt werden. Diesen Stufenprozess kennzeichnet eine Übersicht (Abb. 93).

Der Standard-Vorgehensweise liegt dabei ein dreistufiger Prozess zugrunde:

1. **Stufe** (= Grobabstimmungsstufe, inter-instrumental),
2. **Stufe** (= Feinabstimmungsstufe, intra-instrumental),
3. **Stufe** (= Feinstabstimmungsstufe, inter- und intra-instrumental).

Ein erster Schritt (Grobabstimmungsstufe) der Submixbildung bezieht sich auf grundlegende instrumentalbereichs-übergreifende Instrumente, und zwar vorrangig auf solche mit relativ stark strukturierender (und damit entsprechend bindender) Wirkung. Im Rahmen der Angebotspolitik sind das insbesondere Produkt und Preis, denn beide Instrumente bzw. die Art ihres Einsatzes legen das grundsätzliche Preis-Leistungs-Verhältnis fest, das das Unternehmen – ziel-strategisch orientiert – am Markt dauerhaft durchsetzen will. Diese grundlegende Entscheidung ist speziell mit der sehr stark

4.5 Mixprogramm des Unternehmens

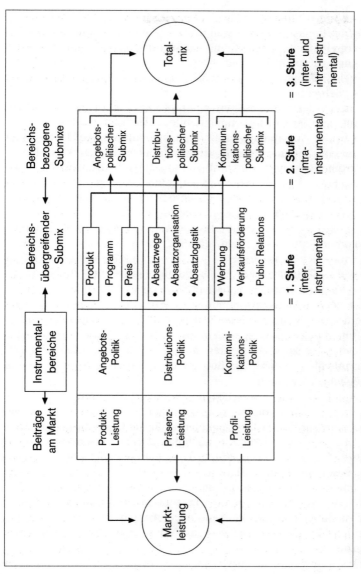

Abb. 93: Gestufter Marketingmix-Prozess auf der Basis von Submixbildungen

Strukturen bildenden Absatzwegeentscheidung im Rahmen der Distributionspolitik abzustimmen. Eine weitere wichtige bereichsübergreifende Grundabstimmung muss insbesondere mit dem Marketinginstrument Werbung erfolgen, weil dieses Instrument für den mittel- bis langfristigen Bekanntheitsgrad- und Imageaufbau für das unternehmerische Angebot verantwortlich ist.

Das in der Grobabstimmungsstufe koordinierte Grundkonzept grundlegender Basisinstrumente bildet gleichsam die Plattform für die zweite Abstimmungsstufe (Feinabstimmung). Auf Basis dieser Grundabstimmung speziell strukturierender, d. h. stark bindender Instrumente können innerhalb der einzelnen Instrumentalbereiche (Angebots-, Distributions- und Kommunikationspolitik) alle anderen Marketinginstrumente hinsichtlich ihres konkreten Einsatzes bzw. ihrer spezifischen Ausprägungsformen bestimmt und bereichsspezifisch auf Stimmigkeit untersucht werden (z. B. im Rahmen der Kommunikationspolitik hinsichtlich der erwähnten integrierten Kommunikationsleistung).

Wenn alle bereichsbezogenen Submixe (angebots-, distributions- und kommunikationspolitischer Submix) vorliegen, kann dann in einer letzten Feinstabstimmung (= 3. Stufe) der Totalmix erarbeitet werden. Das heißt, in dieser Stufe kommt es dann darauf an, alle im Rahmen des Marketingmix einzusetzenden Instrumente nochmals auf ihren spezifischen Beitrag im Hinblick auf die gesamte Marktleistung hin zu überprüfen und ggf. noch Feinjustierungen für einen möglichst effizienten Marketingmix vorzunehmen.

Auf Basis des vorgesehenen operativen Instrumenteneinsatzes hinsichtlich Art und Ausprägung ergibt sich das **konzeptionsgerechte Mixprofil** des Unternehmens. Für die Bestimmung des Mixprofils kann es sinnvoll sein, auch das Mixprofil des oder der wichtigsten Konkurrenten zu erstellen, um auf diese Weise zu erkennen, wo besondere Differenzierungsmöglichkeiten für das eigene Unternehmen liegen können, um sich so gegenüber Konkurrenten bzw. deren Konzepten abzugrenzen. Damit können Ansatzpunkte für Alleinstellungen im Markt identifiziert werden, die besser geeignet sind, die Ziel- und Strategievorgaben des Unternehmens erfolgreich umzusetzen.

Insgesamt sind alle operativen Instrumentalentscheidungen auch und gerade von den ziel-strategischen Vorgaben abhängig zu machen. Darin besteht gerade das Wesen des konzeptionellen Marketing – nämlich die Marketinginstrumente nicht aktionistisch, sondern vielmehr ziel- und strategiefundiert (= **Konzeptionelle Kette**) einzusetzen, um so nachhaltig Markterfolge zu realisieren.

Ehrgeizige Oberziele (wie Rentabilitäts- bzw. Unternehmenswert-Steigerung) können nur über entsprechend ehrgeizige Marketingziele (wie Umsatz, Marktanteil einerseits und Bekanntheitsgrad, Image andererseits) verwirklicht werden. Das aber setzt wiederum die Wahl und Verfolgung geeigneter Strategien (z. B. Präferenz-Strategie, Marktsegmentierungsstrategie oder auch Internationale Strategie) voraus.

Die grundsätzlichen Konsequenzen solcher Strategieentscheidungen für den Marketingmix verdeutlicht eine Übersicht (Abb. 94).

Wie stark der Marketingmix von Strategieentscheidungen geprägt ist bzw. geprägt sein muss, weist eine zusätzliche Grafik zu instrumentalen Konsequenzen einer Marktsegmentierungsstrategie (= Bildung segmentspezifischer Marketingmixe) aus (Abb. 95).

Die Darstellung zeigt, dass bei Massenmarkt-Bearbeitung ein einheitlicher Marketingmix eingesetzt wird, der sich an den Durchschnittsbedingungen bzw. -bedürfnissen des Grundmarktes orientiert. Die Bearbeitung spezifischer Marktsegmente bzw. die Gewinnung der jeweils dahinter stehenden Zielgruppen gelingt umgekehrt nur dann, wenn ein die besonderen Bedürfnisse und Erwartungen dieser Zielgruppen berücksichtigender Marketingmix realisiert wird. Solche marktsegment-orientierten Marketingmixe müssen am gesamten Marketinginstrumentarium anknüpfen. Das heißt, es genügt in der Regel nicht ein spezifischer angebotspolitischer Marketinginstrumenten-Einsatz (z. B. zielgruppen-spezifische Produkt- und Markenpolitik), sondern es müssen auch zielgruppen-adäquate Distributionsinstrumente (z. B. einschlägige Absatzwege) sowie zielgruppen-orientierte Kommunikationsinstrumente (z. B. besondere Werbeanspracheformen und/oder Medien) gewählt werden.

Wie stark auch marktareal-strategische Entscheidungen auf den Marketingmix Einfluss haben (= Standardisierungsmöglichkeiten/ -grenzen), skizziert eine weitere Übersicht (Abb. 96).

4. Marketingmix

Abb. 94: Beispielhafte ziel-strategische Bezüge des Marketingmix

Aus betriebswirtschaftlichen Gründen wird bei internationaler Marktbearbeitung versucht, möglichst durchgängig den zunächst inländisch geprägten Marketingmix auch auf Auslandsmärkte zu übertragen. Das gelingt umso besser, je mehr von vornherein eine mögliche Internationalisierung im ursprünglich nationalen Marketingkonzept schon berücksichtigt wurde. Andererseits hat eine zunehmende Tendenz zur Angleichung internationaler Märkte hin-

4.5 Mixprogramm des Unternehmens

Abb. 95: Vergleich der Marketingmixgestaltung bei Massenmarkt- und Marktsegmentierungsstrategie

sichtlich Bedürfnissen und Erwartungen der Abnehmer (Kunden) eine weitgehende Standardisierung des übernationalen Instrumenteneinsatzes möglich gemacht. Hierbei sind allerdings **marketinginstrumenten-spezifische Besonderheiten** zu beachten. Die wiedergegebene Übersicht, die auf verschiedenen empirischen Untersuchungen beruht, zeigt jedenfalls, dass sich zum Beispiel Markenname und Produktgestaltung relativ gut standardisieren lassen, während Instrumente wie Preis und Verkaufsförderung nach wie vor eher länder- bzw. ländergruppen-spezifisch eingesetzt werden müssen (vgl. Abb. 96).

4. Marketingmix

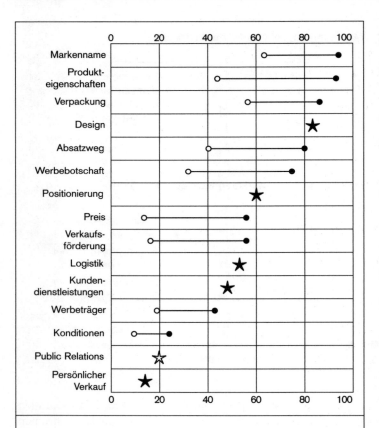

Anmerkungen:

(1) Der weiße Kreis steht jeweils für den in fünf Studien registrierten **geringsten** Wert, der schwarze Kreis für die **höchste** Zustimmung.

(2) Schwarze Sterne symbolisieren Instrumente, die nur in einer Befragung erfasst wurden, weiße Sterne Überlagerungen (= Prozentwerte, die in zwei Studien identisch erfasst sind).

Abb. 96: Spannweite des Standardisierungspotenzials des Marketinginstrumentariums (Basis: fünf empirische Untersuchungen)
Quelle: Müller/Kornmeier

> **Fazit:** Die Verfolgung ziel-strategischer Konzepte bedingt einen adäquaten Marketinginstrumenten-Einsatz. Ziel- und Strategiefestlegungen erlauben umgekehrt, aus der Fülle der Marketinginstrumente und ihrer unterschiedlichen Ausprägungen (Differenzierungsformen) überhaupt die richtigen auszuwählen. Das heißt mit anderen Worten, dass klare ziel-strategische Dispositionen einem planvollen, effizienten Einsatz der operativen Marketinginstrumente vorausgehen müssen = konzeptionelle Kette bzw. Entscheidungsfolge: Ziele („Wunschorte") → Strategien („Route") → Mix („Beförderungsmittel").

Hinweis: Wer die Thematik „Marketinginstrumente (-mix) und ihre Wahl" vertiefen möchte, wird verwiesen auf *Becker, J.,* Marketing-Konzeption. Grundlagen des ziel-strategischen und operativen Marketing-Managements, 7. überarbeitete und ergänzte Auflage, München 2002. Dort finden sich auch ausführliche Literaturhinweise zu Spezialfragen.

Für diejenigen, die sich mit neueren strategischen Entwicklungen und ihren Konsequenzen für die Marketingmix-Gestaltung auseinander setzen wollen, wird noch folgender Literaturhinweis gegeben: *Becker, J.,* Der Strategietrend im Marketing. Vom Massenmarketing über das Segmentmarketing zum kundenindividuellen Marketing, München 2000 (mit konkreten Analysen zur strategischen Weiterentwicklung und marketing-instrumentalen Neuausrichtung der Unternehmen).

5. Marketing-Konzeption und Marketing-Management

Konsequente Unternehmensführung setzt angesichts komplexer, dynamischer Markt- und Umweltbedingungen schlüssige, ganzheitliche Marketing-Konzeptionen voraus (= „Fahrplan-Funktion"). Diese **Fahrplan-Funktion** können Konzeptionen vor allem dann erfüllen, wenn sie auf abgestimmten Entscheidungen auf allen drei Konzeptionsebenen (= Ziel-, Strategie- und Mixebene) beruhen.

Jedes unternehmerische Handeln ist nur dann rational, wenn es der Erreichung konkreter unternehmerischer Ziele dient. Den Zielentscheidungen liegt folgende Frage zugrunde: Wo stehen wir und wo wollen wir hin (= Bestimmung der „Wunschorte")?

Zielgerichtetes Handeln benötigt strategische Steuerung im Sinne grundsätzlicher Handlungsmuster (Grundsatzfestlegungen). Die Strategieentscheidungen knüpfen dabei an folgende Frage an: Wie erreichen wir ohne Umwege unsere Ziele bzw. „Wunschorte" (= Festlegung der „Route")?

Ziel-strategisch fundiertes Handeln bedarf schließlich der Umsetzung in operative Maßnahmen (Instrumente). Den marketing-instrumentalen Entscheidungen (Marketingmix) liegt folgende Frage zugrunde: Was müssen wir zur Erreichung unserer Ziele („Wunschorte") auf Basis strategischer Grundsatzregelungen („Route") an konkreten Marketinginstrumenten einsetzen (= Wahl der „Beförderungsmittel")?

> Nur ein solches schlüssiges Konzept integrierter Ziel-, Strategie- und Mixentscheidungen ermöglicht konsequentes, d. h. effektives und effizientes unternehmerisches Handeln. Die Darlegungen zu den einzelnen Konzeptionsbausteinen haben zugleich deutlich gemacht, wie komplex die Aufgabe ist, schlüssige und vollständige Marketing-Konzeptionen zu erarbeiten und erfolgreich im Markt umzusetzen.

Planung wie Realisierung des konzeptionellen Marketing bedürfen insofern eines systematischen Managements. Es umfasst grundsätzlich folgende führungsrelevanten Teilprozesse (Abb. 97).

---

1. Erarbeitung einer Marketing-Konzeption

2. Realisierung einer Marketing-Konzeption

3. Überprüfung einer Marketing-Konzeption

Abb. 97: Konzeptionelle Marketingmanagement-Prozessstufen

Auf diese Managementprozesse und ihre grundsätzlichen Aufgabenstellungen soll abschließend noch näher eingegangen werden.

5.1 Erarbeitung einer Marketing-Konzeption

Die Erarbeitung (Planung) von Marketing-Konzeptionen ist die Voraussetzung eines konzeptionell geleiteten unternehmerischen Handelns überhaupt. Marketing-Konzeptionen können ihre Fahrplan-Funktion dann spezifisch erfüllen, wenn sie konsequent auf die Erschließung und Ausschöpfung von **Markt- und Erfolgspotentialen** gerichtet sind.

Die Erarbeitung von Marketing-Konzeptionen setzt deshalb detaillierte Markt- und Umfeld-Analysen (sog. Umwelt-Analysen) einerseits und sog. Unternehmens-Analysen andererseits voraus (Abb. 98).

Was die Umweltanalysen (im Sinne unternehmensexterner Analysen) betrifft, so können zwei Analyseebenen unterschieden werden, denen jeweils drei spezifische Ansatzpunkte zugeordnet werden können:

(1) Makro-Umweltanalyse
- **Ressourcen** (u. a. Rohstoffverfügbarkeit, neue Werkstoffe, Preissituation/-entwicklung, Lieferantenstruktur und -verhalten),
- **Technologien** (u. a. Produkt-/Prozessinnovationen, Hardware-/Software-Situation und -Entwicklung, Querschnitt-Technologien, Innovations- und Innovationsverfallzeiten),

5.1 Erarbeitung einer Marketing-Konzeption

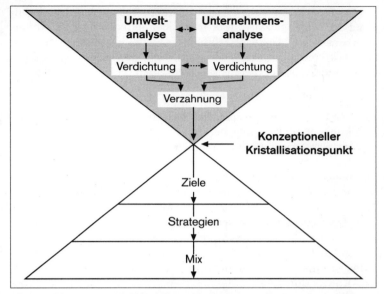

Abb. 98: Planung von Marketing-Konzeptionen auf der Basis umfassender Umwelt- und Unternehmensanalysen

- **Sozio-Ökonomik** (u. a. ökonomische/politische/gesellschaftliche/ökologische Rahmenbedingungen und Entwicklungen, Konjunkturschwankungen (Häufigkeit/Intensität), Wirtschaftswachstum).

(2) Mikro-Umweltanalyse
- **Verbraucher** (u. a. Verbrauchertrends, Zielgruppen, Preis-Qualitäts-Bewusstsein, Kundenprobleme/-bedürfnisse, Einstellungen und Verhaltensweisen),
- **Handel** (u. a. Struktur und Entwicklung, neue Betriebsformen, Eigenmarken-Konzepte, Einkaufsverhalten, Kooperationsbereitschaft),
- **Konkurrenten** (u. a. Zahl und Größe der Konkurrenten, Wettbewerbsstruktur/-stile, Forschungs-/Kapazitäts-/Kosten-/Ertragssituation bzw. -potentiale).

Die Makro-Umwelt definiert marketing-unspezifische Bedingungslagen, die gleichwohl für die Zielkonkretisierung des Unternehmens sowohl Chancen eröffnen als auch Restriktionen determinieren können. Grundlegende marketing-spezifische Bedingungslagen sind dagegen Ergebnis von Strukturen und Entwicklungen in der Mikro-Umwelt.

Verbraucher-, Handels- und Wettbewerbsebene bilden das fundamentale Dreieck für die spezifische Grundorientierung der marketing-konzeptionellen Aufgabe.

Zentraler Anknüpfungspunkt aller ziel-strategischen Überlegungen bzw. Ableitungen ist die Verbraucher-/Kundenebene. Dieser Hauptansatzpunkt entspricht der marktorientierten Führungsphilosophie der Unternehmen, die durch den grundlegenden Wandel der Märkte (von Verkäufer- zu Käufer-Märkten) erzwungen wurde. Markt- und Kundenorientierung heißt, die Bedürfnissen der Kunden in den Mittelpunkt des Marketing- und Unternehmenskonzepts zu stellen.

Für die markt- und kundenorientierte Erarbeitung einer Marketing-Konzeption spielt dabei naturgemäß die **Marktforschung** eine zentrale Rolle. Eine Übersicht zeigt wichtige Einsatzmöglichkeiten der Marktforschung für konzeptionelle Zwecke auf (Abb. 99).

Zunehmende Bedeutung gewinnt die **Online-Marktforschung**, und zwar sekundär z. B. über Datenbanken bzw. Suchmaschinen und primär z. B. über Mail- oder WWW-Befragungen.

Während sich die **sog. Sekundärforschung** auf die Beschaffung und Auswertung bereits vorhandener Daten stützt, die ursprünglich für andere Zwecke erhoben und ausgewertet wurden, zielt die **sog. Primärforschung** auf die Beschaffung und Analyse von Daten, die speziell für die jeweilige Konzeptionsaufgabe gewonnen werden. Es ist klar, dass für die konzeptionellen Planungs- und Kontrollaufgaben die Primärforschung (= Befragung, Beobachtung, Experiment und Panelforschung) besondere Bedeutung hat und entsprechend eingesetzt werden muss.

Ob und inwieweit Marktpotentiale tatsächlich genutzt werden können, hängt von der Ausgangslage und den spezifischen Voraussetzungen des Unternehmens ab. Die externen Markt- und Umfeldanalysen (Umweltanalysen) müssen deshalb durch interne Analy-

5.1 Erarbeitung einer Marketing-Konzeption

Untersuchungstypen (-stufen)	Untersuchungsziele	Untersuchungsmethodik
(1) Marktstruktur-Untersuchungen	Ermittlung von Marktgrößen wie Marktpotenzial, Marktvolumen, Marktanteile	Sekundär- und Primärforschung (speziell Panel)
(2) Grundlagen-Untersuchungen	Erhebung abnehmerspezifischer Fragen wie Bedürfnisse, Einstellungen/Images/Verwendung/Verwendungsgewohnheiten, Produkt-/Markenkenntnis	Primärforschung (insbes. Befragung)
(3) Instrumentenwirkungs-Untersuchungen	Feststellung der Wirkungen u. a. von Produkt-, Packungs-, Marken-, Preis-, Werbemaßnahmen	Primärforschung (Befragung, Beobachtung und Experiment)
(4) Markttests	Ermittlung der Produkt- und Marketingmix-Akzeptanz (unter Realbedingungen)	Primärforschung (häufig über Spezial-Panel)
(5) Kontroll-Untersuchungen	Überprüfung der Marktziele-Realisierung (und Ansatzpunkte für evtl. Maßnahmen-Korrekturen)	Sekundär- und Primärforschung (insbes. Panel sowie Befragung)

Abb. 99: Konzeptionelle Einsatz- und Anwendungsmöglichkeiten der Marktforschung

sen ergänzt werden. Während es Aufgabe der Umweltanalysen ist, primär die Chancen und Risiken von Märkten und ihres Umfeldes aufzudecken, besteht die Aufgabe der Unternehmensanalysen darin, insbesondere Stärken und Schwächen des eigenen Unternehmens zu ermitteln (einschließlich vorhandener unternehmerischer Mittel und bisher erreichter Ausgangspositionen).

Eine differenzierte Unternehmensanalyse umfasst so gesehen mindestens folgende drei Untersuchungsebenen:

(1) Positions-Analyse
- **Gesamt- und Teilmärkte** (Marktanteile nach Menge/Wert, Markt-/Absatzprofile),
- **Produkt-/Leistungsvorteile** (USP, Innovationen inkl. Schutz gegen Nachahmung),
- **Produkt-Mix** (Umsatz-, Rentabilitäts-, Altersprofile),
- **Stückkosten-Marktpreis-Relationen** (sowie Wertschöpfungsprofil).

(2) Potential-Analyse
- **Forschung und Entwicklung** (u. a. Know-how, Patente, Entwicklungsstand),
- **Marketing** (u. a. Konzepte, Standards, Marken),
- **Fertigung** (u. a. Technologie, Kapazität, Produktivität),
- **Beschaffung** (u. a. Systeme, Lieferantenbeziehungen, Einkaufsmacht),
- **Finanzierung** (u. a. Kapitalvolumen/-struktur, Investitionsintensität/-schwerpunkte),
- **Unternehmen gesamt** (speziell Schnittstellen-Management/ Wertschöpfungskette, Rationalisierungsreserven).

(3) Mittel-Analyse
- **Sachliche Mittel** (Anlagen, Einrichtungen, Ausstattungen),
- **Finanzielle Mittel** (Liquidität, stille Reserven, Kapitalbeschaffungsmöglichkeiten),
- **Personale Mittel** (Personalstand, -ausbildung, -entwicklung),
- **Informatorische Mittel** (Art, Aktualität, Systeme).

Auf Basis umfassender Umwelt- und Unternehmensanalysen gilt es, zentrale Faktoren der Umwelt- und Unternehmensausgangslage und ihrer Perspektiven zu erfassen. Aufgrund dieser Analysen lassen sich wichtige ziel-strategische Ansatzpunkte erkennen (Abb. 100).

Insgesamt besteht die konzeptionelle Kernaufgabe darin, Marketing-Konzeptionen zu erarbeiten, die
- **einerseits robust sind** (d. h. in ihrer Grundstruktur mittel- und langfristig tragfähig) und
- **andererseits evolutionsfähig sind** (d. h. anpassungsfähig an neue Entwicklungen, Bedingungen bzw. Herausforderungen).

5.1 Erarbeitung einer Marketing-Konzeption

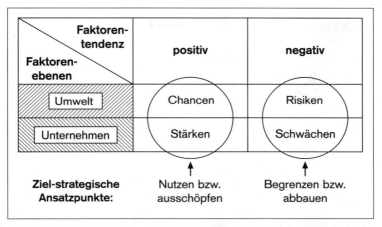

Abb. 100: Zentrale Umwelt- und Unternehmensfaktoren und ziel-strategische Ansatzpunkte

Schlüssel jeder erfolgsträchtigen Marketing-Konzeption ist eine möglichst eigenständige, wettbewerbsvorteil-begründende **Positionierung** im Markt. Dazu gehört die Orientierung an vorhandenen bzw. aufzubauenden Kernkompetenzen sowie die Fähigkeit, neue Standards im Markt zu setzen. Aufgrund der hohen Dynamik des Wettbewerbs (Hyperwettbewerb) kommt es dabei auch auf das richtige **Timing** an. Das heißt, Chancen für neue Standards und Regeln müssen initiativ dann ergriffen werden, wenn das „strategische Fenster" dafür offen steht.

Insgesamt gilt es, an markt- und unternehmens-spezifischen Erfolgsfaktoren bei der Konzept-Erarbeitung anzuknüpfen, wie

- **Kundennähe,**
- **Produktqualität,**
- **Kostenposition,**
- **Innovationsfähigkeit,**
- **Mitarbeiterqualität.**

Als strategischer Grundsatz ist vor allem die „Konzentration der Kräfte" zu berücksichtigen (d. h. Vermeidung von Verzettelung und damit Schwächung des Marktein- bzw. Marktauftritts).

Als zentraler Erfolgsfaktor erweist sich immer wieder eine **konse-**

5. Marketing-Konzeptionen und Marketing-Management

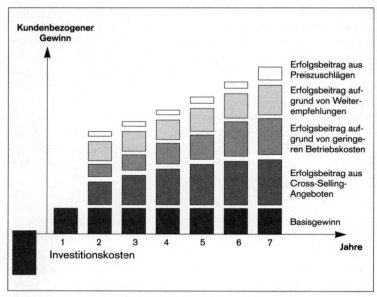

Abb. 101: Gewinnpotenziale eines Kunden im Zeitablauf
Quelle: nach Reichheld/Sasser

quente **Kundenorientierung** in Markt- und Unternehmenshandeln. Der Kundenorientierung liegt dabei eine inzwischen erweiterte Sicht zugrunde.

Seitdem die – durch empirische Untersuchungen gestützte – Einsicht gewachsen ist, dass es fünf- bis siebenmal teurer ist, einen neuen Kunden zu gewinnen als einen bestehenden Kunden zu halten, richten viele Unternehmen ihre Marketingkonzepte verstärkt auf **Kundenbindung** aus. In welchem Maße gezielte Kundenbindung die Gewinnpotenziale des Unternehmens erhöht, verdeutlicht eine empirisch gestützte Darstellung (Abb. 101).

Wesentliche Ansatzpunkte für die Ausschöpfung von Gewinnpotenzialen bieten etwa Möglichkeiten des Cross-Selling, das heißt, einen bestehenden Kunden – u. a. durch **Direktmarketing**, ggf. auch **internet-gestützt** – an zusätzliche Produkte aus dem eigenen Programm heranzuführen und zum Kauf zu bewegen. Nicht zu unterschätzen sind die ökonomischen Effekte durch Weiterempfehlungen und mögliche Preisaufschläge bei zufriedenen Kunden.

Insoweit rückt verstärkt die **Kundenzufriedenheit** als Markt- und Unternehmensziel in den Mittelpunkt marketing-konzeptionellen Handelns. Kundenzufriedenheit ist das Ergebnis eine Vergleichsprozesses des Kunden
- zwischen seinen **Erwartungen** und
- den von ihm **wahrgenommen Leistungen**.

Seine Erwartungen werden beeinflusst von seinen individuellen Ansprüchen, Image und Leistungsversprechen des anbietenden Unternehmens und dem Wissen um Alternativangebote der Konkurrenten.

Die wahrgenommene Leistung ist das Resultat aktueller, individueller Produkt- bzw. Problemlösungserfahrungen. Entscheidend sind dabei nicht nur die objektiven Leistungen, sondern auch die subjektiv wahrgenommenen und anerkannten.

Im Hinblick auf eine gezielte Erhöhung der Kundenzufriedenheit – als Grundvoraussetzung für die ökonomisch wichtige Kundenbindung – werden immer stärker Instrumente der Kundenbeziehungspflege genutzt. Das Beziehungsmarketing ist darauf gerichtet, über die gesamte Lebensdauer der Kundenbeziehung, und zwar auch „kritische" Phasen hinweg, den Kunden gezielt zu betreuen, um so etwa drohende Kundenabwanderungen abzuwenden bzw. verlorene Kunden wieder zurückzugewinnen (= umfassendes Kundenmanagement in allen Phasen des Kundenbeziehungslebenszyklus):
- **Interessentenmanagement** (Anbahnung und Abschluss von neuen Geschäftsbeziehungen),
- **Kundenbeziehungsmanagement** (Festigung neuer, Stabilisierung gefährdeter und Verhinderung sich lösender Geschäftsbeziehungen),
- **Kundenrückgewinnungsmanagement** (Reaktivierung passiver, Rücknahme gekündigter und Wiederaufnahme neuer Geschäftsbeziehungen).

Eine systematische Kundenbeziehungspflege stellt sich somit als eine permanente Managementaufgabe dar.

In diesem Zusammenhang gewinnt konsequentes **Customer Re-**

lationship Management (CRM) an Bedeutung. Dieser kundenbezogene Managementansatz besteht darin, alle Kontakte mit dem Kunden – über geeignete Software-Programme – datenmäßig zu erfassen, in einem Data Warehouse zusammenzuführen und über Möglichkeiten des Data Mining speziell aufzubereiten. Ziel ist es insgesamt, durch die Verknüpfung aller kundenbezogenen Daten möglichst differenzierte Kundenprofile zu erstellen. Auf diese Weise können die Kunden des Unternehmens für die zu vermarktenden Produkte und Leistungen besser ausgewählt und „segmentiert" werden. Die Kunden erhalten dadurch diejenigen Angebote und Services, die sie erwarten und die sie zufrieden stellen (= Optimierung der Kundenzufriedenheit).

Mit dem CRM-Ansatz soll insgesamt erreicht werden, Marketingkonzepte noch stärker als bisher auf einzelne Kunden zu fokussieren. Dieser Ansatz entspricht dem generellen Strategietrend, nämlich der Entwicklung vom Massenmarketing über das Segmentmarketing bis hin zum Kundenindividuellen Marketing (One-to-One-Marketing). Er ist zugleich ein Ansatz, noch konsequenter die Ertragspotenziale von Märkten auszuschöpfen.

5.2 Realisierung einer Marketing-Konzeption

Konzeptionelle Arbeit kann sich nicht allein darauf beschränken, Konzeptpapiere (Policy Paper) zu erstellen, sondern es muss sichergestellt werden, dass das konzeptionell Gewollte auch tatsächlich konsequent umgesetzt wird.

Die Realisierung einer Marketing-Konzeption ist zunächst formal daran gebunden, dass sie von der Unternehmensleitung als verbindlich erklärt und als Grundlage für Auswahl und Entwicklung der Mitarbeiter gewählt wird. Erfolgsentscheidend ist außerdem, dass eine Marketing-Konzeption nicht einfach per Anweisung an die Mitarbeiter zur Umsetzung weitergegeben wird, sondern dass die Mitarbeiter bereits in der Entstehungsphase an ihr mitgearbeitet haben bzw. zumindest in die Analysen und Konzeptentwürfe mit einbezogen wurden (hier beginnt bereits **internes Marketing**).

Entscheidend ist schließlich die Motivation der Mitarbeiter, erarbeitete Konzeptionen mitzutragen und aktiv umzusetzen. In dieser Hinsicht muss vor allem Marketing-Denken die Unternehmenskultur stark prägen, was sich in entsprechenden Wertvorstellungen sowie Denk- und Verhaltensmustern der Mitarbeiter niederschlägt. Das bedeutet mit anderen Worten, dass sich die Leitidee der Markt- und Kundenorientierung bereits im gesamten Unternehmen und bei seinen Mitarbeitern durchgesetzt hat und akzeptiert („verinnerlicht") ist.

Vielfach sind hierzu gezielte Maßnahmen eines marktorientierten **Kulturmanagements** erforderlich, damit ausgeprägtes Markt- und Marketingdenken funktionsübergreifend im Unternehmen verankert wird. Dazu gehört u. a. auch, dass das Management selbst markt- und kundenorientierte Verhaltensweisen nicht nur predigt, sondern auch vorlebt.

Für ein solches Kulturmanagement bedarf es eines konsequenten internen Marketing, und zwar mit dem Ziel, ein kundenfreundliches Mitarbeiterverhalten nachhaltig zu entwickeln und zu fördern. Neben der bereits erwähnten Auswahl und Entwicklung von Mitarbeitern ist vor allem auch entscheidend, dass die messbar erzielte Kundenzufriedenheit in ein entsprechendes Anreiz- wie auch Kontrollsystem einbezogen wird.

Die Realisierung einer Marketing-Konzeption wird jedoch nicht nur von einer markt- und kundenorientierten Unternehmenskultur („Marketing-Kultur") beeinflusst, sondern auch von der gewählten **Organisationsstruktur** des Unternehmens. Empirische Untersuchungen zeigen, dass die Umsetzung markt- und kundenorientierter Konzepte umso besser gelingt, je flacher die Organisationshierarchie ist, je ausgeprägter funktionsbereichsübergreifend gearbeitet wird und je stärker die Verantwortung und Entscheidungskompetenz von der Managementebene auf die nachgelagerten Hierarchien delegiert wird.

In diesem Zusammenhang ist vorgeschlagen worden, dass im Prinzip die klassische Organisationspyramide auf den Kopf gestellt werden müsse (Abb. 102).

Dieses Organisationsbild soll jedenfalls deutlich machen, dass markt- und kundenorientiertes Handeln ganz entscheidend von der Fähigkeit und Motivation der Mitarbeiter an der „Kunden-

5. Marketing-Konzeptionen und Marketing-Management

Abb. 102: „Umkehrung" der Marketing-Organisation nach dem Marketingkonzept

front" abhängt, Kunden engagiert zufrieden zu stellen. Hierbei müssen sie entsprechend vom mittleren Management unterstützt werden, das seinerseits entsprechende Unterstützung vom Top-Management erfahren muss. Dafür ist es notwendig, dass sowohl mittleres als auch oberes Management selbst Kundenkontakt haben bzw. suchen.

Die Entwicklung bzw. der Niederschlag des Marketinggedankens in der traditionellen Unternehmensorganisation hat **verschiedene Stadien** durchlaufen. Sie sind durch verschiedene Integrationsstufen des Marketing in der Organisationsstruktur des Unternehmens gekennzeichnet. Folgende Stadien können grundsätzlich unterschieden werden:

(1) Teilintegriertes Marketing
- Marketing als Stabsstelle der Verkaufsleitung,
- Marketing als Abteilung im Verkauf,
- Marketing als Abteilung neben dem Verkauf.

(2) Vollintegriertes Marketing
- Marketing als Ressort auf Geschäftsleitungsebene,
- Marketing als oberste Geschäftsleitungsebene.

Eine konsequente Umsetzung des Marketingkonzepts in Unternehmen gelingt prinzipiell erst, wenn Marketing zumindest gleichberechtigt neben dem Verkauf verankert ist (teilintegrierte Lösung). Am besten ist die Umsetzung bei vollintegrierten Lösungen möglich

5.2 Realisierung einer Marketing-Konzeption

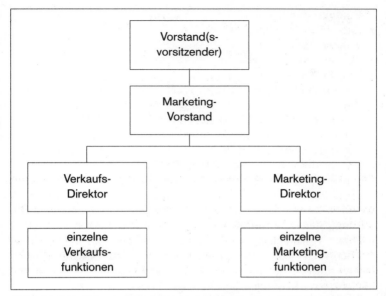

Abb. 103: Beispiel einer Organisationsstruktur bei vollintegriertem Marketing

(Abb. 103), wobei die Verankerung des Marketing in der obersten Geschäftsleitungsebene eher die Ausnahme bildet.

Die Realisierung von Marketing-Konzeptionen in Unternehmen hängt im Übrigen von der konkreten Ausgestaltung der Marketingorganisation ab. Im Hinblick auf die Anforderungen einer konsequenten konzeptions-geleiteten Führung des Unternehmens sind klassische funktionsorientierte Organisationsformen in hohem Maße von modernen objektorientierten Formen abgelöst bzw. überlagert worden.

Das Organisationsprinzip besteht hierbei darin, die unterschiedlichen Funktionsbereiche durch eine „eingebaute" Querschnittskoordination auf die Besonderheiten bestimmter Produkte oder Produktgruppen, Kunden oder Kundengruppen, Marktgebiete oder Marktregionen oder auch Projekte auszurichten.

Im Folgenden sollen deshalb wichtige Formen einer **objektorientierten Marketing-Organisation** kurz vorgestellt werden:

5. Marketing-Konzeptionen und Marketing-Management

- **Produkt-Management,**
- **Kategorien-Management,**
- **Kunden-Management,**
- **Regional-Management,**
- **Projekt-Management.**

Das Produkt-Management (Product Management) ist durch eine Aufgabenspezialisierung im Hinblick auf ein Produkt, eine Produktgruppe bzw. eine Marke gekennzeichnet. Aus diesem Grunde wird hierfür auch die Bezeichnung Brand Management gewählt. Die Aufgabe der Stelleninhaber (Product bzw. Brand Manager) besteht darin, für die von ihnen betreuten Produkte bzw. Marken Marketing-Konzeptionen zu entwickeln und zugleich für ihre operative Realisierung zu sorgen. Sie sind mit anderen Worten verantwortlich für die Ideenfindung, Konzeptentwicklung sowie für die Einführung, Steuerung und Kontrolle der Produkte (Marken) im Markt.

Dieses Aufgabenspektrum erfordert eine enge Zusammenarbeit mit den verschiedenen Funktionsbereichen (z. B. Beschaffung und Produktion) sowie anderen objektbezogenen Organisationseinheiten (wie etwa Verkaufsgebietsleitungen). Weisungsrechte im eigentlichen Sinne besitzt der Product Manager gegenüber diesen internen Stellen bzw. Instanzen in der Regel nicht; seine organisatorische Einbindung kann dabei auf sehr unterschiedliche Weise erfolgen (ggf. auch als Stabs-Product-Management). Insoweit hängt es in hohem Maße von der persönlichen und fachlichen Überzeugungskraft des Product Managers ab, ob und inwieweit er seine konzeptionellen Entwürfe tatsächlich realisieren kann.

Das Kategorien-Management (Category Management) ist auf die Schaffung von Zuständigkeiten für sachlich zusammengehörende, bedarfsorientierte Produktlinien gerichtet. Mit der Wahl ganzer Produktkategorien (Categories) – z. B. Reinigungsmittel oder Körperpflegemittel insgesamt – als organisatorischem Objektbezug will man vermeiden, dass wichtige Verbundbeziehungen zwischen mehreren Produkten einer Produktkategorie vernachlässigt werden, und zwar sowohl bei Hersteller- als auch bei Handelsbetrieben. Ziel ist dabei, Synergiemöglichkeiten zwischen (bedarfs-)verbundenen Produkten zu nutzen und Ressourcen wirtschaftlicher einzusetzen. Dieser Ansatz ist im Übrigen nicht völlig neu, denn auch im Rahmen des klassischen Produkt-Managements hat man z. T. eine in dieser Hinsicht optimale Koordination durch ein sog. Produktgruppen-Management zu erreichen gesucht.

Das Kunden-Management (Key-Account-Management) stellt eine spezifische kundenorientierte Organisationsform dar. Sie erweist sich insbesondere dann als zweckmäßig, wenn auf Abnehmerseite (z. B. Handelsbetrieben) ein verbundener Bedarf an verschiedenen Produkten eines Anbieters (z. B. Herstellers) besteht. In diesem Fall reicht die übliche endverbraucher-bezogene Zielgruppenorientierung der einzelnen Product Manager nicht mehr aus, um die Bedürfnisse bzw. Anforderungen wichtiger Handelsbetriebe(-gruppen) zu erfüllen. Die Institutionalisierung einer (zusätzlichen) Kundenorientierung in der Marketing-Organisation ist im Übrigen auch Folge einer starken Konzentration im Handel (z. B. im Lebensmittelhandel) und der damit gewachsenen Verhandlungsmacht. So haben häufig Konsumgüterhersteller ein Kunden-Management mit Ausrichtung auf nachfragestarke Handelsorganisationen geschaffen.

Das Regional-Management kommt immer dann in Betracht, wenn im Endabnehmerverhalten, in der Handelsstruktur und/oder in der relativen Wettbewerbsposition starke regionale Unterschiede gegeben sind, mit anderen Worten also sehr heterogene regionale Marktbedingungen vorherrschen. In der Marketing- bzw. Absatzorganisation werden dann üblicherweise spezifische regionale Organisationseinheiten geschaffen (z. B. Verkaufsbüros bzw. Verkaufsgebietsleitungen), die jeweils für bestimmte geografische Teilmärkte zuständig sind. Diese regional orientierte Ausrichtung der (Marketing-)Organisation ist vor allem für übernational (international) tätige Unternehmen angezeigt. Sie hängt naturgemäß vom jeweiligen Internationalisierungsgrad des Unternehmens ab.

Das Projekt-Management ist eine auf Projekte ausgerichtete Organisationsform. Projekte umfassen zeitlich befristete, komplexe und vergleichsweise neuartige Aufgabenstellungen. Das Projekt-Management bezieht sich dabei auf sämtliche projektbezogenen, dispositiven Tätigkeiten. Es stellt zugleich eine Konzeption für die Durchführung von Projekten dar. Ein typisches Beispiel für eine Projektorganisation im Rahmen des Marketing ist die Entwicklung

5. Marketing-Konzeptionen und Marketing-Management

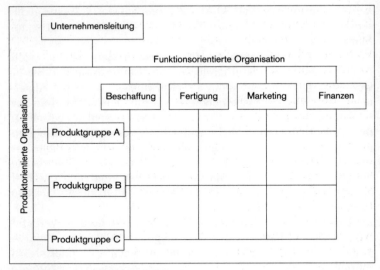

Abb. 104: Beispiel einer Matrix-Organisation

und Einführung innovativer Produkte. Im Gegensatz zur fest installierten produktorientierten Marketing-Organisation (z. B. Produkt-Management) bietet das Projekt-Management wesentlich mehr Möglichkeiten zur flexiblen Anpassung an die fallspezifischen, situativ geprägten Bedingungen.

Die Darlegungen zu den verschiedenen objektorientierten Organisationsformen haben gezeigt, dass je nach marketing-konzeptionellen Bedingungen und Anforderungen spezifische organisatorische Regelungen getroffen werden können (müssen). Die objektorientierten Formen ersetzten dabei vielfach nicht klassische funktionsorientierte Organisationseinheiten, sondern ergänzen bzw. überlagern sie. Ein typisches Beispiel dafür ist die sog. **Matrix-Organisation**, hier dargestellt am Beispiel eines produkt(-management)-orientierten Organisationskonzepts (Abb. 104).

Der Vorteil einer solchen Organisationsform, bei der sich im Prinzip zwei Kompetenzsysteme (nämlich funktions- und produktorientierte Organisation) überlagern, besteht darin, dass das fachliche

Know-how und die fachspezifische Aufgabenerfüllung zentraler funktionsorientierter Organisationsbereiche von allen Product Managern gezielt für Entwicklung, Realisation und Betreuung ihrer Produkte und Marken genutzt werden können. Der Nachteil dieser Matrix-Organisation ist andererseits darin zu sehen, dass die Abgrenzung der Kompetenzen zwischen funktionsorientierten und produktorientierten Stellen Schwierigkeiten bereitet. Solche Organisationskonzepte erfüllen ihren Zweck nur dann, wenn auch die funktionsorientierten Stelleninhaber hinreichend markt- und kundenorientiert denken und handeln und die produktorientierten Stelleninhaber – wie bereits hervorgehoben – über persönliche und fachliche Fähigkeiten (Kompetenzen) verfügen, um die Funktionsstelleninhaber für ihre Entwürfe und Konzepte zu gewinnen (noch besser: zu begeistern).

Mit diesen Darlegungen ist noch einmal deutlich geworden, wie wichtig auch und gerade ein **internes Marketing** ist, um Markt- und Kundenorientierung – also ein Denken in Kategorien von Kundenzufriedenheit und Kundenbindung – in das Unternehmen bzw. in die Köpfe aller Mitarbeiter eines Unternehmens „einzupflanzen" (=Schaffung einer **markt- bzw. kundenorientierten Unternehmenskultur**).

Art und Ausgestaltung der konkreten Marketing-Organisationsform (sowie ihre Weiterentwicklung einschließlich personalpolitischer Aufgaben) hängen – darauf soll abschließend hingewiesen werden – stark von der unternehmensindividuellen Marketing-Konzeption und ihren Anforderungen wie auch von den Bedingungen bearbeiteter Märkte bzw. vermarkteter Produkte (Leistungen) ab.

5.3 Überprüfung einer Marketing-Konzeption

Zur erfolgreichen Durchsetzung von Marketing-Konzeptionen gehört schließlich auch die Überprüfung der operativen Zielerreichung wie auch der strategischen Bedingungen, um die künftige Tragfähigkeit des realisierten Konzepts festzustellen. Die Durchsetzung von Marketing-Konzeptionen bedarf mit anderen Worten der überprüfend-kontrollierenden Begleitung. Die Überprüfung von

Marketing-Konzeptionen stellt insoweit eine dritte wichtige Führungs- bzw. Managementfunktion dar. „Controlling" ist in diesem Sinne als korrespondierendes Element der konzeptionellen Planung anzusehen.

Zwei verschiedene Controlling-Ansätze können in dieser Hinsicht unterschieden werden:

- **Operatives Controlling (Feed-back-Ansatz),**
- **Strategisches Controlling (Feed-forward-Ansatz).**

Das Prinzip des operativen Controlling liegt darin, instrumental-operative Maßnahmen des Marketing auf ihre Zielwirksamkeit hin zu untersuchen, und zwar ex-post aufgrund entsprechender Soll-Ist-Abweichungen. Darin bestand und besteht letztlich die permanente Controlling-Aufgabe. Das Controlling hat sich im Laufe der Zeit jedoch immer stärker auch zu einem Konzept vorausschauender Überprüfungen (= strategischer Ansatz) entwickelt. Das heißt, es wird ex-ante versucht, mögliche Abweichungen vorwegzunehmen (also zu antizipieren), um dadurch ihr Eintreten zu verhindern, und zwar durch Analyse von Änderungen unternehmensexterner (ggf. auch -interner) Rahmenbedingungen und frühzeitiger Nachjustierung des unternehmerischen Handelns (= marketing-konzeptionelle Weiterentwicklung).

Operatives und strategisches Marketing-Controlling stehen in einem grundlegenden konzeptionellen Zusammenhang (Abb. 105).

Die Systemunterschiede von operativem und strategischem Controlling lassen sich auf Basis verschiedener Merkmale näher kennzeichnen (Abb. 106).

Die Übersicht macht insgesamt die wesentlichen Unterschiede des operativen und strategischen Marketing-Controlling deutlich, nicht zuletzt aber auch ihre wichtigen, sich gegenseitig unterstützenden bzw. ergänzenden Funktionen.

Einer systematischen Wahrnehmung von Controllingaufgaben, insbesondere operativer Art, dienen generell Kennzahlensysteme. Klassische Kennzahlensysteme sind dabei in erster Linie finanzwirtschaftlich ausgerichtet. Im Hinblick auf eine stärkere Verzahnung von operativer und strategischer Perspektive einerseits und eine stärker **(unternehmens)wert-orientierte Führung** von Unternehmen andererseits ist als Steuerungs- und Kontrollgrundlage die

5.3 Überprüfung einer Marketing-Konzeption

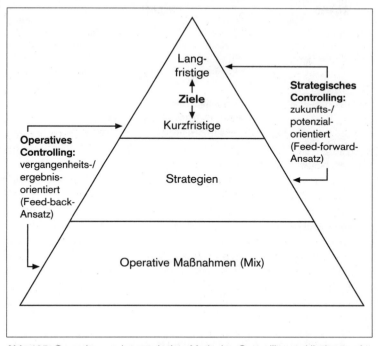

Abb. 105: Operatives und strategisches Marketing-Controlling und ihr konzeptioneller Zusammenhang

sog. **Balanced Scorecard** entwickelt worden. Ihr liegt eine gleichzeitige und gleichrangige Berücksichtigung (Balance) von vier verschiedenen Bereichen zugrunde, wodurch eine größere Ausgewogenheit von jeweils relevanten Ergebniszahlen und jeweiligen Erfolgsfaktoren realisiert werden soll (Abb.107).

Die Darstellung zeigt, dass für eine konsequente oberziel-orientierte Führung des Unternehmens (Rentabilität und Unternehmenswert) mindestens vier „kritische" Prozessebenen und ihre Ursache-Wirkungsbeziehungen berücksichtigt werden müssen. Entsprechende Messgrößen werden in einem Berichtsbogen (Scorecard) jeweils zusammenfassend dargestellt. Der **integrierte Ansatz** macht das Besondere dieses Steuerungs- und Kontrollsystems aus. Auf-

5. Marketing-Konzeptionen und Marketing-Management

Ebenen Merkmale	Operatives Marketing-Controlling	Strategisches Marketing-Controlling
Steuerungsziele	Gewinn Rentabilität Marketing-Produktivität	Wachstum Existenzsicherung Wettbewerbsvorteile
Steuerungsansatz	Wirtschaftlichkeit der operativ-instrumentalen Marketingmaßnahmen („Effizienz")	Angemessenheit der strategischen, potenzialorientierten Handlungsmuster („Effektivität")
Steuerungsgrößen	Kosten und Erlöse (sowie auch nicht-monetäre Größen wie Bekanntheitsgrad, Image)	Marktposition (-anteil) Marktpositionierung Markt/Programm-Portfolio
Steuerungssysteme	primär internes Rechnungswesen (zusätzlich Marktforschung)	Umwelt- und Unternehmensanalysen (inkl. Früherkennungs- bzw. Frühaufklärungssystemen)

Abb. 106: Vergleichende Betrachtung von operativem und strategischem Marketing-Controlling

grund der Komplexität ist seine Implementierung in der Praxis allerdings schwierig. Bisher bekannt gewordene Realisationsformen in Unternehmen zeigen, dass jeweils branchen- und unternehmensspezifische Systeme entwickelt werden müssen, wenn die grundsätzlichen Möglichkeiten einer Balanced Scorecard ausgeschöpft werden sollen. Interessant und wichtig unter marketing-konzeptionellem Aspekt ist die ausdrückliche Berücksichtigung der **Kundenperspektive**.

Für die Erfüllung speziell strategischer Controlling-Aufgaben – insbesondere im Hinblick auf die rechtzeitige Anpassung von Marketing-Konzeptionen an neue Markt- und Umfeldbedingungen – sind ausreichende **Früherkennungs- und Frühaufklärungssysteme** notwendig. Früherkennungssysteme beruhen auf einem System von vorlaufenden Indikatoren, die für das Unternehmen wichtige Makro-Bereiche (wie Gesellschaft, Gesamtwirtschaft) und Mikro-Bereiche

5.3 Überprüfung einer Marketing-Konzeption

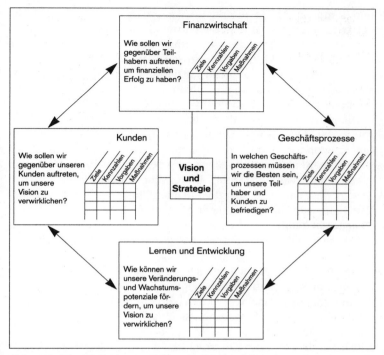

Abb.: 107: Die vier Basisperspektiven der Balanced Scorecard
Quelle: nach Kaplan/Norton

(wie Kunden, Konkurrenten) repräsentieren. Frühaufklärungssysteme versuchen, noch schwache Signale (Weak Signals) in Bezug auf mögliche „Strukturbrüche" in den verschiedenen Markt- und Umfeldbereichen zu erfassen. Ihre Auswirkungen sind zwar für das Unternehmen noch nicht voll abzuschätzen, dennoch dienen solche frühen Informationen dazu, die Reaktionszeiten für mögliche konzeptionelle Antworten (Konzeptänderungen) zu verlängern.

Für die Steuerung von Marketing-Konzeptionen im Zeitablauf spielt vor allem auch die **Marktforschung** eine wichtige Rolle. Mit Methoden der Marktforschung gilt es, möglichst früh und differenziert Wandlungen im Abnehmer- bzw. Käuferverhalten aufzudecken und Trends im Markt zu erkennen (via Trendforschung). Aufgabe der **Trendforschung** ist u. a., die einstellungs- bzw. wertebezogenen und verhaltens-spezifischen Änderungen zu identifizieren und ihre kauf-relevanten Wirkungen abzuschätzen. Die Ergebnisse der Trendforschung sind vor allem für die Steuerung bzw. Nachjustierung wichtiger Marketinginstrumente (wie Design, Verpackung, Werbung bzw. Markenführung) von Bedeutung.

Die Markenführung hat vor dem Hintergrund von Veränderungen in der (Ober-)Zielsetzung von Unternehmen noch an Bedeutung gewonnen. Immer mehr Unternehmen streben neben Gewinn bzw. Rentabilität die Steigerung des Unternehmenswertes an (Shareholder Value-Konzept). Empirische Untersuchungen haben gezeigt, dass der Markenwert von Unternehmen – als immaterieller Wert – bis zur Hälfte und mehr am Unternehmenswert insgesamt ausmachen kann.

In dem Maße, in dem die Einsicht gewachsen ist, dass Unternehmen – wie dargestellt – unter ökonomischer Zielsetzung stärker als früher ihre Konzepte auch und gerade auf die Kundenbindung ausrichten müssen, ist die Kundenzufriedenheit und damit die **Kundenzufriedenheitsforschung** in den Vordergrund notwendiger konzeptioneller Überprüfungen im Zeitablauf gerückt. Das heißt, die Kundenzufriedenheit stellt nicht nur eine wichtige Ziel-, sondern eine besonders wichtige Kontrollgröße konzeptions-geleiteten Marketingmanagements dar.

Für die Erforschung der eigentlichen Kundenzufriedenheit kommen insbesondere subjektive Mess- bzw. Erhebungsverfahren in Betracht, und zwar:

- **Merkmalsgestützte Verfahren** (indirekte Messung)
  - Erfassung von Beschwerden,
  - Erfassung von Beschwerdezufriedenheit.

- **Merkmalsgestützte Verfahren** (direkte Messung)
  - Erfassung enttäuschter Erwartungen,
  - Erfassung von Zufriedenheitsgraden.

Je nach Stand und Zielsetzung der Kundenzufriedenheitsforschung im Unternehmen bieten sich häufig kombinierte Messverfahren an.

5.3 Überprüfung einer Marketing-Konzeption

Wesentliche Impulse hat die Kundenzufriedenheitsforschung durch den *Kundenmonitor* (früher *Kundenbarometer*) erhalten. Der *Kundenmonitor Deutschland* der *Service Barometer AG* ist eine Längsschnittstudie zur breiten und branchenübergreifenden Messung der Kundenorientierung bzw. Kundenzufriedenheit in der BRD. Basis hierfür bilden jährlich repräsentativ erhobene Kundenzufriedenheits- und Kundenbindungsdaten für Produkte und Leistungen von Herstellern und Dienstleistern.

Was die Überprüfung (ggf. Modifizierung und/oder Ergänzung) von Marketing-Konzeptionen angeht, so kann sie umso besser erfolgen und ihre Konsequenzen können umso schlüssiger abgeleitet werden, je umfassender das eingesetzte „Controlling-Instrumentarium" ist. Unter marketing-konzeptionellen Aspekten sind – das wurde näher dargestellt – vor allen **entsprechende Erweiterungen** (u. a. Balanced Scorecard, Kundenzufriedenheitsforschung und Kundenbeziehungslebenszyklus-Analyse) sinnvoll, wenn nicht notwendig.

Bei den – aus diesen Überprüfungen ableitbaren – konzeptionellen Anpassungen sind solche
- **strategischer Art** und
- **operativer Art**

zu unterscheiden.

Strategische Korrekturen bzw. Erweiterungen beziehen sich auf grundlegende, längerfristig bindende Veränderungen im Rahmen eines bestehenden Marketingkonzepts. Eine strategische Fokussierung auf das (ursprüngliche) Kerngeschäft eines Unternehmens bei gleichzeitiger Intensivierung des internationalen Geschäfts (= strategischer Ausgleich) stellt beispielsweise eine solche strategische Korrektur dar. Strategische Erweiterungen können auf verschiedenen strategischen Ebenen (i. S. v. strategischer Evolution) zweckmäßg sein, z. B. außerdem die Ergänzung eines ursprünglich präferenz- oder markenartikel-strategischen Konzepts um ein preismengen- oder discount-orientiertes Konzept zur vollständigen Marktabdeckung (und zwar auf der Basis eines strategisch „sauber" getrennten Mehrmarken-Konzepts).

Operative Korrekturen bzw. Ergänzungen sind dagegen auf den Einsatz der Marketinginstrumente selbst ausgerichtet. Sie müssen grundsätzlich strategie-geleitet erfolgen, das heißt mit anderen Worten entsprechende strategische Korrekturen konkret umsetzen (z. B. Realisierung einer Mehrmarkenlösung aufgrund einer strategischen Ergänzung eines präferenz-strategischen Konzepts um ein preis-mengen-strategisches). Aufgrund des intensiven Wettbewerbs in vielen Märkten sind jedoch immer wieder Modifikationen im Marketinginstrumenten-Einsatz allein schon auf der Basis bestehender und nach Überprüfung weiterhin gültiger ziel-strategischer Marketingkonzepte notwendig. Anknüpfungspunkte bieten hier sowohl generell neue(re) Marketinginstrumente (wie z. B. das **Internet**) oder auch Instrumente, die zwar im Markt bereits stärker eingesetzt (z. B. Produktdesign), vom eigenen Unternehmen aber bisher nicht konsequent genutzt wurden. Jedes Unternehmen verfügt insoweit immer noch über **Reserveinstrumente**, die – stärker denn je – für Ausbau oder Verteidigung der Markt- und Wettbewerbsposition ausgeschöpft werden müssen. Bei der Suche nach Reserveinstrumenten empfiehlt sich immer auch der branchenübergreifende Blick (so hat beispielsweise *Schwartau* mit der „Konfitüre des Jahres" ein bewährtes Varianten- und Promotionkonzept aufgegriffen, das zuvor *Schöller* mit seiner Lizenzmarke *Mövenpick* beinahe schon zehn Jahre erfolgreich im Eiskrem-Markt realisiert hatte).

Was operative Modifikationen bzw. Erweiterungen betrifft, so gibt es aufgrund der modernen Informations- und Kommunikationstechnologie vielfältige „neue" Möglichkeiten marketing-instrumentaler Maßnahmen. Multimediale, internet-gestützte Werbeauftritte sind etwa solche Möglichkeiten. Entscheidend bei derartigen instrumentalen Erweiterungen sind dabei stets zielgruppenadäquate Anwendungsformen, die sich an bisherigen klassischen Markenauftritten (-konstanten) orientieren und eine bewährte **Produkt- oder Markenpositionierung** nicht gefährden, sondern vielmehr schlüssig stärken (= ganzheitliche, integrierte Markenführung). Das gilt nicht nur für die Gestaltung von Corporate Sites (= internet-basierte Präsentation des Unternehmens als Ganzes für die unterschiedlichsten Anspruchs- bzw. Interessentengruppen des Unternehmens, sondern auch für die Gestaltung von Product Sites (=internet-basierte Präsentation einzelner Produkte (Marken) oder der ganzen Produktpalette des Unternehmens speziell für Kunden). Aber auch internet-basierte Formen des Direkt- bzw. Dialogmarketing (u. a. E-Mails) müssen in ein solches integriertes Konzept einbezogen werden.

Sobald ein Unternehmen ein **Electronic-Commerce-Konzept** (E-Commerce) zu realisieren sucht, verlässt es allerdings die rein operative Dimension des Marketinghandelns. E-Commerce ist dadurch gekennzeichnet, dass hier Transaktionen zwischen Wirtschaftsubjekten digital erfolgen. Dem E-Commerce liegt das Funktionsprinzip eines elektronischen Marktes zugrunde. Eine Markttransaktion umfasst dabei drei Phasen:

(1) Informationsphase (= Austausch von Daten zur Information über Produkte, Leistungen, Services),

(2) Vereinbarungsphase (= Verhandlung über Leistungsumfang, Preise, Konditionen),

(3) Abwicklungsphase (= Erfüllung der Vereinbarungen: Auslieferung, Fakturierung, Zahlungsverkehr, Service).

Der besondere Vorteil des elektronischen Marktes liegt darin, dass sowohl Anbieter als auch Kunden zu ihm einen zeitlich wie räumlich **unbegrenzten Zugang** haben, und zwar schnell und in der Regel auch kostengünstiger als in traditionellen Märkten. Darüber hinaus sind die Aufwendungen beider Marktpartner für Informations-, Vereinbarungs- und Abwicklungsphase im Allgemeinen niedriger bzw. können niedriger gehalten werden. Trotzdem muss jedes Unternehmen – je nach Produkt, Marke und eigenem kundenfokussierten Konzept – entscheiden, ob und in welchem Umfang es das Internet für E-Commerce einsetzen will (Abb. 108).

Aus Anbietersicht sind alle drei Möglichkeiten prinzipiell als gleichwertige Alternativen anzusehen. Dabei kann ein Hersteller allerdings vor dem Problem (oder besser: vor der Herausforderung) stehen, ob er mit einer Nutzung von E-Commerce seine bestehenden Handelsbeziehungen unterstützen oder eine neue Konkurrenzsituation durch einen eigenen Direktvertrieb schaffen will (soll).

Im Hinblick auf – immer stärker an Bedeutung gewinnende – kunden-fokussierte Marketingkonzepte (bis hin zum Kundenindividuellen Marketing = Strategietrend) kommt dem E-Commerce deshalb eine besondere Bedeutung zu, weil hier auf elektronischem Wege nicht nur die Informationen kundenindividuell gestaltet werden können, sondern über die Dialogkommunikation auch die Pro-

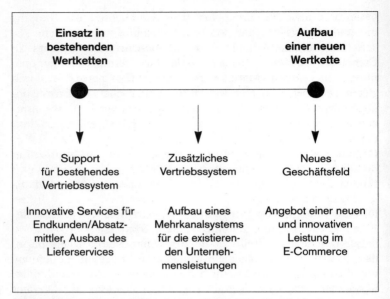

Abbildung 108: Einsatzmöglichkeiten des E-Commerce im Distributionssystem
Quelle: nach Schögel/Birkenhofer/Tomczak

dukte kundenindividuell konfiguriert werden können. **E-Commerce** vermag Individualisierungsprozesse bei Produkten und Leistungen ganz entscheidend zu unterstützen bzw. ist vielfach eine wichtige Realisierungsvoraussetzung überhaupt (ggf. auch im Rahmen sog. Mehrkanal- bzw. Multi-Channel-Systeme).

Die Vorteile einer kunden-fokussierten Marketing- und Distributionspolitik auf Basis des **Internet** (E-Commerce) können jedoch – das ist ohne weiteres einsichtig – nur dann voll ausgeschöpft werden, wenn die Produkte (Leistungen) auch online distribuiert werden können (z. B. bei Software) oder aber bei einer Distribution offline zumindest mehr Bequemlichkeit als beim Einkauf im Handel geboten wird (z. B. durch Hausanlieferung). Es ist damit klar, dass von neuen elektronischen Distributionsformen gerade auch die **Absatzlogistik** wesentlich tangiert ist bzw. hierfür die logistischen Voraussetzungen geschaffen werden müssen (z. B. Netzwerke).

5.3 Überprüfung einer Marketing-Konzeption

Generell stehen Unternehmen dabei vor der Wahl, entweder die gesamte Logistikkette auf der Basis entsprechender Software-Lösungen selbst zu führen oder aber den gesamten Logistikprozess an darauf spezialisierte Dienstleister („Full-Service-Logistiker") zu übergeben, und zwar mit allen dazugehörenden Serviceleistungen. Zum Teil werden aber auch Kombinationen aus Eigenleistungen und Fremdleistungen – bezogen auf die einzelnen Stufen der Prozesskette – zu realisieren gesucht.

Damit wird insgesamt deutlich, dass Unternehmen, die ein E-Commerce-Konzept realisieren, im Prinzip ein **neues Geschäftsmodell** installieren, was über die operativen Umsetzungsformen weit hinaus geht und ein (bestehendes) Marketing- und Unternehmenskonzept in seiner Gesamtheit berührt (= Veränderung der Wertkette, in der Regel unternehmensübergreifend auf Vor- und Nachstufe). Eine solche Veränderung ist nur dann ökonomisch sinnvoll, wenn ihr eine entsprechende ziel-strategische Fundierung bzw. Neuorientierung zugrunde liegt, und zwar unter besonderer Berücksichtigung von Erlösmodellen, die eine Realisierung der **Oberziele** (Rentabilität wie Unternehmenswert) sicherstellen. Damit aber sind insgesamt Fragen des strategischen Controlling (i. S. v. strategischer Überprüfung) angesprochen.

> **Fazit:** Marketing-Konzeptionen als Leitpläne unternehmerischen Handelns („Fahrplanfunktion") erfüllen diese Aufgabe nur dann, wenn sie auf schlüssigen, ganzheitlichen Entscheidungen auf der Ziel-, der Strategie- und der Mixebene beruhen. Eine solche markt- und kundenorientierte Leitplanung des Unternehmens setzt entsprechende Managementfunktionen voraus: systematische Erarbeitung, Realisierung und Überprüfung von Marketing-Konzeptionen. Diese Aufgaben müssen sowohl hinsichtlich der spezifischen Zuständigkeiten als auch der geeigneten Verfahren und Systeme organisiert werden.

Hinweis: Wer die Thematik „Management von Marketing-Konzeptionen" vertiefen möchte, wird verwiesen auf *Becker, J.,* Marketing-Konzeption. Grundlagen des ziel-strategischen und operativen Marketingmanagements, 7. überarbeitete und ergänzte Auflage, München 2002. Neben ausführlichen Literaturhinweisen findet sich dort auch detaillierte Darlegungen zu allen wichtigen Fragen des Konzeptionellen Marketing-Managements.

Für diejenigen, die sich für Grundlagen und Lösungsansätze bei der trend-strategischen Weiterentwicklung des Unternehmens interessieren, wird zusätzlich folgender Literaturhinweis gegeben: *Becker, J.*, Der Strategietrend im Marketing. Vom Massenmarketing über das Segmentmarketing zum kundenindividuellen Marketing, München 2000 (mit konkreten Anleitungen zur strategischen Weiterentwicklung von Unternehmen im Sinne eines noch stärker kunden-fokussierten Marketing).

Neu: Für die konkrete Konzeptionsarbeit von Unternehmen wurde am Schluss des Buches ein Anhang aufgenommen, und zwar mit zwei Abschnitten: 1. Aufbau (Design) einer Marketing-Konzeption und 2. Einsatz und Auswahl von Marketing-Dienstleistern (Beratern/Agenturen/Instituten).

6. Grundorientierungen und Perspektiven des Konzeptionellen Marketing

Konzeptionelles Marketing setzt sich in Wissenschaft und Praxis immer stärker durch. Die tägliche Erfahrung mit einer äußerst komplexen Marketingumwelt (Märkte, Wettbewerb, Technologie, Gesellschaft, Gesamtwirtschaft) lehrt uns, dass Unternehmen nur dann erfolgreich geführt werden können, wenn ihr **Handeln konzeptionsgeleitet** (und nicht aktionistisch) ist. Eine Übersicht verdeutlicht gegenüberstellend Wesen und Prinzipien aktionistischen und konzeptionellen Unternehmenshandelns (Abb. 109).

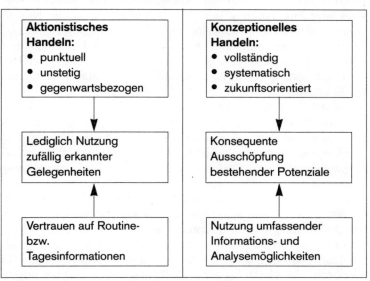

Abb. 109: Vergleich zwischen aktionistischem und konzeptionellem Unternehmenshandeln

Diese Gegenüberstellung kennzeichnet die Schwächen aktionistischen Handelns und zeigt zugleich die **Stärken** und Ansatzpunkte konzeptions-geleiteter Führung auf, nämlich:

6. Grundorientierungen und Perspektiven des Konzeptionellen Marketing

- **Systematik und Zukunftsorientierung,**
- **konsequente Ausschöpfung von Potenzialen,**
- **umfassende Nutzung der Informationsmöglichkeiten.**

Die konsequente Nutzung von Informations- und Analysemöglichkeiten (Wissen) ist insgesamt die Voraussetzung für zukunfts- und potenzial-orientiertes Unternehmenshandeln überhaupt. Insofern ist eine **erste** wesentliche Grundorientierung des Konzeptionellen Marketing angesprochen.

6.1 Wissensorientierung

Hohe Markt- und Umweltkomplexität wie auch hohe Markt- und Umweltdynamik machen eine systematische, informations- bzw. wissensbasierte Führung des Unternehmens notwendig. Nur so können markt- und umweltadäquate Marketingkonzepte entwickelt, umgesetzt und im Zeitablauf ggf. entsprechend angepasst werden, um auf diese Weise einen entscheidenden Beitrag zum Unternehmenserfolg (Gewinn/Rentabilität/Unternehmenswert) leisten zu können.

Vor dem Hintergrund einer stürmischen Entwicklung der **Informationstechnologie** vollzieht sich insgesamt ein Wandel von der Datenverarbeitung über Informationssysteme bis hin zu Wissens- und Intelligenzsystemen. In dieser Hinsicht kann eine Art Entwicklungshierarchie bzw. Evolution der Entscheidungsunterstützung festgestellt werden (Abb. 110).

Daten stellen Einzelangaben (Rohdaten) im Sinne einer Ressource dar, welche quasi den „Rohstoff" für eine weitergehende Ver- bzw. Bearbeitung bilden. Informationen entstehen erst durch Integration von solchen Daten („Know that"). Wissen wird dann geschaffen, wenn Informationen problembezogen verarbeitet und für spezifische Entscheidungen zur Verfügung stehen („Know how"). Eine weitere Entwicklungsstufe kann schließlich im Schaffen von „Weisheit" gesehen werden. Für sie ist das auf Erfahrung gestützte Beurteilen von Wissen (unter Einbeziehung von Intuition) charakteristisch. Die **Entwicklung** geht dabei in verschiedene Richtungen weiter: von beratenden Expertensystemen bis hin zu selbstständig

6.1 Wissensorientierung

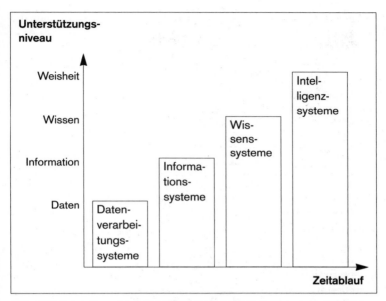

Abb. 110: Entwicklungshierarchie (Evolution) der Entscheidungsunterstützung

arbeitenden Systemen etwa auf Basis neuronaler Netze oder der Fuzzy Logic.

> Die Weiterentwicklung klassischer Informations- bzw. Entscheidungsunterstützungssysteme zielt insgesamt darauf ab, eine reine Zahlengläubigkeit (d. h. Vertrauen auf „Hard facts", dagegen Unterschätzung von „Soft facts"), eine zu hohe Aggregation (d. h. Verlust von wichtigen „Einzelinformationen" und ihren Beziehungen untereinander) sowie eine zu starke Standardisierung (d. h. Vernachlässigung informeller wie situations-spezifischer Informationen) zu überwinden.

Neue Möglichkeiten der Entscheidungsunterstützung für konzeptions-geleitetes Marketing- und Unternehmenshandeln bieten neuere Ansätze wie
- **Data Warehousing** und
- **Data Mining**.

Data Warehousing stellt eine spezifische Infrastruktur dar, die Werkzeuge für themen-orientierte Zugriffe und Analysen von Ausgangsdaten umfasst, um entscheidungs- und entscheider-spezifischen Informationsbedarf zu befriedigen. Typisch für Data Warehouse-Architekturen ist, dass sie nicht funktional (also nach Führungsbereichen im Unternehmen), sondern nach Objekten (Produkte, Märkte, Kunden usw.) aufgebaut sind.

Die themen-spezifischen Daten können mit Hilfe verschiedener Data Mining-Methoden nach immer neuen Kriterien sowie Gesetzmäßigkeiten durchsucht und für marketing-spezifische Steuerungszwecke entsprechend aufbereitet werden. Auf diese Weise ist es möglich, aus einer großen Quelldatenmenge wichtige, aussagekräftige Muster heraus zu destillieren. Im Marketing geht es hierbei etwa um die Erarbeitung von **Kunden-Profilen**.

Kundeninformationen und Kundenwissen bilden mehr denn je die Voraussetzung für ein erfolgreiches, rentabilitäts- und (unternehmens)wert-orientiertes Management, denn grundlegende Wandlungen in den Märkten verlangen nach immer strengerer Kundenorientierung. Damit ist eine **zweite** wichtige Grundorientierung des Konzeptionellen Marketing angesprochen.

6.2 Kundenorientierung

Käufermärkte, die inzwischen in allen Branchen und Sektoren der Wirtschaft vorherrschen, sind dadurch gekennzeichnet, dass das **Angebot** die Nachfrage – und zwar durchweg deutlich – übersteigt. Das bedeutet, dass Käufer unter einem reichlichen, im Prinzip zu großen Angebot auswählen können. Dem entspricht der grundlegende Wandel der Märkte von klassischen Verkäufermärkten zu neuen Käufermärkten.

Es ist klar, dass unter solchen Käufermarkt-Bedingungen (also grundsätzlichem Überangebot) nur diejenigen Unternehmen im Markt auf Dauer überleben und erfolgreich sein können, die sich streng markt- bzw. kunden-orientiert verhalten. Eine solche Führungsphilosophie stellt den Kunden und seine Bedürfnisse – besser seine Probleme und Problemlösungswünsche – in den **Mit-**

telpunkt des unternehmerischen Handelns (= konsequente Führung des ganzen Unternehmens vom Absatzmarkt und seinen Bedingungen sowie Anforderungen her).

> Die immer stärker ausgeprägte Kunden-Fokussierung ist insgesamt Ausdruck neuer strategischer Bedingungen in den Märkten. Während es ursprünglich ausreichte, dem Markt bzw. seinen Abnehmern massenbedarfs-orientierte Produkte und Leistungen anzubieten, haben sich mit zunehmender Sättigung der Kundenbedürfnisse bei Standardprodukten die Kundenwünsche mehr und mehr ausdifferenziert in Richtung Zusatzansprüche (Zusatznutzen, Added Value).

In den meisten Märkten lassen sich dabei bestimmte strategische Stufen unterscheiden, in denen Unternehmen den immer spezifischeren Kundenanforderungen gefolgt sind oder noch folgen müssen. In dieser Hinsicht kann von einen grundlegenden **Strategietrend** gesprochen werden, der folgende Strategiestufen umfasst:

(1) **Ausgangsstufe: Undifferenziertes Massenmarketing,**
(2) **Differenziertes Massenmarketing,**
(3) **Segmentorientiertes Marketing,**
(4) **Nischenorientiertes Marketing,**
(5) **Endstufe: Kundenindividuelles Marketing.**

Der grundlegende Wandel in der Markt- bzw. Kundenorientierung wird besonders deutlich, wenn man Ausgangspunkt und Endpunkt des Strategietrends vergleichend gegenüberstellt (Abb. 111).

Je stärker im Zuge gestiegener, differenzierterer Ansprüche der Kunden der Wettbewerb um die beste Kundenproblemlösung zunimmt, umso bedeutender wird das **Wissen** um bzw. über den einzelnen Kunden. Kundenorientierte Informationssysteme (KIS) dienen dabei nicht nur der Entscheidungsunterstützung des Managements, sondern vor allem auch der **Interaktion** zwischen Unternehmen und Kunden.

Kundenadäquate Produkt- bzw. Problemlösungsleistungen wie auch kundenorientierte Marktbearbeitungskonzepte (klassische wie **internet-basierte**) sind grundlegende Voraussetzungen, um in Märkten mit Überangebot (sog. Käufermärkten) Kunden auf das ei-

Strategie-pole Merkmale	Undifferenziertes Massenmarketing	Kundenindividuelles Marketing
Grundorientierung	Marktorientierung, Abnehmer gehört einem Massenmarkt an	Kundenorientierung, Kunde ist Individuum in einem differenzierten Markt
Strategischer Ansatz	Universalierung (One-for-all)	Spezifizierung (One-for-one)
Produktentwicklung	Für Abnehmer auf Basis von Marktanalysen	Mit dem Kunden auf Basis von Interaktionen
Marktbearbeitung	Fokus auf Kundengewinnung	Fokus auf Kundenbindung
Marketinginstrumentarium	Klassischer Marketingmix (Massenprodukte, Massendistribution, Massenkommunikationsmedien)	Modernes Kunden-Beziehungsmanagement (Individualisierte Produktion, Distribution und Kommunikation)
Erfolgsmaßstäbe	Marktanteil, Kundenumsatz	Kundenanteile, Kundenrentabilität
Zeithorizont	Kurz- bis mittelfristig	Mittel- bis langfristig

Abb. 111: Vergleich zwischen undifferenziertem Massenmarketing und Kundenindividuellem Marketing

gene Unternehmen und sein Angebot lenken zu können. Sie sind in dieser Hinsicht die grundlegende Bedingung für die **Kundengewinnung**. Spätestens mit der empirisch gestützten Einsicht, dass es in der Regel fünf- bis siebenmal teurer ist, einen neuen Kunden zu finden statt einen bestehenden zu halten, sind Grundfragen der **Kundenbindung** in den Vordergrund gerückt. Diese Fragen werden heute unter den Stichworten Beziehungsmarketing oder -management bzw. Customer Relationship Management (CRM) thematisiert.

Software-gestützte **CRM-Systeme** knüpfen an allen Funktionen und Prozessen im Unternehmen an, bei denen ein direkter Kontakt zwischen Kunden und Unternehmen gegeben ist. Solche Systeme konzentrieren sich dabei nicht nur auf den Kundenkontakt, der mit jedem Geschäftsvorgang verbunden ist, sondern sie nutzen auch jeden Geschäftsvorgang unter dem Aspekt der Gewinnung zusätzlicher Kundeninformationen. Diese können zur Pflege und zum Ausbau jeder einzelnen Kundenbeziehung sowie zur Analyse des gesamten Kundenbestandes genutzt werden (Database-Marketing). Im Sinne eines oberziel- bzw. (unternehmens)wert-orientierten Managements gilt es, die Kundendatei vor allem auch unter dem Aspekt der Kundenprofitabilität und des Kundenwertes (Customer Lifetime Value) systematisch zu nutzen. Ein so verstandenes **Customer Value Management** versucht, die Kunden des Unternehmens nach der gleichen Logik zu steuern wie üblicherweise Produkte oder Investitionen.

Damit ist eine **dritte** wichtige Grundorientierung des Konzeptionellen Marketing angesprochen. Auf sie wird aufgrund ihrer wachsenden Bedeutung näher eingegangen.

6.3 Wert- und Markenorientierung

Grundvoraussetzung für ein ertrags- und wertorientiertes Kundenmanagement (Customer Value Management) sind insgesamt Produkte und Leistungen im Sinne von Kundenproblemlösungen, die **Wettbewerbsvorteile** begründen können. Unternehmen muss es dabei gelingen, Kernkompetenzen auf- und auszubauen, welche die zentralen Voraussetzungen für erfolgreiche Kundengewinnung und Kundenbindung bilden. Die Chancen dafür sind umso größer, je offensiver Unternehmen kundenorientierte Produkte und Leistungen realisieren. Im Prinzip lassen sich dabei drei Intensitätsgrade unterscheiden:

- **Reaktives Handeln** (= Anpassen an bestehende Markttrends),
- **Aktives Handeln** (= Aufschließen zu den (welt-)besten Wettbewerbern),
- **Proaktives Handeln** (= Übertreffen der führenden Wettbewerber).

Je intensiver Unternehmen ihre innovativen Möglichkeiten nutzen, umso eher können sie die Spielregeln und Standards eines Marktes bestimmen und damit günstige Voraussetzungen für die Erfüllung ihrer Marketing- und Unternehmensziele schaffen.

6. Grundorientierungen und Perspektiven des Konzeptionellen Marketing

> Konsequentes kunden(problemlösungs)orientiertes Handeln ist also nicht Selbstzweck, sondern dient der Realisierung unternehmerischer Oberziele (Gewinn/Rentabilität) und damit nicht zuletzt der Steigerung des Unternehmenswertes. Ein nachhaltiger hoher Unternehmenswert ist insgesamt davon abhängig, wie sich ein Unternehmen kunden-strategisch im Markt aufstellt und kompetenz-orientiert positioniert.

Eine solche Orientierung des Markt- und Unternehmenshandelns entspricht nicht zuletzt dem **Shareholder Value-Ansatz** einer nachhaltigen Unternehmens(wert)entwicklung. Immer mehr Unternehmen folgen diesem Ansatz; jedenfalls wird er von vielen Unternehmen als eine konzeptionelle Ausrichtung verstanden, ihre (Weiter-) Entwicklung im zunehmenden Wettbewerb dauerhaft zu sichern. Die Unternehmenswert-Orientierung hat generell durch die Kapitalmarkt-Orientierung der Unternehmen zugenommen. Sie nimmt auch aufgrund verstärkter externer Wachstumsstrategien der Unternehmen (Mergers & Acquisitions) einen höheren Stellenwert ein.

Die wertorientierte Führung der Unternehmen muss sich auf sog. **Werttreiber** konzentrieren, die letztlich für Erfolg und Ertrag verantwortlich sind. Eine Darstellung verdeutlicht die klassische und die moderne Sicht der Werttreiber (Abb. 112).

Die klassische Sicht der Werttreiber konzentriert sich auf die finanziellen Kerngrößen wie Umsatz und Kosten, die letztendlich zum Unternehmenswert (Shareholder Value) führen. Eine weitergehende, moderne Auffassung der Wertsteuerung bezieht zusätzlich diejenigen Faktoren mit ein, welche die klassischen Werttreiber positiv beeinflussen, und zwar **Kundenzufriedenheit** einerseits und Mitarbeiterzufriedenheit andererseits. Sie können (müssen) im Prinzip als eigene Werttreiber aufgefasst werden.

Die angesprochene Abbildung verdeutlicht, dass im Prinzip nur ein konsequent an der Kundenzufriedenheit ausgerichtetes Marketingkonzept eine **wertorientierte Marktausschöpfung** ermöglicht. Die Kundenzufriedenheit wird unterstützt durch eine – aufgrund von Maßnahmen eines internen Marketing – möglichst hohe Mitarbeiterzufriedenheit, die sich in einer entsprechenden Kundenbeziehungs- und Serviceorientierung der Mitarbeiter niederschlägt.

6.3 Wert- und Markenorientierung

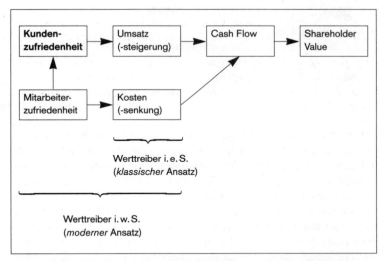

Abb. 112: Grundmodell der Werttreiber (klassischer und moderner Ansatz)

Einen wesentlichen Beitrag zur Wertgenerierung in Unternehmen leisten darüber hinaus **Marken**. Sie sind zunächst ein strategischer Schlüsselfaktor zur Realisierung eines ertragsorientierten Unternehmenswachstums, weil sie die Ausschöpfung von Preisspielräumen im Markt ermöglichen. Darüber hinaus stellen Marken eine wichtige Komponente des **Unternehmenswertes** dar, und zwar als immaterieller Vermögenswert. Untersuchungen belegen, dass allein Markenwerte z. T. deutlich über 50 % vom Gesamtwert eines Unternehmens ausmachen können. Damit wird deutlich, dass die konzeptions-geleitete Markenführung einen ganz wichtigen Beitrag zum wert-orientierten Unternehmensmanagement leisten kann.

Es ist deshalb kein Zufall, dass sowohl in der Marketing-Praxis als auch in der Marketinglehre/-theorie Fragen der **Markenführung** verstärkt in den Mittelpunkt gerückt werden. Im Folgenden soll deshalb auf vier ausgewählte Grundfragen des Markenmanagements etwas näher eingegangen werden:

- **Markenpositionierung,**
- **Markenprofilierung,**

- **Markenarchitektur,**
- **Markenportfolio.**

Die aktive, ziel-strategische **Positionierung einer Marke** ist auf eine wettbewerbs-differenzierende Stellung im jeweils relevanten Markt gerichtet, um auf dieser Basis konsequent und effizient den adäquaten Marketingmix gestalten zu können (siehe hierzu auch das nutzen-orientierte Positionierungsbeispiel aus dem Pkw-Markt, Abb. 32). Die Markenpositionierung bildet die unverzichtbare Grundlage für die Einsatzweise aller Marketinginstrumente sowohl in qualitativer als auch in quantitativer Hinsicht. Mit ihr soll eine möglichst dauerhafte, unverwechselbare Position (Unique Selling Proposition, USP) im Markt und damit ein für Kunden attraktiver Alleinstellungscharakter der Marke erreicht werden, der in hohem Maße auch den **Wert** einer Marke determiniert.

Die **Markenprofilierung** zielt konkret auf die psychische Verankerung einer Marke in den „Köpfen" der Kunden ab. Den entscheidenden Ansatz hierfür bildet die Identität einer Marke (sog. Markenidentität). Sie stellt gleichsam die Wurzel einer Marke oder deren Markenkern dar, wie es auch marken-strategisch bezeichnet wird. Die Markenidentität dient in dieser Hinsicht dazu, ein möglichst einzigartiges Bündel von spezifischen Markenassoziationen zu schaffen, die bei den Kunden (Konsumenten) als verankerte Wissensstruktur aufgebaut bzw. bewahrt werden sollen. Die so interpretierte Markenidentität umfasst die grundlegenden, wesens-prägenden und zugleich charakteristischen Merkmale („Anker") einer Marke. Sie konkretisiert die auf der Basis der Positionierung angestrebte **Unverwechselbarkeit** einer Marke und damit deren psychische Wertanmutung (wie auch deren ökonomischen Wert). Eine unverwechselbare Marke steht für klare Vorstellungsbilder bei den Kunden und ist die zentrale Voraussetzung für starke Marken, die sowohl durch eine hohe Markenbekanntheit als auch ein positives Markenimage gekennzeichnet sind. Die Markenidentität kann auf der Basis von sechs Identitätsmerkmalen (sog. Identitätsprisma) erfasst bzw. gestaltet werden (Abb. 113).

Die Abbildung verdeutlicht die Identität der Marke *Lacoste* und ihre Unverwechselbarkeit auf der Basis von sechs marken-spezifisch konkretisierten Identitätsmerkmal-Ausprägungen.

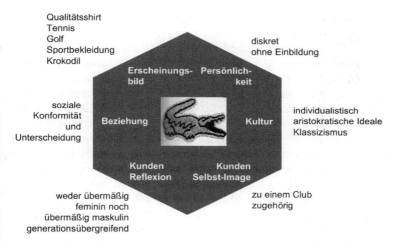

Abb. 113: Das Identitätsprisma am Beispiel der Marke *Lacoste*
Quelle: nach Kapferer

Die Realisierung von Marken- bzw. Präferenzstrategien ist grundsätzlich auf der Basis verschiedener **Markentypen** möglich (zu ihrer Charakteristik s. a. Kap. 3.2): Einzel- oder Produktmarke, Familien- oder Produktgruppenmarke, Dach- oder Unternehmensmarke sowie gemischte Markentypen (Markenstrukturen). Typisch für Marken(artikel)unternehmen ist, dass sie im Laufe ihres Unternehmenszyklus – meistens in Verbindung mit Ausbau bestehender bzw. Aufnahme neuer Programme (Geschäftsfelder) – mehrere oder sogar viele Marken einsetzen. Hierbei wird häufig das systematische Zusammenspiel der verschiedenen Marken bzw. Markentypen vernachlässigt. Damit ist eine wichtige konzeptionelle Aufgabe angesprochen, die seit einiger Zeit unter dem Begriff der **Markenarchitektur** thematisiert wird. Unter Markenarchitektur wird dabei die konzeptions-gestützte, *vertikale* Ordnung aller Marken im Unternehmen verstanden, und zwar unter dem Aspekt einer konsequenten marken-strategischen Positionierung wie auch unter dem Aspekt eines klaren effizienz-orientierten Beziehungssystems.

Eine schließlich vierte grundlegende Aufgabe des Markenmanagements besteht in der Optimierung des **Markenportfolios** (= *hori-*

zontale Zusammensetzung und Umfang des Markensystems des Unternehmens insgesamt). Die entscheidende Aufgabe des markenbezogenen Portfolio-Managements besteht inzwischen darin, die Zahl der Marken z. T. drastisch zu verringern. Der marken-strategische Ansatz zielt dabei darauf ab, diejenigen Marken zu eliminieren, die sich nicht mehr „rechnen", und dafür die ganze Kraft der Markeninvestitionen auf eher wenige starke bzw. entsprechend ausbaufähige **Power-Marken** zu konzentrieren. Wenn auch ökonomische Zwänge zur Kostensenkung bei vielen Unternehmen dazu führen, die vorhandenen Markenportfolios auf mögliche Markenreduktionen hin zu untersuchen und Teile des Portfolios ggf. aufzugeben, so sind andererseits Marktentwicklungen zu beachten, die eher eine differenzierte Markenvielfalt erfordern (wie z. B. die Schichtung oder auch die Fragmentierung von Märkten mit ihren jeweils unterschiedlichen Zielgruppen). Insoweit besteht die schwierige marken-konzeptionelle Aufgabe darin, eine **neue Balance** zwischen Markenkonzentration einerseits und Markendifferenzierung andererseits zu finden.

Aufgrund schwieriger Markt- und Umfeldbedingungen stehen heute Management und Mitarbeiter im Marketingbereich verstärkt unter dem Zwang des **Leistungsnachweises** ihres Marken- und Marketinghandelns. Damit ist zugleich eine wichtige **vierte** Grundorientierung und Perspektive des Konzeptionellen Marketing angesprochen, nämlich das personale Element. Auf diese bisher eher vernachlässigte Dimension des Marketing soll abschließend noch näher Bezug genommen werden.

6.4 Personalorientierung

Systematisches markt- und kundenorientiertes Handeln, und zwar in seiner konsequentesten Form als marketing-konzeptionelles Handeln (**Konzeptionelle Kette:** Ziele, Strategien, Mix) verstanden, wird in der Theorie wie in der Praxis in erster Linie als ein methodisch-rationales Führungsprinzip angesehen. Dabei wird allerdings übersehen, dass gerade konzeptionelles Marketingagieren und seine Erfolgsbeiträge – und zwar sowohl was die Konzeptionserstellung als auch die Konzeptionsrealisierung betrifft – das Ergebnis mensch-

6.4 Personalorientierung

licher, arbeitsteiliger Entscheidungs- und Handlungsprozesse sind. Damit wird noch einmal die **personale Dimension** marketingkonzeptioneller Unternehmensführung deutlich („Schlüsselfaktor Mensch").

> Bereits in einem früheren Zusammenhang wurde die Bedeutung eines Internen Marketing hervorgehoben, das immer dann notwendig ist, wenn Markt- und Kundenorientierung – und damit ein konsequentes Denken und Handeln in Kategorien von Kundenzufriedenheit und Kundenbindung – in den Köpfen aller Mitarbeiter eines Unternehmens von ganz oben bis ganz unten „eingepflanzt" werden soll (und zwar im Sinne einer markt- und kundenorientierten Unternehmenskultur).

Eine solche Unternehmenskultur ist die prinzipielle Voraussetzung dafür, dass eine umfassende, ganzheitliche Marketing-Konzeption nicht nur als „Kursbuch" des Unternehmens erarbeitet, sondern vor allem auch konsequent umgesetzt werden kann. Das bedeutet, dass eine Marketing-Konzeption schriftlich dokumentiert, verabschiedet, als verbindlich erklärt und seine Umsetzung auch kontrolliert wird. Entscheidende Bedeutung kommt dabei vor allem auch einer entsprechenden **Motivation der Mitarbeiter** (einschließlich geeigneter Anreize sowohl finanzieller als auch nicht-finanzieller Art) zu. Die Motivation, Marketing-Konzeptionen konsequent zu realisieren, beginnt bereits damit, dass die Mitarbeiter in den Konzeptionserarbeitungsprozess aktiv mit einbezogen werden, und zwar nicht nur in der Informations- und Analysephase für die Ableitung möglicher Handlungsalternativen, sondern auch bei der Bewertung und Würdigung konzeptioneller Optionen bzw. marketingstrategischer Handlungsmuster.

Auf diese Weise sind dann Marketing-Konzeptionen, wie sie schließlich von der Unternehmensleitung gewählt und verabschiedet werden, auch ein „Werk" der Mitarbeiter, in dem sie sich wieder finden, und für das es sich lohnt, bei der Realisierung in Unternehmen und Markt zu kämpfen. Insofern ist konzeptionsorientierte Führung im gesamten Unternehmen gefragt, und zwar im Sinne von Führen von Personen durch Personen über alle Hierarchiestufen hinweg. Die Umsetzung von Marketing-Konzeptionen bedeutet

nichts anderes als „Make-the-concept-work". Das aber ist an typische **menschliche Bedingungen** bzw. Voraussetzungen gebunden, und zwar: Nachvollziehbarkeit, Akzeptanz, Identifikation, Umsetzungsfähigkeit und Umsetzungswille. Marketing-konzeptionelles Denken und Handeln ist insofern auch an ein geeignetes Personalmanagement im Unternehmen gebunden. Im Folgenden soll deshalb auf drei zentrale personalpolitischen Problemstellungen – unter besonderer Würdigung des marketing-konzeptionellen Bezuges – näher eingegangen werden:
- **Personalbeschaffung,**
- **Personalentwicklung,**
- **Personalführung.**

Unter konzeptionellen Gesichtspunkten kommt zunächst einmal der adäquaten **Personalbeschaffung** eine zentrale Bedeutung zu. Speziell bei grundlegenden Veränderungen bzw. Weiterentwicklungen von Marketing-Konzeptionen muss der notwendige Personalbedarf unter qualitativen wie quantitativen Aspekten festgestellt werden. Gerade unter qualitativem Aspekt kommt es darauf an, und zwar nicht nur im Marketingbereich selbst, sondern in allen Bereichen mit Markt- bzw. Kundenbezug diejenigen Mitarbeiter zu finden, die in der Lage sind, eine konzeptionelle Neuorientierung des Unternehmens (z. B. Aufbau eines neuen Strategischen Geschäftsfeldes) entsprechend umzusetzen. Hierbei kommt es nicht nur auf ziel-strategische Fähigkeiten, sondern auch auf die operative Umsetzungskompetenz der einzelnen Fachabteilungen und ihrer Mitglieder an. Grundlage für die entsprechende Personalauswahl neuer Mitarbeiter (und ggf. die Personalentwicklung von bestehenden Mitarbeitern) bilden detaillierte, konzeptionsadäquate **Anforderungsprofile** und daraus konsequent abgeleitete Mitarbeiterprofile.

Bei ehrgeizigen Marketing-Konzeptionen bzw. bei ihrer entsprechenden Weiterentwicklung müssen als wichtiges Auswahlkriterium vor allem auch **unternehmerische Fähigkeiten** der Mitarbeiter (Intrapreneurship) berücksichtigt werden, und zwar im Sinne eines unternehmerischen Mitwissens, Mitdenkens, Mithandelns und Mitverantwortens. Dies entspricht zugleich der Entwicklung des klassischen Personalwesens hin zu einem modernen Human Resource Management (HRM). Die grundlegenden Unterschiede zwischen

6.4 Personalorientierung

traditionellem Personalwesen (Personalwirtschaft) und neuerem Human Resource Management-Ansatz verdeutlicht eine vergleichende Übersicht (Abb. 114).

	Betriebliches Personalwesen	Human Resource Management
Unternehmenspolitische Einordnung	nachgelagerte betriebliche Funktion	integrierter Bestandteil der Unternehmenstrategie
Aktivitätenhorizont	kurzfristig – reaktiv	langfristig – proaktiv
Interessenperspektive	interessenpluralistisch konfliktorientiert	interessenmonistisch harmonieorientiert
Personalpolitisches Instrumentarium	bürokratisch – vereinheitlicht zentralisiert – standardisiert	organisch – flexibel dezentral – situativ
Kontrolle	Fremdkontrolle	Selbstkontrolle
Erfolgskriterien	Konformität Kostenreduzierung	Selbstverpflichtung Intensivierung der Arbeit
Grundhaltung	verwaltend	unternehmerisch

Abb. 114: Unterschiede zwischen Betrieblichem Personalwesen und Human Resource Management (HRM)
Quelle: nach Oechsler

Wie wichtig der HRM-Ansatz gerade auch für ein konsequentes Konzeptionelles Marketing ist, zeigen u. a. die Dimension Aktivitätenhorizont („langfristig-proaktiv") und die Dimension Grundhaltung („unternehmerisch").

Ganz neue Anforderungen an das Personalmanagement werden auch durch die zunehmende **Globalisierung** gestellt. Das gilt insbesondere dann, wenn Unternehmen ihre Marketing-Konzeption in geo-strategischer Hinsicht – also im Sinne einer immer stärkeren Internationalisierung des Geschäfts – weiterentwickeln.

Für ein konsequentes erfolgsorientiertes, konzeptionelles Handeln (= Erarbeitung wie Umsetzung von Marketing-Konzeptionen) ist insgesamt eine systematische **Personalentwicklung** (Human Resource Development) notwendig. Personalentwicklung ist darauf gerichtet, Mitarbeiter aller Hierarchiestufen für die Bewältigung der gegenwärtigen wie zukünftigen konzeptionellen Aufgaben zu qualifizieren. Dabei geht es darum, die ziel-strategischen Konzepte zum **täglichen Job** jedes einzelnen Mitarbeiters zu machen. Hierzu gehört, diese Konzepte in operative Begriffe und Handlungen zu „übersetzen". Nicht zuletzt unter den Bedingungen sich ständig verändernder Markt- und Umfeldbedingungen dient Personalentwicklung auch der Erhöhung der Mitarbeiterflexibilität. Nur so kann strategisch-konzeptionelles Handeln als permanenter Prozess im Unternehmen (weiter)entwickelt werden.

Im engeren Sinne werden unter Personalentwicklung (PE) Maßnahmen der Aus-, Fort- und Weiterbildung verstanden, im weiteren Sinne auch Programme und Systeme der Personalförderung und im weitesten Sinne schließt die Personalentwicklung auch die Organisationsentwicklung mit ein. Eine Übersicht verdeutlicht diese Zusammenhänge und die jeweiligen personalpolitischen Ansatzpunkte (Abb. 115).

Als zentrale **Zielbereiche** der Personalentwicklung werden insbe-

Bildung	Förderung	Organisationsentwicklung
• Berufsausbildung,	• Auswahl und Einarbeitung,	• Teamentwicklung,
• Weiterbildung,	• Arbeitsplatzwechsel,	• Projektarbeit,
• Führungsbildung,	• Auslandseinsatz,	• Sozio-technische Systemgestaltung,
• Anlernung,	• Nachfolge-, und Karriereplanung,	• Gruppenarbeit,
• Umschulung,	• Strukturiertes Mitarbeitergespräch und Leistungsbeurteilung,	• ...
	• Coaching/Mentoring,	
• ...	• ...	
PE im engeren Sinne = Bildung	**PE im weiteren Sinne = Bildung + Förderung**	**PE im weitesten Sinne = Bildung + Förderung + Organisationsentwicklung**

Abb. 115: Mögliche Inhalte der Personalentwicklung (PE)
Quelle: nach M. Becker

sondere drei Mitarbeiter-Kompetenzfelder angesehen: *Fach*kompetenz (= fachspezifisches Wissen und Erfahrungen), *Methoden*kompetenz (= methodisch-systematisches Vorgehen und Anwenden von Fachwissen) und *Sozial*kompetenz (= Kommunikationsfähigkeit und Kooperationsbereitschaft). Art und Gewichtung der Kompetenzfelder im Rahmen von Personalentwicklungsprogrammen hängen naturgemäß von den gestellten Anforderungen an die Mitarbeiter ab und die werden in hohem Maße auch und gerade von der jeweiligen markt- und unternehmensindividuellen **Marketing-Konzeption** definiert.

Im Zuge eines konsequenten Konzeptionellen Marketing- und Unternehmenshandelns kommt nicht zuletzt der **Personalführung** (Leadership) eine zentrale Bedeutung zu. Führung ist in diesem Sinne ein wichtiger Erfolgsfaktor für die Erarbeitung wie vor allem auch die Realisierung von Marketing-Konzeptionen. Mit Personalführung sollen Marketing- und Unternehmensziele sowie die Marketing- und Unternehmensstrategien realisiert wie auch die dafür notwendigen operativen Maßnahmen auf den einzelnen hierarchischen Ebenen durch Vorgesetzte umgesetzt werden. Personalführung kann in dieser Hinsicht auch als Form der ziel- und zweckgerichteten Beeinflussung im zwischenmenschlichen Bereich des gesamten Unternehmens aufgefasst werden (= Beeinflussung im Rahmen des Führer-Geführten-Verhältnisses).

Eng verbunden mit der Personalführung ist der Fragenkomplex **Führungsstile, -prinzipien und -modelle.** Führungsstil unter personalwirtschaftlichem Aspekt kennzeichnet die Form, in der Führungskräfte ihre Leitungsaufgaben in einem Unternehmen wahrnehmen. Er findet seinen Ausdruck in der konkreten Verhaltensweise der Führungskraft gegenüber den Mitarbeitern (z. B. autokratischer Führungsstil: Führungskraft ist mit unbegrenzter Machtfülle und Entscheidungsmacht ausgestattet oder charismatischer Führungsstil: Führungskraft leitet ihren Herrschafts- und Entscheidungsanspruch aus ihrer Ausstrahlung und Persönlichkeit ab). Führungsprinzipien beschreiben andererseits konkrete Gestaltungsregeln, die von Führungskräften bei ihren Führungs- und Leitungsaufgaben angewendet werden können. Die meisten Führungsprinzipien sind auch als **sog. Management-by-Techniken** bekannt (z. B. Management by Exception (MbE): Führungskraft greift nur in Fällen ein, die außerhalb definierter Grenzen liegen; Management by Delegation (MbD): das Führungsprinzip besteht darin, Aufgaben, Entscheidungen und Verantwortung möglichst weitgehend auf untere Instanzen zu übertragen, auch bekannt als „Harzburger Modell", oder Management by Objectives (MbO): Führung durch Zielvorgaben, welche die Mitarbeiter und Vorgesetzten gemeinsam erarbeitet haben – ein Führungsprinzip, bei dem der **Zielbildungsprozess** ein Kernstück des gesamten Führungsmodells darstellt; diesem Grundansatz entspricht im Prinzip auch das Konzeptionelle Marketing bzw. die **Konzeptionelle Kette** (Ziele, Strategien, Mix), wie sie diesem Buch zugrunde liegt.

Fazit: Marketing-Konzeptionen, basierend auf zukunftsgerichteten, potentialorientierten Ziel-, Strategie- und Mixentscheidungen, sind Leitpapiere für schlüssiges Markt- und Unternehmenshandeln. Vier wesentliche Grundorientierungen liegen diesem Handeln zugrunde: Wissens-, Kunden-, Wert-/Marken- und Personalorientierung. Das heißt, Markt- und Unternehmenshandeln kann nur dann erfolgreich sein, wenn es konsequent alle Informationsmöglichkeiten nutzt, von klarer Kundenorientierung wie auch konsequenter Personalorientierung geprägt ist und damit die notwendigen Voraussetzungen für eine (unternehmens- und marken-)wert-orientierte Führung schafft.

Hinweis: Wer die Überlegungen zu den „Grundorientierungen des Konzeptionellen Marketing" vertiefen möchte, wird verwiesen auf *Becker, J.*, Marketing-Konzeption. Grundlagen des ziel-strategischen und operativen Marketingmanagements, 7. überarbeitete und ergänzte Auflage, München 2002. Dort finden sich auch ausführliche Literaturhinweise zu Spezialfragen.

Für diejenigen, die sich speziell mit der trend-strategischen Weiterentwicklung kundenorientierten Marketingmanagements beschäftigen wollen, wird zusätzlich folgender Literaturhinweis gegeben: *Becker, J.*, Der Strategietrend im Marketing. Vom Massenmarketing über das Segmentmarketing zum kundenindividuellen Marketing, München 2000 (dort werden auch marketing-instrumentale Umsetzungsfragen der trend-strategischen Weiterentwicklung von Unternehmen behandelt).

7. Anhang: Zur Implementierung des Konzeptionellen Marketing

Im Folgenden soll nun noch auf zwei **wichtige Grundfragen** der Implementierung des Konzeptionellen Marketing näher eingegangen werden, nämlich erstens auf den konkreten Aufbau (Design) einer Marketing-Konzeption und zweitens auf die Einsatzmöglichkeiten von Marketing-Dienstleistern (Beratern/Agenturen/Instituten) bei der tatsächlichen Erstellung und Umsetzung einer Marketing-Konzeption.

7.1 Beispielhafter Aufbau (Design) einer Marketing-Konzeption

Konzeptionelles Marketing im Sinne konsequenter markt- und kundenorientierter Unternehmensführung kann nur realisiert werden, wenn dem Markt- und Unternehmenshandeln eine schlüssige, ganzheitliche, markt- und unternehmensadäquate Marketing-Konzeption als **Grundlage** dient.

> Eine Marketing-Konzeption als grundlegender Leitplan des gesamten Unternehmens hat eine wichtige koordinierende Funktion in Bezug auf alle markt- und kundenrelevanten Maßnahmen des gesamten Unternehmens. Diese grundlegende Funktion kann eine Konzeption nur dann erfüllen, wenn sie schriftlich als ein komplettes, schlüssiges Bündel von Handlungsanweisungen niedergelegt ist, von der Unternehmensleitung als verbindlich erklärt und den Mitarbeitern erläutert sowie zugänglich gemacht worden ist.

Der **Grundaufbau** einer Marketing-Konzeption entspricht der im Buch dargelegten marketing-konzeptionellen Vorgehensweise: Zunächst müssen die angestrebten Ziele („Wunschorte") festgelegt, die für ihre Realisierung geeigneten Strategien („Route") gewählt und auf Basis dieser ziel-strategischen Entscheidungen schließlich die notwendigen Marketinginstrumente bzw. Marketingmaßnah-

7. Anhang: Zur Implementierung des Konzeptionellen Marketing

men („Beförderungsmittel") bestimmt werden. Insoweit umfasst jede vollständige Marketing-Konzeption zunächst einmal **drei Basis-Module:**
- **Ziel-Modul,**
- **Strategie-Modul,**
- **Maßnahmen-Modul.**

Ihr jeweiliger Aufbau bzw. ihre Untergliederung und Detaillierung entspricht prinzipiell den im Buch entwickelten Überlegungen und Unterscheidungen. Die Konzeptionsstruktur im Einzelnen muss immer auch den jeweiligen markt-, umfeld- und unternehmensspezifischen Bedingungen angepasst werden; sie ist nicht zuletzt abhängig vom beabsichtigten geo-strategischen Geltungsbereich (national/international).

Je nach konkreter Ausrichtung und Orientierung ist es sinnvoll und notwendig, den konzeptionellen Überlegungen und Ableitungen angemessene und ausreichende Markt-, Umfeld- und Unternehmensanalysen zugrunde zu legen. Insofern umfassen vollständige Marketing-Konzeptionen in der Regel drei weitere wichtige Module, nämlich **drei Analyse-Module:**
- **Marktanalyse-Modul,**
- **Umfeldanalyse-Modul,**
- **Unternehmensanalyse-Modul.**

So gesehen bestehen vollständige Marketing-Konzeptionen grundsätzlich aus **sechs Standard-Modulen**, nämlich aus drei Analyse-Modulen und drei konzeptionellen Basis-Modulen. Deren Strukturierung wie deren Detaillierungsgrad sind jeweils von der vorrangigen konzeptionellen Aufgabenstellung und den beabsichtigten Schwerpunktbildungen – unter Berücksichtigung von Unternehmenssituation und Stellung im Unternehmenszyklus – abhängig zu machen. Strukturierungs- wie Detaillierungsgrad einer Marketing-Konzeption werden nicht zuletzt dadurch beeinflusst, welche Zeit- und Kostenbudgets zur Verfügung stehen und ob sie unternehmensintern (also nur mit eigenen Mitarbeitern) erarbeitet wird oder ob an ihrer Erstellung auch Unternehmensexterne (etwa Berater und sonstige Dienstleister) beteiligt sind.

Im Folgenden wird eine beispielhafte Marketing-Konzeption mit den sechs dargestellten Modulen dargestellt. Sie enthält neben den ge-

7.1 Beispielhafter Aufbau (Design) einer Marketing-Konzeption

nannten Modulen noch einen Anhang mit **Planungsrechnungen** und orientiert sich am Beispiel von Konsumgüter-Unternehmen. Sie ist jedoch an andere Branchen-, Markt- sowie Umfeldbedingungen ohne weiteres anpassbar und je nach Aufgabenstellung, Aufgabenumfang sowie Größe und Zusammensetzung des Arbeitsteams ausbaufähig.

Beispiel einer Marketing-Konzeption mit sechs Modulen:

I. Struktur und Entwicklung des Marktes
1. Struktur und Entwicklung des Gesamtmarktes: Marktvolumen, Marktausschöpfung, Marktreserven, Marktprognosen
2. Struktur und Entwicklung von Teilmärkten (Segmenten): Marktvolumina, Marktausschöpfungsgrade, Marktreserven, Marktprognosen
3. Struktur und Entwicklung der Verbraucher/Verwender: Art und Zahl der Abnehmer nach Gesamt- und Teilmärkten, typische Verhaltensweisen und Verhaltensmuster, Kaufkriterien, Nutzenansprüche und Nutzenerwartungen
4. Struktur und Entwicklung der Konkurrenten (Wettbewerber): Art und Zahl der Wettbewerber, Leistungs- und Verhaltensprofile, spezifische Fähigkeiten und Potentiale wichtiger Wettbewerber
5. Struktur und Entwicklung der Absatzwege: Art und Struktur der Handelsbetriebe, Direktvertriebsformen, Bedeutung des Online-Handels bzw. Electronic Commerce, typische Marktverhaltensweisen und spezifische Leistungsprofile von Absatzmittlern

II. Bedingungen und Perspektiven wichtiger Umfeldbereiche
1. Situation und Entwicklung der Ressourcen: Rohstoffe, Komponenten, Art und Leistungsprofile wichtiger Anbieter und Anbieterländer
2. Situation und Entwicklung der Technologie: Standardtechnologien, innovative Technologien, neue technologische Entwicklungen bzw. Entwicklungsrichtungen, Technologieführer (Unternehmen wie Länder)
3. Situation und Entwicklung der Bevölkerung (Gesellschaft): Demographie, Bevölkerungsschichten, Lebensstile, Werte und Wertewandel
4. Situation und Entwicklung der Gesamtwirtschaft: Gesamtkonjunktur, Branchenkonjunkturen, Wirtschaftswachstum, Wettbewerbsbedingungen und -veränderungen, Steuer- und Abgabensystem

III. Positionen und Potentiale des Unternehmens
1. Unternehmenspositionen und ihre Entwicklung: Markt- und Absatzprofile, Umsatz- und Marktanteile, Kundenzufriedenheit und Kundenbindung, Programm-, Marken-, Technologie-Portfolios, Produktmix und Produktzyklen, Rentabilitätsprofile

7. Anhang: Zur Implementierung des Konzeptionellen Marketing

2. Unternehmenspotentiale und ihre Entwicklung: Forschungs-/Entwicklungs-Knowhow, Marketing- und Markenkompetenzen, Markenbekanntheiten, -images und -werte, Fertigungsfähigkeiten und -kapazitäten, Produktivität und Kostenposition, Lieferantennetze und -beziehungen, Wertschöpfungsketten
3. Unternehmensmittel und ihre Entwicklung: Sach-, Finanz- und Personalmittel, Organisations- und Informationsmittel, jeweilige Reserven bzw. Ausbaumöglichkeiten
4. Perspektiven des Unternehmens insgesamt: Stärken und Schwächen auf Unternehmensebene, Chancen und Risiken auf Markt- bzw. Umfeldebene

IV. Marketing- und Unternehmensziele (Zielprogramm)

1. Unternehmensgrundsätze: Werte („Grundgesetz") des Unternehmens, gesellschaftliche und umweltbezogene Leitlinien, Verhaltensweisen (Stile und Regeln) gegenüber unternehmensexternen Gruppen wie Kunden, Lieferanten, Konkurrenten und internehmensinternen Gruppen wie Eigentümern, Management, Mitarbeitern
2. Unternehmenszweck (Mission und Vision): Produkt- und Leistungsprogramm, Leistungscharakteristik („Problemlösungen"), Qualitätsphilosophie, Kunden-/Zielgruppen-Ausrichtung, ehrgeizige Weiterentwicklung des Unternehmens („machbare Utopie"), Produkt-, Marken- und Programmvisionen
3. Unternehmensziele: Gewinn, Kapital- und Umsatz-Rentabilität, Kapitalumschlag bzw. Return-on-Investment, Unternehmenswert (Shareholder Value), Markenwerte (Brand Values), Erlös- und Kostenziele, Kapitalstruktur, Liquidität
4. Marketingziele: Absatz, Umsatz, Preisposition, Deckungsbeiträge, Marktanteile, Distribution sowie Bekanntheitsgrad, Image, Kompetenz, Kundenzufriedenheits- und Kundenbindungsquote

V. Marketing-strategisches Konzept (Strategieprofil)

1. Marktfeld-strategische Festlegungen: Marktdurchdringung, Marktentwicklung, Produktentwicklung, Diversifikation inkl. Kombinationen
2. Marktstimulierungs-strategische Festlegungen: Präferenz- bzw. Marken(artikel)-Strategie, Preis-Mengen- bzw. Discount-Strategie, ggf. Kombinationen
3. Marktparzellierungs-strategische Festlegungen: Massenmarkt-, Segmentierungs-, Nischen- und/oder Kundenindividuelle Strategien
4. Marktareal-strategische Festlegungen: teil-nationale, nationale, internationale oder globale Strategien
5. Wettbewerbs-strategische Handlungsmuster: Schaffung/Verstärkung

7.1 Beispielhafter Aufbau (Design) einer Marketing-Konzeption

von Wettbewerbsvorteilen, Wahl des Wettbewerbsstils, strategisches Timing

VI. Einsatz der marketing-operativen Instrumente (Marketingmix)
1. Wahl der angebotspolitischen Maßnahmen: Produkt-, Verpackungs- und Markengestaltung, Produkt- und Leistungsprogramm, Preis- und Konditionenpolitik
2. Wahl der distributionspolitischen Maßnahmen: Wahl der Absatzwege (klassische und/oder elektronische: Online-Handel bzw. E-Commerce), Art und Ausprägung von Mehrkanalsystemen (Multi-Channel), Absatzlogistik und Warenwirtschaftssystem, Struktur und Einsatzformen von Absatzpersonen im Vertrieb
3. Wahl der kommunikationspolitischen Maßnahmen: Werbung (klassische und/oder Online-Werbung), Verkaufsförderung (Promotions), Event-, Direkt- bzw. Dialogmarketing, Public Relations
4. Spezifische Grundausrichtung des Marketingmix: Beziehungs-, Erlebnis- und/oder Öko-Marketing
5. Schwerpunkte und Aktivitätsniveau des Marketingmix: Rang- und Reihenfolge eingesetzter Marketinginstrumente, instrumenten-bezogene und gesamtmarketing-bezogene Budgets und ihre Aufteilung

VII. Anhang: Planungsrechnungen
1. Absatzplanung: Absatz-, Umsatz-, Marktanteils- und Distributionsplanung, jeweils differenziert z. B. nach Programmteilen, Marken oder Strategischen Geschäftsfeldern
2. Kostenplanung: angebotspolitische Marketingkosten (z. B. für Produkt- und Verpackungsdesign, Marketing-Services), distributionspolitische Marketingkosten (z. B. für Verkaufsaußendienst, Verkaufsinnendienst, Versand), kommunikationspolitische Marketingkosten (z. B. für Werbung, Verkaufsförderung bzw. Promotions, Produktpräsentationen) sowie marketing-administrative Kosten (z. B. für Marketingleitung, Marktforschung, Marketingplanung, Marketing-Controlling), jeweils differenziert z. B. nach Programmteilen, Marken oder Strategischen Geschäftsfeldern
3. Ergebnisplanung: Brutto-Erlöse, Rabatte, Erlösschmälerungen, Netto-Erlöse, Deckungsbeiträge, jeweils differenziert z. B. nach Programmteilen, Marken oder Strategischen Geschäftsfeldern

Nachdem der Aufbau bzw. das Design einer umfassend angelegten Marketing-Konzeption beispielhaft aufgezeigt worden ist, soll nun noch auf Einsatzmöglichkeiten und -zwänge von Marketing-

Dienstleistern bei der Implementierung des Konzeptionellen Marketing näher eingegangen werden.

7.2 Einsatzmöglichkeiten von Marketing-Dienstleistern bei Erarbeitung und Umsetzung einer Marketing-Konzeption

Die konsequente Anwendung des Konzeptionellen Marketing in der Unternehmenspraxis setzt **zwei grundlegende Schritte** voraus: die Erarbeitung von Marketing-Konzeptionen (= Planungsstufe) und die Umsetzung von Marketing-Konzeptionen (= Realisierungsstufe). Beide Stufen stellen zwei umfangreiche, arbeits- und personalintensive Prozess-Stufen dar, bei denen sich Unternehmen theoretisch zwar allein auf unternehmensinterne Kräfte (Mitarbeiter) stützen können; in der Praxis sind jedoch Unternehmen – je nach Konzeptionsaufgabe, -umfang und -detaillierungsgrad – in unterschiedlichem Maße auf unternehmensexterne Kräfte (Marketing-Dienstleister) angewiesen. Der Einsatz von einschlägigen Dienstleistern (wie Beratern, Agenturen und/oder Instituten) hat verschiedene Gründe, meistens jedoch Kapazitäts- und Know-how-Gründe. Prinzipiell kann sich zwar jedes Unternehmen eigene Kapazitäten und grundsätzlich auch eigenes Know-how verschaffen – für den Einsatz externer Dienstleister sind neben Zeit- vor allem auch Kostengründe verantwortlich. In den meisten Fällen sprechen jedenfalls **Kosten-Nutzen-Analysen** gegen eigene Marketing-Dienstleistungskapazitäten im Unternehmen (nur ganz große Unternehmen mit ständigem Bedarf etwa an Beratungs- oder Agenturleistungen in den verschiedenen Geschäftsfeldern besitzen z.T. eigene Beratungs- und Werbeagentur-Units [sog. Inhouse-Consultants bzw. Inhouse-Agencies]). Generell spricht vieles für eine ausgewogene Mischung von unternehmensinternen Kräften (also eigenen Mitarbeitern und eigenem Management) und externen Dienstleistern mit ihren jeweils speziellen Kompetenzen. Art und Umfang des Einsatzes externer Kräfte hängt naturgemäß von der Aufgabenstellung wie auch den markt-, umfeld- und unternehmensbezogenen Bedingungen bzw. Anforderungen ab.

7.2 Einsatzmöglichkeiten von Marketing-Dienstleistern

> Im Folgenden werden wichtige Marketing-Dienstleister angesprochen und hinsichtlich ihres Leistungs- und Einsatzspektrums näher charakterisiert. Alle aufgeführten Dienstleister können grundsätzlich sowohl in der Planungs- als auch in der Realisierungsstufe des Konzeptionellen Marketing herangezogen werden. Die nachstehende Übersicht beginnt mit Unternehmensberatern, die schwerpunktmäßig in der Planungsstufe (=Konzepterstellung) eingeschaltet werden können – allerdings nicht nur dort, sondern auch in der Realisierungsstufe (= Konzeptumsetzung), und zwar in Form umsetzungs-begleitender Beratung. Darüber hinaus gibt es eine Vielzahl spezialisierter Marketing-Dienstleister (insbesondere verschiedene Arten von Agenturen), die vor allem bei der operativen Umsetzung von Marketing-Konzeptionen herangezogen werden können (müssen) – zum Teil aber auch schon in der allgemeinen Konzepterstellungsphase.

Die folgenden Darlegungen zu wichtigen und typischen Marketing-Dienstleistern beginnen mit „Generalisten" mit eher breitem Einsatzspektrum (zum Teil aber mit Schwerpunkt auf der ziel-strategischen Konzepterstellung) und werden fortgeführt mit „Spezialisten" mit eher fokussierten Einsatzmöglichkeiten (und einem Schwerpunkt vor allem bei der marketing-operativen Konzeptumsetzung).

7.2.1 Unternehmensberater

Die systematische, kundenorientierte Führung des Unternehmens – das ist die Botschaft des vorliegenden Buches – setzt im Prinzip zwingend eine schlüssige, ganzheitliche Marketing-Konzeption voraus, also klare, aufeinander aufbauende Ziel-, Strategie- und Maßnahmen- bzw. Instrumenten-Entscheidungen. Der Einsatz von Unternehmensberatern bzw. der Rückgriff auf entsprechende Beratungskapazitäten ist deshalb immer dann geboten, wenn Unternehmen noch gar keine (vollständige) Marketing-Konzeption besitzen, die vorhandene Konzeption gravierende Mängel bzw. erhebliche Schwächen aufweist oder wesentliche Veränderungen der Markt- und/oder Umfeldbedingungen („Umbrüche") eine grundlegende Neuorientierung bzw. Überarbeitung des bisher verfolgten Marketingkonzepts erfordern.

7. Anhang: Zur Implementierung des Konzeptionellen Marketing

Das Spektrum von Unternehmensberatern groß und breit gefächert. **Klassische Beratungsbereiche** (Kompetenzfelder) erstrecken sich u. a. auf Organisations-, Informationstechnologie-, Strategie- sowie Personalberatung. Für die Unterstützung von Unternehmen bei der Erarbeitung oder Überarbeitung von Marketing-Konzeptionen kommen vor allem Unternehmensberater in Betracht, die einen **Schwerpunkt** im Bereich der Strategischen Beratung („Strategy Consultants") und/oder im Bereich Marketing und Vertrieb („Marketing and Sales") aufweisen.

Je nach Unternehmen(sgröße) und Anforderungen an die zu leistende Konzeptionsarbeit gilt es, den oder ggf. die geeigneten Berater zu finden und einzusetzen. Das heißt etwa, zwischen großen oder eher kleinen, national oder international ausgerichteten sowie eher breit aufgestellten oder spezialisierten Beratern zu wählen (auf wichtige Auswahlkriterien und Entlohnungs- bzw. Honorarfragen bei Marketing-Dienstleistern wird noch in einem gesonderten Kapitel näher eingegangen).

Die Auswahl von bzw. die Zusammenarbeit mit Unternehmensberatern setzt zunächst eine **Analyse der Beratungsbedarfs** voraus, auf deren Basis eine Aufgabenstellung für den Berater-Einsatz formuliert werden kann. Unternehmensberater sind grundsätzlich Partner auf Zeit. Immer mehr hat sich jedoch die Einsicht durchgesetzt, dass Berater vor allem dann sinnvoll eingesetzt werden können, wenn sie nicht nur mit der Er- oder Überarbeitung einer Marketing-Konzeption betraut werden, sondern auch in der anschließenden Realisierungsphase verantwortlich mit eingebunden sind (einschließlich ihrer Mitwirkung bei der Auswahl von „Umsetzungsdienstleistern" wie z. B. Werbe-Agenturen).

Grundlegende Erfolgsvoraussetzung für den Berater-Einsatz ist neben der sach-orientierten Berater-Auswahl eine offene, **vertrauensvolle Zusammenarbeit** zwischen beauftragtem Beratungsunternehmen (und seinen jeweils eingesetzten Beratern) und auftrag-vergebenden Unternehmen (und seinen für das Beratungsprojekt zuständigen Mitgliedern des Managements sowie der zuständigen Fachabteilungen). Das gilt in gleicher Weise für den Einsatz aller Arten von Marketing-Dienstleistern (wie z. B. Werbe-Agenturen, Dialog-Agenturen usw.).

Der Schwerpunkt von **Strategieberatern** („Strategy Consultants") liegt grundsätzlich auf der ziel-strategischen Ebene, das heißt auf der Ableitung der zu verfolgenden Marketing- und Unternehmensziele wie auch auf der Erarbeitung dafür einzusetzender Marketing- und Unternehmensstrategien (einschließlich der hierfür erforderlichen Markt-, Umfeld- und Unternehmensanalysen). Was die für ihre Realisierung einzusetzenden operativen Maßnahmen und Instrumente angeht, so muss eine vollständige, ganzheitliche Marketing-Konzeption, die mit Hilfe von Unternehmensberatern erstellt wird, notwendigerweise zumindest konkrete Basiskonzepte für den Marketinginstrumenten-Einsatz in den Bereichen der Angebotspolitik (Produkt, Programm, Preis), der Distributionspolitik (Absatzwege, Absatzorganisation, Absatzlogistik) und der Kommunikationspolitik (Werbung, Verkaufsförderung, Public Relations) einschließen. Diese marketing-operativen Basiskonzepte bilden dann die konzeptionellen Anknüpfungspunkte für den Einsatz spezialisierter „Umsetzungsdienstleister" wie Werbe-, Design-, Event-Agenturen usw.

Neben Unternehmensberatern mit breitem Erfahrungs- und Kompetenzspektrum gibt es eine Reihe spezialisierte Berater, die sich auf ein bestimmtes Kompetenzfeld konzentrieren. Hierzu zählen etwa **Marketingberater** (mit der Abdeckung des gesamten Marketingbereichs, ggf. aber auch mit bestimmten Schwerpunkten), **Vertriebsberater** (mit einer Spezialisierung auf Vertriebs- bzw. distributionspolitische Problemstellungen, z. T. einschließlich Verkaufstraining) oder neuerdings **Markenberater** (mit Konzentration auf marken-strategische Fragen wie Markenpositionierung, Markendesign (Branding), Markenarchitektur, Markenportfolio). Spezialisierte Berater kommen dann in Betracht, wenn Unternehmen bereits über eine Marketing-Konzeption verfügen, aber gezielten Nachbesserungsbedarf haben bzw. Zwänge für gezielte Neuorientierungen in einzelnen Marketingbereichen gegeben sind.

7.2.2 Werbe-Agenturen

Wenn eine schlüssige, ganzheitliche und vollständige Marketing-Konzeption mit den konzeptionellen Bausteinen Ziele, Strategien, Maßnahmen vorliegt – vom Unternehmen selbst oder in Zusammenarbeit mit Unternehmensberatern erarbeitet –, muss sich die Stufe der Konzeptrealisierung anschließen. In dieser Stufe geht es darum, das konzeptionell Gedachte und Festgelegte in konkrete operativ-instrumentale Maßnahmen umzusetzen.

Ein besonders weiter und zugleich differenzierter Umsetzungsbereich ist hierbei häufig das Feld der Kommunikationspolitik (Basisinstrumente: Werbung, Verkaufsförderung [Promotions], Public Relations [PR]). Da dieser Bereich umfassende Ressourcen und Kompetenzen voraussetzt, wird diese zentrale Umsetzungsaufgabe durchweg an darauf spezialisierte Marketing-Dienstleister übertragen. Der wichtigste Dienstleister auf diesem Gebiet ist zunächst einmal die (klassische) Werbeagentur, und zwar in Form der weithin etablierten **sog. Full-Service-Agentur.**

Das Spektrum der Full-Service-Agentur reicht von der Werbung in den klassischen Printmedien (wie Zeitungen, Zeitschriften) und in den klassischen elektronischen Medien (wie Hörfunk, Fernsehen) bis zu den unterschiedlichen Einsatzformen internet-gestützter Kommunikation (wie Online-Werbung, E-Mail-Marketing). Darüber hinaus umfasst das Leistungsspektrum die klassische Verkaufsförderung (sog. Below-the-Line-Kommunikation: Verkäufer-, Händler- und Verbraucher-Promotions) bis hin zu neueren Kommunikationsformen wie Direkt-, Dialog- und Eventmarketing. Außerdem gehört zum Servicebereich von Full-Service-Agenturen grundsätzlich auch der Bereich Public Relations (PR oder Öffentlichkeitsarbeit) mit Sonderformen wie Produkt-PR oder auch Investor Relations.

Derartige umfassende Kommunikationsservices bieten vor allem die großen, meistens international agierenden Werbeagenturen, für die vermehrt auch der Begriff der **sog. Kommunikationsagentur** verwendet wird, und zwar insbesondere dann, wenn aufgrund der geschaffenen Agenturstruktur die Möglichkeit gegeben ist, alle eingesetzten Kommunikationsinstrumente im Sinne eines in sich schlüssigen, aufeinander abgestimmten, also integrierten Kommunikationsmix zu bündeln.

Neben den großen Full-Service-Agenturen gibt es eine Vielzahl von kleineren und mittleren Werbeagenturen, die sich häufig auf das klassische Werbegeschäft, ggf. mit ergänzenden Promotionsaktivitäten, konzentrieren.

Andererseits hat sich im Laufe der Zeit ein großes Feld **spezialisierter Kommunikationsdienstleister** entwickelt, wie PR-, Dialog-, Event- oder auch Internet- bzw. Multimedia-Agenturen, letztere bis hin zu Dienstleistern, die umfassende Beratungsleistungen einschließlich Software- und Anwendungsentwicklung anbieten. Was die grundlegenden Aufgaben der Marken-, Produkt- bzw. Design- und Verpackungsgestaltung angeht, so gibt es inzwischen auch vielfältige Arten von sog. Design-Agenturen (auf die noch in einem gesonderten Abschnitt näher eingegangen wird). Sonderformen von Agenturen stellen die **sog. Media-Agenturen** dar, die sich auf Vermittlung und Einsatz (Optimierung) von Massenmedien beschränken und keinerlei kreativ-gestalterische Leistungen erbringen.

Es ist klar, dass – ähnlich wie beim Einsatz von Unternehmensberatern – bei zu vergebenden kommunikativen Aufgaben die Art und Weise des Einsatzes von full-service-orientierten und/oder spezialisierten Kommunikationsdienstleistern von der jeweiligen konzeptionellen Aufgabenstellung abhängig zu machen ist. Zum Serviceangebot vieler Kommunikationsdienstleister gehören inzwischen auch **Strategische Services** wie generelles Kommunikationsdesign oder Markenpositionierung und -architektur. Hierbei ergeben sich nicht selten Schnittstellen – u. U. auch Überschneidungen („Konflikte") – zur Konzeptionsarbeit von Unternehmens- bzw. Marketingberatern.

7.2.3 Design-Agenturen

Design ist heute ein wichtiges Instrument, um Marken, Produkte, Unternehmen im verschärften Wettbewerbsumfeld unverwechselbar zu profilieren. Insgesamt ist in vielen Teilbereichen des Designs bereits ein hohes Niveau (Standard) entstanden, der dazu führt, dass Unternehmen immer stärker gezwungen sind, noch bestehende Designpotentiale auszuschöpfen. Hierbei können Unternehmen auf eine Vielzahl ganz **unterschiedlicher Design-Dienstleister** mit ganz verschiedenen Schwerpunkten und Erfahrungen zurückgreifen.

Was sog. Design-Agenturen betrifft, so gibt es auch auf diesem Feld zunächst einmal Dienstleister mit umfassendem Ansatz und Service. Sie bieten Problemlösungen für die Gestaltung einer einheitlichen **Corporate Identity**. Dieser umfassende, ganzheitliche Ansatz besteht darin, mit allen Designäußerungen des Unternehmens ein einheitliches, attraktives Gesamtbild zu vermitteln. Drei grundlegende Designbereiche sind dabei angesprochen: das sog. Industrial Design (Produktdesign, in Verbindung damit auch Verpackungs-, Markendesign), das sog. Communication Design (Visuelle Gestaltung aller kommunikativen Mittel wie Anzeigen, Plakate, Broschüren) und das sog. Environment Design (Gestaltung von Firmengebäuden, Inneneinrichtungen, Firmenwagen). Gestaltungsmittel einer einheitlichen, unverwechselbaren Corporate Identity sind jederzeit wiedererkennbare, leitbildfähige Zeichen- und Symbolsysteme, die ihr positiven Wirkungen sowohl nach innen in das Unternehmen als auch nach außen in den Markt entfalten.

Neben solchen „Corporate Identity-Agenturen" gibt es eine ganze Reihe **spezialisierter Design-Agenturen**, die sich etwa auf das Verpackungsdesign (Packaging Design) und/oder das Markendesign (Brand Design) konzentrieren. Nicht selten bieten aber auch Werbe-Agenturen mit Full-Service-Anspruch solche packungs- oder markenbezogenen Designleistungen an (zum Teil in Form von darauf spezialisierten Units oder über eigene Tochtergesellschaften, ggf. auch über die Einschaltung **freier Designer** [sog. Free Lancer]).

Das eigentliche Produktdesign wird dagegen in aller Regel als Serviceleistung von darauf spezialisierten **Produktdesignern** bzw. Designstudios angeboten. Größere Designstudios oder Designinstitute sind vielfach dadurch charakterisiert, dass sie jeweils einen bestimmten Designstil pflegen (wie z. B. ästhetischen, funktionalen, organischen Designstil). Die Designleistungen, die Designstudios oder -institute erbringen, gehen übrigens vielfach über die reine Gestaltung des Produktäußeren hinaus und schließen – je nach Bedarf – auch die technisch-funktionale Produktgestaltung bzw. Produktverbesserung mit ein.

Was das große Feld des **Kommunikationsdesigns** (Communication Design) betrifft, so sind die einschlägigen Gestaltungsleistungen in der Regel auch Bestandteil des Leistungsspektrums von Werbe-Agenturen (und zwar der großen wie auch der kleineren).

Die Vergabe von Designaufgaben an Designer bzw. Design-Agenturen stellt insgesamt eine komplexe Aufgabenstellung dar, weil hier sehr unterschiedliche Facetten (Bereiche) des Designs berücksichtigt werden müssen. Nicht selten kann diese Problemstellung nur in definierten Teilschritten gelöst werden und unter Einschaltung mehrerer Design-Agenturen mit jeweils unterschiedlichen Kompetenzen. Das Problem besteht dann häufig darin, auf diese Weise trotzdem zu durchgängigen, ganzheitlichen Designlösungen im Sinne eines Corporate Design zu gelangen.

7.2.4 Dialog-Agenturen

Im Zuge der bereits angesprochenen Spezialisierung von Kommunikationsdienstleistern haben sich u. a. zahlreiche sog. Dialog-Agenturen herausgebildet. Das Direktmarketing bzw. seine spezifische Ausprägung in Form des Dialogmarketing hat aufgrund verstärkter Kundenorientierungs- bzw. Kundenbindungsbemühungen der Unternehmen zunehmend an Bedeutung gewonnen. Die direkte, **dialog-orientierte Kommunikation** wird inzwischen von vielen Unternehmen im Wettbewerb um den Kunden eingesetzt. Der personalisierten wie individualisierten Form einer unmittelbaren Kundenansprache auf Basis adressierter Werbebriefe (Mailings) oder eines aktiven Telefonmarketing (im Consumer Marketing grundsätzlich nur als Permission-Marketing, d. h. also mit Einverständnis des Konsumenten, zulässig) wird generell sowohl eine hohe Wahrnehmungsleistung als auch eine hohe Kosteneffizienz, nämlich vergleichsweise geringe „Costs per Order", zugeschrieben.

Konsequentes Dialogmarketing – wie es von unterschiedlichen Dialog-Agenturen als Dienstleistung angeboten wird – dient der Realisierung eines systematischen Customer Relationship Management (CRM). Gewählt wird dabei eine gezielte Kundenansprache über mehrere „direkte Kanäle", und zwar online wie offline. Die angebotenen Leistungen und Systeme der verschiedenen Dialog-Agenturen sind insgesamt darauf gerichtet, die **Lücke** zwischen der image-orientierten Massenkommunikation einerseits und dem persönlichen Kundenkontakt im Beratungs- und Verkaufsgespräch anderseits zu schließen.

Aufgrund der gewachsenen Bedeutung des Dialogmarketing haben große Werbe-Agenturen (Agentur-Gruppen) vielfach zusätzliche **Dialog-Agenturen** aufgebaut oder auch aufgekauft. Sie sind dadurch in der Lage, sowohl klassische Kommunikationsdienstleistungen als auch moderne dialog-orientierte Dienstleistungen im Sinne integrierter Kommunikationslösungen anzubieten. Daneben gibt es jedoch nach wie vor eine größere Zahl kleinerer und unabhängiger dialog-orientierter **Spezialagenturen** (meist mit spezifischen Schwerpunkten und besonderen Erfahrungen bzw. Knowhow).

7.2.5 Event-Agenturen

Das vielgestaltige Feld des Event-Marketing wird beinahe ausschließlich von spezialisierten Event-Agenturen abgedeckt. Events stellen erlebnis-orientierte Inszenierungen von unternehmens- oder produkt-bezogenen Anlässen dar, die für die Realisierung spezifischer Marketing- und Kommunikationsziele eingesetzt werden. Sie richten sich an jeweils definierte Zielgruppen. Im Prinzip können zwei **Grundarten von Events** unterschieden werden: 1. geschlossene (interne) Events, die sich an den eigenen Außendienst („Außendienstkonferenzen") oder an den Handel (z. B. Startveranstaltungen für Produktneueinführungen, sog. Kick-offs) wenden und 2. offene (öffentliche) Events in Form von Publikumsveranstaltungen mit Volksfestcharakter oder mit kulturellem Bezug sowie auch sog. Roadshows.

Solche Events ersetzen in der Regel nicht klassische Kommunikationsinstrumente wie Werbung, Verkaufsförderung oder Public Relations, sondern bieten die Möglichkeit, diese Instrumente sinnvoll und ziel-orientiert zu ergänzen bzw. zu unterstützen.

Events im Sinne inszenierter Ereignisse und ihr Einsatz für Kommunikations- und Marketingzwecke sind nicht grundsätzlich neu; neu ist allenfalls ein intensivierter, **professionalisierter Einsatz** zur Unterstützung eines zunehmend erlebnis-orientierten Marketing in vielen Bereichen und Märkten. Ein bewusst geschaffenes (offenes) Event – also ein besonderes kommunikatives Ereignis – wird dabei als Plattform für eine erlebnisstarke Kommunikation bzw. Präsentation eines Produkts oder einer Marke bei einer ausgewählten Zielgruppe (mit Dialogmöglichkeit) gewählt. Neuerdings wird in diesem Zusammenhang auch von **sog. Live Communication** gesprochen.

Insgesamt zeigt sich, dass das Kommunikationsinstrument „Event" vielfältige Berührungen und z. T. auch Überschneidungen zu klassischen Kommunikationsinstrumenten wie etwa der Verkaufsförderung (Promotions) oder den Public Relations (Öffentlichkeitsarbeit) aufweist. Beziehungen bestehen darüber hinaus auch zum Sponsoring. Es überrascht deshalb nicht, dass vor allem Full-Service-Werbe- bzw. Kommunikationsagenturen auch den Bereich des Eventmarketing – zumindest teilweise – mit abzudecken suchen. Dennoch ist das Gebiet des Eventmarketing nach wie vor die Domäne (kleinerer) **spezialisierter Event-Agenturen** geblieben. Diese haben meist vielfältige Erfahrungen gesammelt und besonderes Know how für die Konzipierung und Durchführung von Events für die unterschiedlichsten Zwecke in ganz verschiedenen Märkten aufgebaut.

7.2.6 Marktforschungsinstitute

Marktforschungsinstitute (und auch Marktforschungsberater) erbringen wichtige Informationsdienstleistungen für Unternehmen. Insbesondere konsequent markt- und kundenorientierte Unternehmen kommen heute ohne **systematische Marktforschung** nicht mehr aus. Nur zum Teil sind Unternehmen jedoch selbst in der Lage, die notwendigen Daten und Informationen für Marketingentscheidungen strategischer wie operativer Art selbst zu beschaffen bzw. zu gewinnen. Unternehmen sind deshalb in hohem Maße auf die Inanspruchnahme von Marktforschungsdienstleistern angewiesen.

Unternehmen brauchen in der Regel sowohl regelmäßige Daten, die jeweils aktuell im Markt erhoben werden müssen (z. B. permanente Panelinformationen auf Handels- und/oder Verbraucherebene) als auch Ad-hoc-Informationen, die für spezifische Entscheidungsanlässe (z. B. Produkttests für die Produktinnovation oder Werbetests für neue Werbekampagnen) gewonnen werden müssen (= sog. **Primärforschung**, das heißt Erhebung und Erarbeitung von originären Markt- und Kundeninformationen etwa über Befragungen).

7. Anhang: Zur Implementierung des Konzeptionellen Marketing

Lediglich die **sog. Sekundärforschung** (= Beschaffung und Verarbeitung von Marktinformationen auf der Grundlage bereits vorhandener, allgemein zugänglicher Daten wie z. B. Statistiken von Statistischen Ämtern auf nationaler wie internationaler Ebene oder auch Online-Nutzungsmöglichkeiten von Datenbanken bzw. Suchmaschinen) können Unternehmen grundsätzlich selbst vornehmen. Das gilt insbesondere für größere Unternehmen, die über entsprechende Marktforschungskapazitäten (Marktforschungsabteilungen bzw. Marktforschungspersonal) verfügen.

Marktforschungsinstitute konzentrieren sich vor allem auf den Bereich der Primärforschung, weil diese Art der Marktforschung eine entsprechende Feldorganisation (Interviewerorganisation) voraussetzt und darüber hinaus ein spezifisches Methoden-Knowhow für die Durchführung von Befragungen, Beobachtungen und ggf. Experimenten bedingt. Neben den „Full-Service-Instituten" haben sich auch **sog. Feldinstitute** entwickelt, deren Service (zunächst) darin besteht, den eigenen Interviewer-Stab für Untersuchungszwecke von Unternehmen zur Verfügung zu stellen. Die Abgrenzung zu klassischen Marktforschungsinstituten mit vollem Service ist allerdings dann fließend, wenn diese Feldinstitute zusätzlich noch die Fragebogengestaltung und/oder die EDV-Auswertungen der durchgeführten Interviews übernehmen. Im Zuge der allgemeinen Verbreitung des Internets bzw. der Internet-Anschlüsse haben sich außerdem spezielle Marktforschungsinstitute entwickelt, die sich auf die **sog. Online-Marktforschung** konzentrieren (via Mail- oder WWW-Erhebungen).

Eine Sonderstellung unter den Marktforschungsinstituten nehmen nach wie vor die (großen) **Panel-Institute** ein, die sich auf die permanente Erhebung von Marktdaten für bestimmte Produktbereiche auf Unternehmens-, Handels- oder Verbraucherebene konzentrieren (= sog. Unternehmens-, Handels- oder Verbraucher-Panels). Die Erhebung erfolgte ursprünglich ausschließlich bzw. überwiegend über mündliche Befragungen; inzwischen werden die Daten in hohem Maße auf elektronischem Wege (z. B. über das Internet) erfasst.

Was die klassischen Vollservice-Institute betrifft, so können große – meist international tätige – und kleinere, in der Regel national ausgerichtete Institute (wie auch **Marktforschungsberater** mit unterschiedlichen Schwerpunkten) unterschieden werden. Außerdem stehen sowohl eher quantitativ orientierte (auf „Massenumfragen" spezialisierte) als auch eher qualitativ orientierte („psychologische") Marktforschungsinstitute zur Verfügung. Marktforschungsinstitute unterscheiden sich teilweise auch durch den Umfang ihrer Services, und zwar was die reine Datenlieferung einerseits und die zusätzliche Interpretation der erhobenen Daten sowie ggf. die Beratung hinsichtlich marketing-strategischer Konsequenzen andererseits angeht.

Die Darlegungen zum Spektrum zur Verfügung stehender Marktforschungsinstitute macht deutlich, dass die Wahl des Marktforschungsdienstleisters vom jeweiligen Untersuchungsanlass und Untersuchungszweck des Unternehmens abhängig gemacht werden muss. Das kann u. U. dazu führen, dass ein Unternehmen mit mehreren Marktforschungsinstituten ständig oder zumindest in bestimmten Phasen zusammenarbeitet bzw. zusammenarbeiten muss. Hierfür ist es in aller Regel sinnvoll und notwendig, der Institutsauswahl ein markt- und unternehmensspezifisches **Marktforschungskonzept** zugrunde zu legen, das den Marktforschungsbedarf in sach-inhaltlicher wie methodischer Hinsicht festlegt und dabei auch die möglichst weitgehende Vergleichbarkeit der jeweils erhobenen Daten berücksichtigt.

7.3 Auswahl und Entlohnung von Marketing-Dienstleistern

Die Darlegungen zu typischen Marketing-Dienstleistern und ihren jeweiligen Serviceangeboten haben gezeigt, dass konsequent markt- und kundenorientiert agierende Unternehmen sowohl bei der Erarbeitung als auch bei der Umsetzung von Marketing-Konzeptionen grundsätzlich auf die Mitwirkung externer Marketing-Dienstleister angewiesen sind – wenn auch in unterschiedlicher Ausprägung und Intensität, und zwar je nach Ausgangslage und konzeptionellen Zielvorstellungen. Das bedeutet zugleich, dass Unternehmen und ihr Management wie ihre Mitarbeiter bereit und fähig sein müssen, mit solchen Dienstleistern und ihren jeweils eingesetzten Mitarbeitern und Projektverantwortlichen vertrauensvoll, informationsbereit, teamorientiert und gestaltungs- sowie veränderungsbereit zusammen zu arbeiten.

Was die **Auswahl** geeigneter Marketing-Dienstleister angeht, so muss sie so sach- und problemorientiert wie nur möglich gestaltet werden. Grundsätzlich lassen sich etwa folgende an Marketing-Dienstleister zu stellende Anforderungen (Auswahlkriterien) nennen:

- **Leistungsspektrum und Problemlösungskompetenz (inkl. Referenzprojekte/-kunden),**
- **Genereller und spezieller Erfahrungshintergrund (u. a. Branchenerfahrungen),**
- **Beratungs- bzw. Mitarbeiterstab (Ausbildung, Fachkompetenz, Sozialkompetenz),**
- **Vorgehensweise und Methodik (Standardisierung und/oder Problemorientierung),**
- **Konzept- und Umsetzungsberatung (Bereitschaft auch zur Verantwortung für die Konzeptrealisierung),**
- **Fähigkeit und Bereitschaft zur Zusammenarbeit mit anderen Marketing-Dienstleistern (z. B. die von Beratern mit Agenturen und umgekehrt),**
- **Honorierung bzw. Entlohnungsmodell (inkl. Kostenerstattung),**
- **Art und Umfang der Vertragsgestaltung (z. B. Vorstudie, Rahmenvertrag, Komplettauftragsvergabe, Konkurrenzausschluss).**

Basis einer erfolgversprechenden Zusammenarbeit mit Marketing-Dienstleistern ist die klare Problem- und Aufgabendefinition sowie eine umfassende Information über Markt, Unternehmen und bisher verfolgtem Marketingkonzept (einschließlich seiner Stärken und Schwächen) und über die neuen Zielsetzungen bzw. Vorhaben. Niederschlag muss das in einem schriftlich dokumentierten **Briefing** finden (einschließlich mündlicher Erläuterungen und evtl. Ergänzungen dazu).

Auf der Grundlage entsprechender schriftlicher Angebote bzw. Projektvorschläge (einschließlich der Honorar- bzw. Entlohnungsregelung) und notwendiger mündlicher Erläuterungen seitens des oder der angesprochenen Marketing-Dienstleister ist dann eine

7.3 Auswahl und Entlohnung von Marketing-Dienstleistern

Entscheidung über den einzuschaltenden Dienstleister zu treffen. Gegenstand der Vereinbarungen muss auch eine **detaillierte Projektplanung** mit konkreten Fortschrittskontroll-Stufen („Meilensteine") sein, einschließlich der Festlegung der Arbeitsteams auf Dienstleister- wie auch auf Unternehmensseite. Außerdem müssen die Art und Häufigkeit von Berichterstattungen bzw. die Form der Zwischen- und Endpräsentationen (einschließlich Berichtsform) festgelegt werden. Schließlich müssen die Einbindung und die Verantwortung des Marketing-Dienstleisters sowie die Arbeitsabläufe für die Konzeptumsetzung geregelt werden.

Was die angesprochene **Honorierung** (Entlohnung) von Marketing-Dienstleistern bzw. der von ihnen erbrachten Leistungen betrifft, so gibt es hierfür verschiedene Modelle, die nicht zuletzt auch von der Art des Dienstleisters und seiner Leistungen abhängen. Darauf soll noch überblickhaft eingegangen werden.

Bei **Unternehmensberatern** kommen in der Praxis insbesondere drei Vergütungsformen in Betracht:
- **Vergütung auf Zeitbasis (Grundlage ist die Zeit, die für Beratung in Anspruch genommen wird, Basis: Honorar pro „Manntag"),**
- **Pauschalvergütung (sie wird bei gut überschaubaren Projekten bzw. Standardberatungen gewählt),**
- **Erfolgsorientierte Vergütung (als Maßstab der Vergütung wird die Erfüllung festgelegter Ziele herangezogen).**

Alle Arten der Vergütung haben ihre Vor- und Nachteile. Nicht selten werden deshalb auch kombinierte Vergütungsformen gewählt. Eine erfolgorientierte Vergütung ist aufgrund der Schwierigkeit, Beratungserfolge eindeutig zu isolieren, nicht unproblematisch. Sie eignet sich daher grundsätzlich nur als ergänzende Vergütungsform.

Bei **Werbe-Agenturen** können im Wesentlichen folgende Entlohnungsformen unterschieden werden:
- **Einzelabrechnung auf Honorarbasis (Einzelleistungen wie Graphik, Text usw. werden auf Basis von Stundensätzen abgerechnet),**
- **Pauschalabrechnung (die Agentur erhält für einen vereinbarten Zeitraum ein festes Monatshonorar, dafür werden Vermittlerprovisionen der Agentur, die sie von Verlagen und Sendern erhält, an das werbetreibende Unternehmen weitergegeben),**

7. Anhang: Zur Implementierung des Konzeptionellen Marketing

- **Abrechnung auf Provisionsbasis (die von Verlagen bzw. Sendern erhaltenen Provisionen [Regelsatz: 15 % der Streuetats] stellen die Agenturvergütung dar).**

Auch diese Arten von Agenturvergütungen haben ihre jeweiligen Vor- und Nachteile. Deshalb werden nicht selten bestimmte Kombinationen gewählt, wie z. B. die Kombination von Honorar- und Provisionsabrechnung. Darüber hinaus gibt es Mischformen der Vergütung, welche etwa die Pauschalabrechnung mit einer erfolgsabhängigen Komponente bei der Erreichung vorher definierter Ziele verbinden.

> **Fazit:** Auf Grund der Vielfalt der zu vergebenden Aufgaben der Unternehmen einerseits und der großen Zahl einsetzbarer Marketing-Dienstleister andererseits erweist sich die Suche nach geeigneten Beratern, Agenturen und Instituten insgesamt als sehr komplexe Aufgabe, die notwendigerweise aber so professionell wie möglich zu lösen ist, wenn die Erarbeitung und Realisierung von Marketing-Konzeptionen erfolgsorientiert vollzogen werden soll. Für den eigentlichen Such- und Auswahlprozess gibt es kein Patentrezept; verschiedene Vorgehensweisen sind hierbei grundsätzlich möglich: Man kennt einen bestimmten Dienstleister aus eigenen Erfahrungen schon oder hat zumindest von seinen spezifischen Leistungen bzw. typischen Lösungen (ggf. von einem mit Preis ausgezeichneten Beispiel) in Fachkreisen und/oder Fachmedien gehört oder gelesen; man hat von (Fach-)Kollegen im Rahmen von Tagungen, Seminaren oder ähnlichen Anlässen konkrete Empfehlungen erhalten; man kann auf konkrete Empfehlungen bzw. „Vermittlungen" von Fachverbänden, Kammern, Banken, Wirtschaftsprüfern usw. zurückgreifen; man startet einen systematischen Suchprozess in eigener Regie anhand definierter (unverzichtbarer) Kriterien unter Nutzung der Websites einschlägiger Marketing-Dienstleister; man nutzt vorhandene Internet-Portale zum Angebot von bestimmten Arten von Marketing-Dienstleistern (ggf. mit erhobenen Rankings). Oft – das ist die allgemeine Erfahrung – führen jedoch nur kombinierte Such- und Auswahlverfahren zum gewünschten Ergebnis.

Hinweis: Wer bei der Erarbeitung von detaillierten Marketing-Konzeptionen auf den drei Konzeptionsebenen Ziele, Strategien und Mix spezifische Analysemethoden und detaillierte konzeptionelle Handlungsmuster sucht, der wird verwiesen auf *Becker, J.*, Marketing-Konzeption. Grundlagen des ziel-strategischen und operativen Marketing-Managements, 7. überarbeitete und ergänzte Auflage, München 2002. Speziell zu strategie-bezogenen Analyseverfahren und grundlegenden strategischen Optionen wird außerdem noch folgender Literaturhinweis gegeben: *Becker, J.*, Marketing-Strategien. Systematische Kursbestimmung in schwierigen Märkten, München 2000.

Marken- und Unternehmensverzeichnis

3 Glocken 111, 113
A&P 57
Adidas 43, 178
Alberto 59
Alessi 96
Alfa Romeo 105
Aral 46
Aramis 61
AS 57
Atrix 61 f.
Audi 65
Audi A3 105
Audi TT 65, 105 f.
Aventis 49
Avis 13
Avon 128

BASF 85
Bayer 47
Bayern München 177
Beiersdorf 53, 78, 175
Bestfoods 46
Bitburger 177
BMW 51, 65, 69, 122 f., 175
BMW-3er 69
BMW-3er compact 105
BMW-Individual 68, 69
BMW-Z1 52
BMW-Z4 66, 69, 105
BMW-Z8 176
Bosch 16 f., 19, 43, 55

Camelia 165
Canon 97
Chacaresse 57
Chiquita 55
Clinique 61

Coca-Cola 80 f., 165, 170
Colgate 165

DaimlerChrysler 80
Davidoff 152, 154
Dell 68, 128
Dentagard 165
Der General 100
Diebels 71, 119
Dr. Oetker 10 f., 53, 78, 102
Du darfst 54, 102
Duplo 42
DuPont 22 ff.
Duschdas 102

El'Vital 41
Erdinger 67
Erno 59
Esso 46, 173 f.
Estée Lauder 61

Feinkost-Käfer 59
Ferrero 42, 53
Fiat 65
Ford 62, 65
Ford-T-Modell 62
Freiberger 59
Frosch 54, 102

General Food 9, 48
General Motors 47
Globus 164 f.
Golf 62, 105

Hailo 168 f.
Hannen 119
Hauni 68
Henkel 78
Herberts 47

Hewi 96
Hipp 47
Hoechst 22, 49, 55
Horten 132

IBM 55, 80
Ikea 14
Intel 55
Ixus 97

James Bond 176
Jil Sander 54

Käfer (VW) 62
Kaufhof 132
Kellogg's 102, 165
Kleenex 165
Kobold 128
Kötter 55
Kraft Foods 9, 10
Kronseder 68
Kundenbarometer 211
Kundenmonitor 211

Lacoste 226 f.
Lambertz 71
Landliebe 102
Lauder 61
Lego 178
Legoland 178
Lust for Life 132 f.

Marlboro 102
Mars 62
Master Product 57
Matsushita 80
Mazda 65
Mc Cain 111, 113
Mc Donald's 74, 177
Mercedes 13, 65, 95
Mercedes A-Klasse 95, 105
Mercedes C-Klasse 105
Mercedes-SLK 65
Miele 19, 102, 152 f.

Mon Chéri 53
Mövenpick 212
Mr. Proper 100
MX-5 65

Natreen 165
Naturkind 57
Necar 95
Nescafé 102
Nike 43
Nivea 13, 42, 53, 55, 61, 78

Omo 101
OPEC 174
Opel 65, 177
Origins 61
Outspan 55

Palmolive 165
Pedus 55
Pentium 55
Persil 101
Peugeot 65
Philipp Morris 48
Philips 96, 104
Piaggo 62
Pizza Hut 74
Porsche 105
Prescriptives 61
Privileg 59
Procter&Gamble 80

Quelle 57

Rank Xerox 139 ff.
Renault 65
Revue 59
Rhône-Poulenc 49
Rosenthal 96

Saab 15
Salamander 47
San Marco 68
Sanofi-Aventis 49
Sanofi-Synthélabo 49

SAP 175
SAT 1 177
Saturn 59
Schlecker 57
Schneider 67
Schöller 212
Schwartau 212
Schwarzkopf 78, 103 f.
Schweppes 74
Seat Toledo 105
Service Barometer 211
Servus 165
Siemens 55, 80, 175
Skoda Octavia 105
SMH 96
Sony 80
Steilmann 103
Stockmeyer 59
Stollwerk 119
Suchard 120
Suchard Milka 55
Swatch 96, 178
Swatch-Group 96

Teekanne 102

Tengelmann 57
T-Modell 62
Trevira 55
Triumph 102
Triumph-Adler 48

Uncle Ben's 167
Universum 59

Vatter 103
Vespa 62
Vichy 61
Viessmann 54
Volkswagen 20 f., 48, 62, 65, 105
Volvo 105
Vorwerk 128
VW 65
VW Autostadt 178
VW-Bora 105
VW-Golf 62, 105
VW-Käfer 62
VW-Lupo 21 f.
VW-New Beetle 105 f.

Yschabelle 57

Zott 165

Stichwortverzeichnis

1:1-Marketing 68
2+2=5-Effekt 46

A-, B-, C-Kunden 140
A-, B-, C-Marken(konzept) 57
Ablösungsinnovation 19
Abnehmerschichten 50, 57
Absatzkreditpolitik 124
Absatzlogistik 140 ff., 214 f.
Absatzlogistik-System 142
Absatzmittler-Selektion 134
Absatzorganisation 134 ff.
Absatzorganisation, Größe der 140 ff.
Absatzperson, Wahl der 135 ff.
Absatzweg, direkter 125 ff.
Absatzweg, indirekter 132 ff.
Absatzweg, kombinierter 128
Absatzwege 125 ff.
Absatzwegeanalysen 191, 237
Added Value 45, 94, 221
AIDA-Schema 150
Aktionsprogramm 104
Aktivierungsprozesse 149 f
Ambulanter Handel 129, 131
Anforderungsprofile, konzeptionsadäquate 230
Angebotspolitische Instrumente 92 ff.
Anpassungen, operative 211 ff.
Anpassungen, strategische 211 ff.
Anspruchsgruppen 9, 171, 174 f.
Aufkauf 48 f., 78
Auftragsabwicklungssystem 142
Ausgleich, strategischer 87 f., 211
Auslaufsortiment 104

Auslieferungszeiten 144

Balanced Scorecard 207 ff., 211
Banner 102, 156, 159
Bartering 176 f.
Basisprogramm 104
Befragung 32, 193 f.
Beschaffungsziele 27
Betriebsformen (Groß-/Einzelhandel) 129 ff.
Bilder, innere 53
Brand Management 202
Brand Manager 202
Brand Parks 178
Breite, strategische 84
Briefing 252
Bundling 124
Business Migration 46
Business Restructuring 28
Button 156, 159

Call Center 108
Cash&Carry-Großhandel 130
Category Management 169 f., 202 f.
Channel Promotions 162 ff.
Communication Design 246
Company-Marke 53
Competitive-Parity-Ansatz 149
Computer Aided Selling 140
Consumer Benefit 148
Consumer Promotions 162 ff.
Controlling, operatives 206 ff.
Controlling, strategisches 206 ff., 215
Copy-Strategie 147 ff., 172 f.
Corporate Design 247

Corporate Governance 9
Corporate Identity 8, 246
Corporate Site 212
CRM s. Customer Relationship Management
Cost-Plus-Pricing 114 f.
Counter Trade 177
Couponing 124
Cross Media Integration 176
Cross Over Communication 159
Cross Selling 196
Customer Lifetime Value 223
Customer Relationship Management 169, 195 ff., 222 f., 247
Customer Value Management 223

Dachmarke 53
Database-Marketing 161, 223
Data Mining 198, 219 f.
Data Warehouse 198, 219 f.
Datenbank 161
Datenverarbeitungssysteme 218 f.
Design 95 ff., 246 f.
Design, einer Marketing-Konzeption 235 ff.
Design-Agenturen 245 ff.
Dialog-Agenturen 247
Dialogkommunikation 213
Dialogmarketing 159 f., 161, 176, 178 f., 212 f., 247
Direct Response Marketing 161
Direktmarketing 159 ff., 196, 212 f., 247
Direktwerbung 159 ff.
Discounter 131
Discount-Strategie 50, 56 ff., 109
Distribution(sziele) 28 f.
Distribution, akquisitorische 35 ff.
Distribution, gewichtete 29 ff.
Distribution, numerische 29 ff.
Distribution, offline 214

Distribution, online 132, 178 f., 214
Distribution, physische 140 f.
Distributionspolitische Instrumente 124 ff.
Diversifikation 41, 46 ff.
Diversifikation, horizontale 46 f.
Diversifikation, laterale 46, 47 f.
Diversifikation, vertikale 46 f.
Doppel-Strategie 59
DuPont-Kennzahlen-System 22 ff.
Durchbruchinnovation 19 f.

E-Commerce s. Electronic Commerce
Economies of Scale 111
ECR s. Efficient Consumer Response
Efficient Consumer Response 169 f.
Einzelhandel 129, 131 f.
Einzelmarke 53
Electronic Commerce 80, 128, 132 f., 142, 146, 213 ff.
Elektronische Medien 156
E-Mail(-Marketing) 161, 212 f.
Engpass 1 f., 13
Environment Design 246
Erfahrungskurve(nvorteile) 111
Erfolgsfaktoren 195 f., 207
Erlebnishandel 132
Erlebnismarketing 132, 178, 248
Event-Agenturen 248 f.
Event-Marketing 176, 178, 248 f
Evolution, strategische 85 f., 211
Export 77 f.

Fachgeschäft 131
Factory Outlets 128
Familienmarke 53 f.
Feldinstitute 250

Firmenmärkte 53, 105
First-to-Market 18
Frühaufklärungssysteme 208 f.
Früherkennungssysteme 208 f.
Führung, unternehmenswert-orientierte 21, 31, 88 f., 111, 149, 183, 206 f., 210, 215, 218, 220, 224 f.
Führungsmodell 234
Führungsprinzipien 233
Führungsstile 233
Full-Service-Agentur 244, 246
Funktionsrabatte 120 f.

Gadget 161
Gebietsausdehnung, inselförmige 70, 73 f.
Gebietsausdehnung, konzentrische 70 f.
Gebietsausdehnung, selektive 70, 71 ff.
Geschäftsmodell, neues 215
Gewinn 21 ff.
Globalisierung 75, 85 ff., 231
Global Sourcing 27
Großhandel 129 f.
Grundausstattung, strategische 84
Grundlagen-Untersuchungen 32, 192 f.
Grundmarkt 60, 62

Handelsanalysen 191, 237
Handelsmarken 56 ff.
Handelsvertreter 135 ff.
Händlerpromotions 162 ff.
Hard facts 219
Herstellermarken 57
Höhe, strategische 84
Homepage 102, 159
Human Resource Development 231 f.

Human Resource Management 230 f.
Hyperwettbewerb 195

Image 31
Imageprofil 32 f., 58
Image-Untersuchungen 32 ff.
Image-Website 159
Implementierung des Konzeptionellen Marketing 235 ff.
Impulskäufe 166
Industrial Design 246
Informationssysteme 218 f.
Informationssysteme, kundenorientierte 221
Informationstechnologie 218
Informationsüberflutung s. Reizüberflutung
Innovationen 18 ff.
Innovationen, Arten von 44 ff.
Innovationen, echte 44
In-store-Maßnahmen 164
Instrumentalziele 35 f.
Instrumentenwirkungs-Untersuchungen 193
Integrierte Kommunikation(spolitik) 176, 182
Intelligenzsysteme 218
Interessenmanagement 197
Internes Marketing s. Marketing, internes
Internet-basierte Lösungen 75, 102, 108, 125, 145, 159, 172, 179, 196, 212, 221
Internet-Marketing 102, 128, 145 f., 156, 161, 176, 179, 212 f., 214
Internet-Marktforschung 179, 192, 250
Internet-Werbung 156, 159
Intrapreneurship 230
Investor Relations 174

Kategorien-Management 202 f.
Kapitalumschlag 22 ff.
Käufer-Märkte 1 f., 192, 220 f.
Kennzahlensysteme 22 f., 206 ff.
Kerngeschäfte 48 f., 211
Kernkompetenzen 195, 223
Key-Account-Management 203
Kiosk-Systeme 178
Kommunikation, integrierte 176
Kommunikationsagenturen 244 f.
Kommunikationsdesign 246
Kommunikationsdienstleister 176
Kommunikationspolitische Instrumente 146 ff.
Kompetenzsysteme 204 f.
Konditionenpolitik 120 ff.
Konkurrenzanalysen 191, 237
Kontroll-Untersuchungen 193
Konzentration auf Kerngeschäfte 48 f.
Konzentration der Kräfte 195
Konzeptionelle Kette 97, 142, 167, 183, 228, 234
Konzeptionelles Marketing 1 ff., 189 ff., 217, 235 ff., 240
Konzeptions-Module 236 ff.
Konzeptionspyramide 3
Kooperation (Industrie/Handel) 168 ff.
Kosten-Nutzen-Analysen 240
Kostensenkung 27, 105, 225
Kostenwettbewerb 105 f.
Kreativität 149 f.
Krisen-PR 173 f.
Kulturmanagement 199
Kundenanteile 222
Kundenbeziehungslebenszyklus 197
Kundenbeziehungsmanagement 197

Kundenbindung 31, 159, 168, 196, 205, 211, 222
Kundenbindungsprogramm 168 f.
Kundendienst 106 ff.
Kundendienstleistungen, kaufmännische 107
Kundendienstleistungen, technische 107
Kunden-Fokussierung 221
Kundengewinnung 222 f.
Kundenindividuelles Marketing 66, 68 f., 213, 222
Kundenkarten 124
Kunden-Management 203
Kundenmonitor Deutschland 211
Kundenorientierung 1 f., 13 f., 192, 195 f., 198 f., 203, 205, 220 ff., 223 f.
Kundenprofile 198
Kundenprofitabilität 222 f.
Kundenrückgewinnungsmanagement 197
Kundenwert 223
Kundenzufriedenheit 31, 123, 196 f., 199, 210, 224 f.
Kundenzufriedenheit, Messverfahren 210
Kundenzufriedenheitsforschung 123, 140, 210 f.

Lagerhaltungssystem 142
Lagerhaussystem 142
Leadership 233
Lean Management 28
Lean Production 28
Leistung, formal-ästhetische 94 f.
Leistung, technisch-funktionale 93 f.
Leistungsvorteil 50, 184
Lieferservice 141 f.
Lieferservice-Niveau 144 f.

Lieferungs- und Zahlungsbedingungen 120, 124
Life Style(-Konzept) 51 f., 66, 151, 152, 154
Live Communication 249
Logistikkette 215
Logistiknetze 80
Loyalitätsleiter 159 f.
Lücke, strategische 85

Mailings 161
Makro-Umweltanalyse 190 f.
Management-by-Techniken 233 f.
Markenarchitektur 227
Markenartikel-Strategie 50 ff.
Markenberater 243
Markenführung 31 ff., 51 ff., 102, 210, 212, 225 ff.
Markenführung, integrierte 102, 212
Markenidentität 226 f.
Markenkäufer 50
Markenkompetenz 31 f., 53 f.
Markenorientierung 225 ff.
Markenphilosophie 51 f., 53 f.
Markenportfolio 227 f.
Markenpositionierung 226
Markenprofilierung 51 ff., 226
Markenwelt 152
Markenwert 149, 210, 225
Markenzeichen 101 f.
Marketing (Führungsphilosophie) 1 f., 93, 192, 220 f.
Marketing, internes 14, 198, 205, 224
Marketing, kundenorientiertes 220 ff.
Marketing, teilintegriertes 200
Marketing, vollintegriertes 200
Marketing, wertorientiertes 223 ff.

Marketing, wissensorientiertes 218 ff.
Marketingberater 243
Marketing-Controlling 205 ff.
Marketing-Dienstleister 176, 240 ff.
Marketing-Dienstleister, Auswahl der 252 f.
Marketing-Dienstleister, Entlohnung/Honorierung 253 f.
Marketinginstrumentalbereiche 91 f.
Marketinginstrumente 91 f., 93 ff.
Marketinginstrumente, neuere 176 ff.
Marketing-Konzeption, Anforderungen 194 f.
Marketing-Konzeption, Begriff 1 f., 3, 4 f., 189, 217 f., 235 ff.
Marketing-Konzeption, Erarbeitung 190 ff., 235 ff.
Marketing-Konzeption, Realisierung 198
Marketing-Konzeption, Überprüfung 205 ff.
Marketing-Kultur 199
Marketing-Leitbild 37 f.
Marketinglogistik s. Absatzlogistik
Marketing-Management 189 ff.
Marketingmix 3, 91 ff., 179 ff., 239
Marketingmix, internationaler 183 ff.
Marketingmix, marktareal-orientierter 183 ff.
Marketingmix, marktsegmentorientierter 183, 185
Marketingmix, ziel-strategischer 183 f.
Marketingmix-Prozess 180 ff.
Marketingorganisation 199 ff.

Marketingorganisation, objektorientierte 201 ff.
Marketingstrategien 3, 39 ff., 183 f.
Marketing-Webseite 159
Marketingziele 3, 7 ff., 28 ff., 183 f.
Marketing-Zielplanung 34 ff.
Markt, elektronischer 213
Marktabdeckung, partiale 60 ff.
Marktabdeckung, totale 60 ff.
Marktanalysen 191 ff., 237
Marktanteil 28 ff.
Marktarealstrategien 69 ff.
Marktaufteilung 60 f.
Marktausschöpfung, wertorientierte 224
Marktdurchdringung 41 ff.
Marktentwicklung 41 ff.
Markterschließung, internationale 74, 78 f.
Markterschließung, multinationale 74 ff.
Märktewandel 1 f.
Marktfeldstrategien 40 ff.
Marktforschung 32 f., 117 f., 151, 179, 191, 192 f., 209 f., 249 ff.
Marktforschungsberater 251
Marktforschungsinstitute 249 ff.
Markthandeln, aktives 223
Markthandeln, proaktives 223
Markthandeln, reaktives 223
Marktleistung 92, 180
Markt-Management 199 ff.
Marktorientierung 1 f., 13 f., 192, 198 f., 205, 220
Marktparzellierungsstrategien 60 ff.
Marktpsychologie 150 f.
Marktschichten 50 f., 57, 109
Marktsegmentierungsstrategie 60, 63 ff., 157, 167, 183 f., 198, 221

Marktstimulierungsstrategien 50 ff.
Marktstruktur-Untersuchungen 193
Markttest 193
Mass Customization 68
Massenmarktstrategie 60 ff., 184 f., 222
Matrix-Organisation 204 f.
Media-Agenturen 245
Mediaselektion 148 f., 155 ff.
Mehrkanalsysteme 133, 214
Mehrmarken-Konzept 57, 85, 211 f.
Mengenrabatte 120 ff.
Merchandising 164
Mergers & Acquisitions 48, 224
Me-too-Produkte 44 f.
Mikro-Umweltanalyse 191 f.
Milieu-Ansatz 66 f.
Minimum-Strategie 41
Mischinstrument 163
Mission 12 ff.
Mission Statement 14
Mitarbeiterkompetenzen 233
Mitarbeitermotivation 229
Mittel-Zweck-Zusammenhang 34
Mittlerer Markt 50, 56 f.
Mixprofil 182
Mixprogramm 179 ff.
Mono-Marke 53
Monopolistischer Bereich s. Preisspielraum, monopolistischer
Multi-Channel-Systeme 133, 214
Multimedia-Kommunikation 176, 178 f., 212
Multi-Media-Systeme 94, 178 f.

Nachbarschaftsmarkt 131
Nachverwertungssortiment 104
Nationale Strategien 69 ff.

New Users 43
New Uses 43
Nischen-Marketing 66 ff.
Normalsortiment 104
Nutzen-Segmentierung 64 ff.

Oberer Markt 50, 56 f.
Öffentlichkeitsarbeit 169 ff.
Online-Handel 132 f., 213 f.
Online-Marketing 132 f., 178 f.
Online-Marktforschung 192, 250
Online-Werbung 159
Opinionleader Relations 174
Organisationsentwicklung 232
Organisationspyramide, marktorientierte 199 f.
Out-store-Maßnahmen 164

Paneldaten 30
Panelforschung 192 f., 250
Panel-Institute 250
Permission-Marketing 247
Personalbeschaffung 230 f.
Personalentwicklung 231 ff.
Personalführung 233 f.
Personalorientierung 228 ff.
Personalwesen, betriebliches 231
PIMS-Programm 28 f., 88, 109 f.
Planungsrechnungen, konzeptionsbezogene 239
Plattform-Konzept 105 f.
Point-of-Sale 145, 162
Polarisierung im Handel 132
Polarisierung von Märkten 85
Polaritätenprofil s. Imageprofil
Policy Paper 198
Portfolio(entscheidungen) 104
POS s. Point of Sale
Positionierung 53, 65, 147, 212, 225 f.
Positions-Analysen 194, 237

Potential-Analysen 194, 238
Power-Marken 228
PR s. Public Relations
Präferenzen 51, 117 f.
Präferenz-Strategie 50 ff., 84 f., 97, 117 f., 134, 167, 184
Präsenzleistung 92, 181
Preis 108 ff.
Preis-Absatz-Funktion, doppelt geknickte 117 f.
Preisbereitschaften 116 f.
Preisbestimmung, konkurrenzorientierte 112, 118 ff.
Preisbestimmung, kostenorientierte 112 ff.
Preisbestimmung, nachfrageorientierte 112, 116 ff.
Preisdynamik 120
Preiselastizität 116 f.
Preisführerschaft, barometrische 119
Preisführerschaft, dominierende 119
Preiskalkulation 114 ff.
Preiskäufer 50
Preis-Leistungs-Verhältnis 1, 43, 56, 59, 108 ff., 111 ff., 118, 180
Preis-Mengen-Strategie 50, 56 ff., 84 f., 184
Preisspielraum, monopolistischer 117 f.
Preisüberbietung 119
Preisunterbietung 119 f.
Preisvorteil 50, 184
Premium-Marken(-Strategie) 56, 109
Primärforschung 32, 192 f., 249
Printmedien 156 ff.
PR-Management 175
PR-Maßnahmen 172 ff.
Product Features 98

Product-Manager 202, 205
Product Placement 177
Product Site 212
Produkt(-gestaltung) 93 ff.
Produktdesign 95 ff., 246
Produktentwicklung 41, 43 ff.
Produktgruppen-Management 203
Produktgruppenmarke 53 f.
Produktionsziele 27
Produktkern 93 f.
Produktleistung 92, 181
Produkt-Management 202 f., 204
Produktmarke 53
Produktphilosophie 15
Profilleistung 92, 181
Profit Impact of Market Strategies s. PIMS-Programm
Programm 102 ff.
Programmbreite 103
Programmführung 104
Programmmarke 53
Programmsponsoring 177
Programmstrukturierung 104
Programmtiefe 103
Programmursprünge 103 f.
Projekt-Management 203 f.
Promotions 162 ff., 179, 244, 249
Public Relations 169 ff.

Qualitätsphilosophie 16 f.
Quasi-neue Produkte 44 f.
Querschnittskoordination 201

Rabattpolitik 120 ff.
Rabattsysteme, leistungsorientierte 122 ff.
Rack Jobber 130
Range-Marke 53 f.
Reason Why 148
Regalpflege 164

Regeln, neue 18 ff., 21, 195, 223
Regional-Management 203
Reichweite, qualitative 157 f.
Reichweite, quantitative 157 f.
Reisender 135 ff.
Reizüberflutung 147
Rentabilität 22 ff.
Rentabilitätsstrategien 24 ff.
Reserveinstrumente 212 ff.
Return-on-Investment 22 ff., 109 f.
ROI s. Return-on-Investment

SB-Warenhaus 131
Schalen-Ansatz 66 f.
Scharfschützen-Konzept 63
Schnittstellen-Management 4, 69, 108
Schrotflinten-Konzept 63
Segmentierungskriterien 63 ff., 198
Sekundärforschung 192 f., 250
Service 106 ff.
Shareholder 8 f.
Shareholder Relations 174
Shareholder Value 9, 21, 210, 224
Shopping-Website 159
Signale, schwache 209
Soft facts 219
Sonderplatzierung 166
Sortimentsgroßhandel 130
Sortimentsstrukturierung 104
Sozialtechnik, angewandte 149 ff.
Speichermedien, mobile 178
Spezialgroßhandel 130
Spezialist 103
Sponsoring 176 f.
Sprungwerbung 162
Staff Promotions 162 ff.
Stakeholder 8 f.
Stammkunden 159 f.

Stamm-Regal 166
Standardisierung (im internationalen Marketing) 184 ff.
Standards, neue 18 ff., 21, 195, 223
Stationärer Handel 129, 131
Still Life 151
Stoßrichtungen, wachstumsorientierte 40 f.
Strategieberater 242 f.
Strategie-Chip 84 ff.
Strategieebenen 39
Strategiekombination 81 ff.
Strategieprofil 83 f., 238 f.
Strategieprogramm 81 ff.
Strategieraster 81 f.
Strategiesystem 39 f.
Strategietrend 66 ff., 213, 221
Strategischer Ausgleich s. Ausgleich, strategischer
Strategisches Fenster 195
Streckengroßhandel 130
Stuffer 161
Submix 180 ff.
Submixbildung, inter-instrumentale 180 ff.
Submixbildung, intra-instrumentale 180 ff.
Supply Chain Management 169 f.
Sustainable Development 10
Synergie 46, 48, 202
Systemlösungen 94 f.

Tailor-made-Promotions 163
Target Costing 116
Tausenderpreis 157 f.
Telefon-Marketing 161
Testsortiment 104
Timing, strategisches 195
Tonality 149
Totalmix 180 ff.

Total Quality Management 56
Transportalternativen 142 f.
Transportsystem 142
Trendforschung 210
Trend-Kaufhaus 132 f.
Trendsortiment 104
Treuerabatte 121 f.
Two-in-one-Produkte 94

Übernationale Strategien 74 ff.
Umfeldanalysen 190 f., 237
Umsatz, kritischer 137
Umsatzsteigerung 27, 225
Umsatzrentabilität 23 ff.
Umweltanalysen 190 ff., 237
Umweltanforderungen 98 f.
Umwelt-Konzept, integriertes 98
Umweltleitlinien 10 f.
Unique Selling Proposition 147, 194
Universalist 103
Unterer Markt 50, 56 f.
Unternehmen, ideales 11 f.
Unternehmensanalyse 190, 193 f.
Unternehmensberater 241 f., 253
Unternehmensgrundsätze 8 ff.
Unternehmenskultur, markt- und kundenorientierte 199, 205
Unternehmenswert 210, 225
Unternehmensziele 7 f., 21 ff.
Unternehmenszweck 12 ff.
USP s. Unique Selling Proposition

Varianten (Modell-) 105 ff.
Verantwortung, gesellschaftliche 9 f., 171 f., 173 f.
Verbesserungsinnovation 19
Verbraucheranalysen 191, 192 f., 237
Verbraucherpromotions 162 ff.
Verhaltenswissenschaften 149 ff.

Verkäufer-Märkte 1
Verkäuferpromotions 162 ff.
Verkäuferschulung 138 ff.
Verkäufertraining 138 ff.
Verkaufsaufgabe, Steuerung der 138
Verkaufsförderung 161 ff.
Verlust-in-der-Mitte-Phänomen 85
Verpackung 98 ff.
Verpackungsanforderungen, ökologische 99
Verpackungsanforderungen, zielgruppen-orientierte 99
Verpackungssystem 142
Versandhandel 131
Versorgungshandel 132
Vertikales Marketing s. Kooperation (Industrie/Handel)
Vertriebsberater 243
Vertriebssysteme, vertragliche 134
Verwender, neue 43
Verwendungszwecke, neue 43
Vision 18 ff.

Warenhaus 131
Weak Signals 209
Website 156, 159, 175
Weltmarkterschließung 74, 80 ff.
Weltmarkt-Unternehmen 80 f.
Werbe-Agenturen 176, 243 ff., 253 f.
Werbeaussage s. Werbebotschaft
Werbebeilagen 157, 164 f.
Werbebotschaft 149 ff.
Werbebriefe 161

Werbeidee 148
Werbemedien 155 f.
Werbemittel 156
Werbeträgerauswahl s. Mediaselektion
Werbewirkungsmodell 150
Werbung 146 ff.
Werbung, emotionale 151, 152 ff.
Werbung, rationale 151 f.
Wertorientierung 223 ff.
Wert(schöpfungs)kette 170, 214 f.
Wertschöpfung 27
Werttreiber 224 f.
Wettbewerbsvorteile 97, 142, 149, 223
Wissensorientierung 218 ff.
Wissenssysteme 218 f.
Wortbildmarke 101 f.
Wortmarke 101 f.

Zeitrabatte 121 f.
Ziele, marktökonomische 28 ff.
Ziele, marktpsychologische 28, 31 ff.
Zielebenen 7 f.
Zielgruppen 63, 147
Zielhierarchie 34 f.
Zielkosten-Rechnung s. Target Costing
Zielpräzisierung 38
Zielprogramm 34 ff., 238
Zusatznutzen 45, 94, 97, 221
Zusatzprogramm 104
Zustellgroßhandel 130
Zweitmarken(konzept) 74, 80 ff.
Zweitplatzierung 166

Buchanzeigen

BECKER

MARKETING-KONZEPTION

Grundlagen des zielstrategischen und operativen Marketing-Managements

Von Prof. Dr. Jochen Becker
7., überarbeitete und ergänzte Auflage. 2002
XXI, 976 Seiten. Gebunden € 49,50
ISBN 3-8006-2724-8

Das Standardwerk des konzeptionellen Marketing behandelt konsequent, vollständig und differenziert alle Marktingentscheidungen entlang der konzeptionellen Kette: ▶ Marketingziele, ▶ Marketingstrategien, ▶ Marketingmix, und zwar einschließlich des gesamten Marketinginstrumentariums. Die 7. Auflage berücksichtigt alle wichtigen aktuellen Themen des Marketing (u.a. Internet-Marketing und E-Commerce, Kundenzufriedenheit und Kundenbindung, Beziehungsmarketing bzw. Customer Relationship Management).

Dieses in Wissenschaft und Praxis bewährte Lehr- und Handbuch basiert auf fundierten Analysen und beschreibt die einzelnen Handlungsschritte im Marketing anhand • zahlreicher und teilweise bebilderter Erfolgsbeispiele • aus ganz verschiedenen Unternehmen und Branchen.

Aus der Presse:

„Wer sich sehr vertiefend mit der Thematik befassen möchte, dem sei dieses anspruchsvolle Buch empfohlen." (planung & analyse, 5/98, zur Vorauflage

„Die zahlreichen Fall- und Erfolgsbeispiele aus unterschiedlichen Unternehmen, Märkten und Branchen stellen einen engen Bezug zur Praxis her. Das Buch ist folglich nicht nur ein Standard-Lehr- und -Nachschlagewerk für den Akademiker, sondern auch für den Praktiker." (Thexis, 2/99, zur Vorauflage)

VERLAG VAHLEN · 80791 MÜNCHEN
Fax: (089) 3 81 89-402 · Internet: www.vahlen.de · E-Mail: bestellung@vahlen.de

BECKER

MARKETING-STRATEGIEN

Systematische Kursbestimmung in schwierigen Märkten

Von Prof. Dr. Jochen Becker
2000. XXI, 214 Seiten.
Gebunden € 35,–
ISBN 3-8006-2569-5

Klare Strategieentscheidungen, die der Kursbestimmung des Unternehmens dienen, können nur auf der Basis eines vollständigen Strategiesystems getroffen werden, das zugleich die notwendige Voraussetzung für einen systematischen, konsequenten Einsatz von Marketinginstrumenten ist.

Das Buch stellt ein schlüssiges, in Wissenschaft und Praxis anerkanntes, mehrdimensionales Strategiesystem vor, und zwar • mit den konkreten strategischen Optionen, • mit den notwendigen Analysen und Checklisten, • mit vielen Fall- und Erfolgsbeispielen.

Wer einen klaren Kurs für sein unternehmerisches Markthandeln bestimmen will, der kann dieses Buch für diese immer wichtiger werdende Aufgabe mit Erfolg einsetzen.

„Ergänzt durch Checklisten und routiniert mit zahlreichen Fallbeispielen und Abbildungen versehen, bietet das Buch dem Leser einen sehr nützlichen und anschaulichen Leitfaden zur Entwicklung eines stimmigen und ganzheitlichen strategischen Gesamtkonzepts." M. Jazbec, in: Thexis 3/2001

„Wer über den Tellerrand blicken möchte, um ein tieferes Verständnis für Marketing-Strategien zu bekommen, findet mit diesem Buch die richtige Grundlage." AV-Views 5/2000

VERLAG VAHLEN · 80791 MÜNCHEN

Fax: (089) 3 81 89-402 · Internet: www.vahlen.de · E-Mail: bestellung@vahlen.de

BECKER
DER STRATEGIETREND IM MARKETING

Vom Massenmarketing über das Segmentmarketing zum kundenindividuellen Marketing

Von Prof. Dr. Jochen Becker
2000. XVII, 137 Seiten.
Gebunden € 30,–
ISBN 3-8006-2620-9

Der Strategietrend im Marketing zwingt jedes Unternehmen zur Überprüfung und Weiterentwicklung seines Marketingkonzeptes.

Das Buch bietet für diese komplexe Aufgabenstellung konkrete Anleitungen, und zwar
- für die strategische Standortbestimmung des Unternehmens
- für die möglichen strategischen Weiterentwicklungsformen (mit Fall- und Erfolgsbeispielen),
- für die operative Umsetzung neuer trend-strategischer Konzepte,
- für die Schaffung notwendiger Steuerungsgrundlagen.

Wer nicht den Anschluss an neuere Marketingentwicklungen verpassen will, der kann dieses Buch für seine „strategischen Hausaufgaben" mit Gewinn nutzen.

„Der Autor stellt dabei sehr anschaulich die einzelnen strategischen Optionen dar. Einheitlich werden jeweils der strategische Standort, das strategische Prinzip, Realisierungsformen und Erfolgsfaktoren der strategischen Optionen abgehandelt. Zahlreiche gelungene Fallbespiele tragen zusätzlich zum besseren Verständnis bei." M. Jazbec, in: Thexis 3/2001

„Ein wunderbares Kompaktbuch, von denen man sich in Bezug auf Inhalt und Umfang für den gestressten Manager mehr wünscht."
Pharma-Marketing Journal 2/2001

VERLAG VAHLEN · 80791 MÜNCHEN
Fax: (089) 3 81 89-402 · Internet: www.vahlen.de · E-Mail: bestellung@vahlen.de

Betriebs- und Volkswirtschaft, Wirtschaftsrecht: Fragen und Antworten für das Management

Waldner/Wölfel
So gründe und führe ich eine GmbH

Vorteile nutzen – Risiken vermeiden.
Haftungsbeschränkung, Gründungsvoraussetzungen, Vertragsgestaltung, Geschäftsführer, Gesellschafterversammlung, Liquidation, Steuer- und Kostenrecht.

8.A. 2005. Rd. 230 S.
Ca. € 9,50. dtv 5278

In Vorbereitung für Sommer 2005

Dieterle/Winckler
Gründungsplanung und -finanzierung

Voraussetzungen für den Gründungserfolg.
Der Unternehmensgründer, Planung und Organisation, Markt, Personal/Recht, Finanzierung, Rechnungswesen.

3.A. 2000. 508 S.
€ 14,–. dtv 5813

Arnold
Das Franchise-Seminar

Selbständig mit Partner.
Eine Orientierung für Unternehmensgründer.

2.A.1998. 258 S.
€ 9,15. dtv 5831

Ottersbach
Der Businessplan

Praxisbeispiele für Unternehmensgründer und Unternehmer.
Funktion, Inhalt und Darstellungsform eines Businessplans werden anhand zahlreicher Beispiele erläutert.

1.A. 2005. Rd. 180 S.
Ca. € 10,–. dtv 50875

In Vorbereitung für Herbst 2005

Sattler
Unternehmerisch denken lernen

Das Denken in Strategie, Liquidität, Erfolg und Risiko. Wie sichern Unternehmen unmittelbar ihre Existenz? Woran erkennt man erfolgreiche Unternehmen? Was muss man wissen, um langfristig Erfolg zu haben?

2.A. 2003. 217 S.
€ 10,–. dtv 50819

Böttges-Papendorf/Weiler
So führe ich mein Unternehmen sicher

Erfolgreiches Management im Mittelstand.
Konkrete Tipps, wie gerade kleine und mittlere Unternehmen moderne Management-Techniken nutzen, Stärken und Schwächen ihres Betriebes analysieren und erfolgversprechende Maßnahmen planen und umsetzen können. →

1.A. 2005. 198 S.
€ 9,50. dtv 50891

Neu im Juni 2005

Jossé
Balanced Scorecard

Ziele und Strategien messbar umsetzen.
Das Konzept, das unternehmerische Vision nicht nur in Strategien transferiert, sondern auch konkrete Ziele und Maßnahmen schlüssig abzuleiten hilft.

1.A. 2005. 329 S.
€ 12,50. dtv 50870

Kaufmann/Biendara
Erfolgreich selbständig bleiben

Die ersten Jahre nach dem Unternehmensstart. Planung des Aufbaus eines Unternehmens für die nächsten drei Jahre. Ermittlung und Abstimmung der wesentlichen Faktoren für die Entwicklung des Unternehmens im Rahmen einer strategischen Gesamtplanung. Wichtige Einzelfragen der Unternehmensführung.

1.A. 2001. 327 S.
€ 11,–. dtv 5889

Waldner/Wölfel
GbR · OHG · KG

Gründen - Betreiben - Beenden.
Gesellschaft des bürgerlichen Rechts, Offene Handelsgesellschaft, Kommanditgesellschaft, GmbH & Co. KG. Vertragsgestaltung, Geschäftsführung und Vertretung, Haftung, Liquidation, Steuer- und Kostenrecht.

6.A. 2004. 237 S.
€ 9,–. dtv 5294

Bombita/Maier/Steindl
Steuerwissen für Existenzgründer

Praktische Tipps zu Steuern, Recht und Sozialversicherung.
Die Autoren zeigen Gefahren und Tücken des komplizierten Steuerrechts auf und helfen mit verständlichen Anregungen, Beispielen und Checklisten, häufige Fehler in der Startphase zu vermeiden.

3.A. 2004. 303 S.
€ 13,–. dtv 50831

Buchhaltung, Rechnungswesen, Controlling

Herrling/Mathes
Der Buchführungs-Ratgeber

Grundlagen und Beispiele. Schritt für Schritt vom Controlling über Beschaffungs-, Umsatzsteuer-, Wechsel- und Personalkostenbuchungen bis hin zu den notwendigen Jahresabschlussarbeiten. Mit Übungsaufgaben und Lösungen.

4.A. 2001. 406 S.
€ 12,50. dtv 5836

Schöne
Bilanzierung in Fallbeispielen

Grundlagen, Fälle und Lösungen zur Handels- und Steuerbilanz.
Der Band ist ein Übungsbuch zur Bilanzierung nach Handels- und Steuerrecht sowie eine Einführung in das Arbeiten mit Gesetzestexten.

1.A. 1998. 182 S.
€ 7,62. dtv 50818

— Betriebs- und Volkswirtschaft, Wirtschaftsrecht: Fragen und Antworten für das Management —

Schultz
Basiswissen Rechnungswesen

Buchführung, Bilanzierung, Kostenrechnung, Controlling. Grundlagen der Unternehmensführung.
Dieser Überblick über das gesamte betriebliche Rechnungswesen zeigt mit Beispielen und Übersichten die Verzahnung von Buchführung, Bilanzierung, Kostenrechnung und Controlling.

3.A. 2003. 279 S.
€ 10,–. dtv 50815

Tanski
Internationale Rechnungslegungsstandards

IAS/IFRS Schritt für Schritt. Viele Beispiele und grafische Übersichten machen das Verständnis der IAS (International Accounting Standards) leicht und zeigen die markanten Unterschiede zur HGB-Bilanzierung.

1.A. 2002. 379 S.
€ 12,50. dtv 50852

Scheffler
Bilanzen richtig lesen

Rechnungslegung nach HGB und IAS/IFRS. Bilanz, Bewertung, Gewinn- und Verlustrechnung, Bilanzanalyse, Bilanzpolitik.

6.A. 2004. 404 S.
€ 11,–. dtv 5827

Scheffler
Lexikon der Rechnungslegung

Begriffe zu Buchführung, Finanzen, Jahres- und Konzernabschluss.
Dieses Lexikon ist Nachschlagewerk und Ratgeber für alle Fragen zur Darstellung und Beurteilung der Vermögens-, Finanz- und Ertragslage von Unternehmen und Konzernen.

1.A. 1999. 411 S.
€ 12,73. dtv 50814

Jossé
Basiswissen Kostenrechnung

Kostenarten, Kostenstellen, Kostenträger, Kostenmanagement. Die bewährten Systeme der Kostenrechnung.

3.A. 2003. 266 S.
€ 9,50. dtv 50811

Thomas
Praxis der Betriebsorganisation

U.a. zur Leitungsspanne, Stellenbeschreibung, Linie, Stab- und Matrixorganisation.

2.A. 1996. 247 S.
€ 8,64. dtv 5839

Buchhaltung, Rechnungswesen, Controlling

Schneck/Morgenthaler/Yesilhark
Rating
Wie Sie sich effizient auf Basel II vorbereiten.
Wie läuft ein Rating ab, wie lauten die Fragen an das Unternehmen, welche Kriterien sind maßgeblich, und wie kann man sich als Unternehmen darauf vorbereiten? Mit Beispielen, Fällen und Anwendungsberichten.
1.A. 2004. 232 S.
€ 10,–. dtv 50871 €

Füser/Gleißner
Rating-Lexikon
800 Stichwörter mit Fakten und Checklisten zu Basel II.
1.A. 2005. 567 S.
€ 17,50. dtv 50882 €
Neu im Juni 2005 →

Horváth & Partners
Das Controllingkonzept
Der Weg zu einem wirkungsvollen Controllingsystem.
Wie setzt man Controlling in die Praxis um? Arbeitsschritte und Fallbeispiele.
5.A. 2003. 324 S.
€ 10,–. dtv 5812 €

Witt/Witt
Controlling für Mittel- und Kleinbetriebe
Bausteine und Handwerkszeug für Ihren Controllingleitstand.
2.A. 1996. 488 S.
€ 12,73. dtv 5858 €

Witt
Controlling-Lexikon
Von ABC-Analyse bis Zwischenbericht.
Das Controlling-Lexikon zeigt, wie schlankes, modernes und effizientes Controlling aussieht.
1.A. 2002. 907 S.
€ 24,–. dtv 50851 €

Zeichenerklärung: § Rechtsberater € Wirtschaftsberater

_ Betriebs- und Volkswirtschaft, Wirtschaftsrecht: Fragen und Antworten für das Management _

Management und Marketing

Rittershofer
Wirtschafts-Lexikon

Über 4200 Stichwörter für Studium und Praxis.

2.A. 2002. 1168 S.
€ 20,–. dtv 50844

Schneck
Lexikon der Betriebswirtschaft

3500 grundlegende und aktuelle Begriffe für Studium und Beruf.

6.A. 2005. 1200 S.
€ 19,50. dtv 5810

Neu im April 2005

Schultz
Basiswissen Betriebswirtschaft

Management, Finanzen, Produktion, Marketing.
Das Buch bietet einen Überblick über die gesamte Betriebswirtschaft und ist gleichermaßen Nachschlagewerk wie Handbuch für Studium und Praxis.

1.A. 2003. 328 S.
€ 9,50. dtv 50863

Pepels
Marketing-Lexikon

Über 3000 grundlegende und aktuelle Begriffe für Studium und Beruf.

2.A. 2002. 969 S.
€ 22,–. dtv 5884

Pepels
Praxiswissen Marketing

Märkte, Informationen und das Instrumentarium des Marketing.

1.A. 1996. 349 S.
€ 10,17. dtv 5893

Schäfer
Management & Marketing Dictionary

Englisch-Deutsch/ Deutsch-Englisch.
Die vollständig überarbeitete Neuauflage enthält in nun einem Band mehr als 26 000 Stichwörter.

3.A. 2004. 768 S.
€ 19,50. dtv 50887

Dichtl
Strategische Optionen im Marketing

Durch Kompetenz und Kundennähe zu Konkurrenzvorteilen.

3.A. 1994. 303 S.
€ 8,64. dtv 5821

_ Betriebs- und Volkswirtschaft, Wirtschaftsrecht: Fragen und Antworten für das Management _

Management und Marketing

Becker
Das Marketingkonzept

Zielstrebig zum Markterfolg!
Die notwendigen Schritte für schlüssige Marketingkonzepte, systematisch und mit Fallbeispielen.

3.A. 2005. 281 S.
€ 10,–. dtv 50806

Neu im Juni 2005

Neumann/Nagel
Professionelles Direktmarketing

Das Praxisbuch mit einem Angebot zu interaktivem Training.

1.A. 2001. 316 S.
€ 12,50. dtv 5886

Becker
Lexikon des Personalmanagements

Über 1000 Begriffe zu Instrumenten, Methoden und rechtlichen Grundlagen betrieblicher Personalarbeit.

2.A. 2002. 677 S.
€ 19,–. dtv 5872

Kleine-Doepke/Standop/Wirth
Management-Basiswissen

Konzepte und Methoden zur Unternehmenssteuerung.

3.A. 2005. Rd. 300 S.
Ca. € 12,50. dtv 5861

In Vorbereitung für Herbst 2005

Füser
Modernes Management

Lean Management, Business Reengineering, Benchmarking und viele andere Methoden.

3.A. 2001. 240 S.
€ 10,–. dtv 50809

Dichtl/Issing
Vahlens Großes Wirtschaftslexikon

4 Bände in Kassette.

2.A. 1994. 2505 S.
€ 70,56. dtv 59006

Diller
Vahlens Großes Marketinglexikon

2.A. 2003. 1966 S.
2 Bände im Schuber
€ 49,–. dtv 50861

Betriebs- und Volkswirtschaft, Wirtschaftsrecht: Fragen und Antworten für das Management

Bruhn
Kundenorientierung
Bausteine für ein exzellentes Customer Relationship Management (CRM).
Innovationsmanagement, Qualitätsmanagement, Servicemanagement, Kundenbindungsmanagement, Beschwerdemanagement, Integrierte Kommunikation sowie Internes Marketing.
2.A. 2003. 369 S.
€ 14,–. dtv 50808

Hoffmann/Schoper/Fitzsimons
Internationales Projektmanagement
Interkulturelle Zusammenarbeit in der Praxis.
Kommunikation und Information, Führung im Projekt, Entscheidungsfindung, Konflikt-, Risiko- und Lieferantenmanagement, Projektorganisation und -steuerung u.v.m.
1.A. 2004. 373 S.
€ 14,–. dtv 50883

Hofstede
Lokales Denken, globales Handeln
Interkulturelle Zusammenarbeit und globales Management.
Wer international tätig ist, Verhandlungen führt oder Niederlassungen aufbaut, muss wissen, wie er mit kulturellen Unterschieden umgeht. Wertvolle Hinweise in diesem Standardwerk helfen, andere besser zu verstehen und selbst besser verstanden zu werden.
3.A. 2005. Rd. 470 S.
Ca. € 14,–. dtv 50807
In Vorbereitung für Sommer 2005

Schelle
Projekte zum Erfolg führen
Projektmanagement systematisch und kompakt.
4.A. 2004. 329 S.
€ 11,–. dtv 5888

Röthlingshöfer
Werbung mit kleinem Budget
Der Ratgeber für Existenzgründer, kleine und mittlere Unternehmen.
Ganz ohne Werbedeutsch zeigt der Ratgeber, was man für erfolgreiche Werbung braucht.
1.A. 2004. 255 S.
€ 10,–. dtv 50876

_ Betriebs- und Volkswirtschaft, Wirtschaftsrecht: Fragen und Antworten für das Management _

Pepels
**Lexikon
der Marktforschung**

Über 1000 Begriffe zur Informationsgewinnung im Marketing.

1.A.1997. 358 S.
€ 12,73. dtv 50803

Kastin
**Marktforschung
mit einfachen Mitteln**

Daten und Informationen beschaffen, auswerten und interpretieren.

2.A.1999. 409 S.
€ 15,29. dtv 5846

Aberle/Baumert
Öffentlichkeitsarbeit

Ein Ratgeber für Klein- und Mittelunternehmen. „Wer nichts sagt, wird übersehen" – praktische Hilfe, wie gerade kleinere Unternehmen einen erfolgreichen Auftritt in der Öffentlichkeit und Presse schaffen, bietet dieser Ratgeber mit vielen Checklisten.

1.A.2002. 210 S.
€ 10,–. dtv 50857

Rota
**Public Relations
und Medienarbeit**

Effektive Öffentlichkeitsarbeit der Unternehmen im Informationszeitalter.

3.A.2002. 360 S.
€ 12,50. dtv 5814

Pauli
**Leitfaden
für die Pressearbeit**

Anregungen, Beispiele, Checklisten.
Das Buch beschreibt, mit welchem Konzept man erfolgreiche Pressearbeit betreibt und welche Tipps und Trends man kennen muss, um Fehler zu vermeiden.

3.A.2004. 217 S.
€ 9,50. dtv 5868

Bölke
**Presserecht für
Journalisten**

Freiheit und Grenzen der Wort- und Bildberichterstattung.
Was ist Journalisten erlaubt und was verboten? Mit Auswertung von Gerichtsurteilen, Checkliste für eine einwandfreie Verdachtsberichterstattung, Tipps zur Fehlervermeidung und zur Schadensbegrenzung.

1.A.2005. 265 S.
€ 12,50. dtv 50627

Heinrichs/Klein
**Kulturmanagement
von A–Z**

600 Begriffe für Studium und Praxis.

2.A.2001. 427 S.
€ 12,50. dtv 5877